中国为什么能

中国改革开放史上的
十二个重大战略决策

WHY AND HOW CHINA'S
WAY WORKS

沈传亮 等著

天地出版社 | TIANDI PRESS

图书在版编目（CIP）数据

中国为什么能 / 沈传亮等著. —成都：天地出版社，2022.7
（2025年5月重印）
ISBN 978-7-5455-7016-8

Ⅰ. ①中… Ⅱ. ①沈… Ⅲ. ①中国共产党－执政－研究 Ⅳ.
①D25

中国版本图书馆CIP数据核字（2022）第048294号

ZHONGGUO WEISHENME NENG
中国为什么能

出 品 人	杨　政
作　　者	沈传亮　等
责任编辑	杨永龙　李建波
装帧设计	尚上文化
责任印制	王学锋

出版发行	天地出版社
	（成都市锦江区三色路 238 号　邮政编码：610023）
	（北京市方庄芳群园3区3号　邮政编码：100078）
网　　址	http://www.tiandiph.com
电子邮箱	tianditg@163.com
经　　销	新华文轩出版传媒股份有限公司

印　　刷	北京文昌阁彩色印刷有限责任公司
版　　次	2022年7月第1版
印　　次	2025年5月第6次印刷
开　　本	710mm×1000mm　1/16
印　　张	23
字　　数	245千字
定　　价	58.00元
书　　号	ISBN 978-7-5455-7016-8

前　言

　　中国为什么能在短短 70 多年就发生巨变，从一穷二白走向繁荣富强？中国为什么能在短短 40 多年内就发生凤凰涅槃，从保守闭塞走向改革开放，创造出令世界为之震撼的中国奇迹？中国人民为什么能迅速摆脱贫困，走向小康富裕？这些问题只能到中国来、深入了解中国历史才能寻觅到准确答案。中国有个团结有力的执政党，中国有勤劳勇敢的中国人民，中国有五十六个民族组成的团结友爱的大家庭。这都是中国崛起的不可或缺的基本因素。

　　那么，中国共产党有什么法宝，能调动起中国亿万人民的积极性，为实现美好生活而努力奋斗呢？中国共产党有什么谋略，使得中华号巨轮行稳致远呢？本书从战略部署的角度进行些许探讨。本书作者认为，战略问题是一个大问题。战略（strategy）一词最早是军事方面的概念。战略的特征是发现智谋的纲领。在西方，

"strategy"一词源于希腊语"strategos"，意为军事将领、地方行政长官。后来演变成军事术语，指军事将领指挥军队作战的谋略。在中国，战略一词历史久远，"战"指战争，略指"谋略"。战略正确与否关系一支部队，乃至一个政党、一个民族、一个国家的前途命运。

1949年以来，中国取得成功并非一帆风顺，是在应对一系列重大风险挑战、克服无数艰难险阻后才取得的。总结70多年来尤其是改革开放以来的正反两方面现代化建设经验、教训，我们就会发现，战略思维至关重要。所谓战略思维就是高瞻远瞩、统揽全局，善于把握事物发展总体趋势和方向的能力。

回望过去40多年，中国共产党人登高望远，制定了对外开放战略、"三步走"发展战略、可持续发展战略、科教兴国战略、西部大开发战略、区域协调发展战略、军民融合发展战略、乡村振兴战略等一系列关系国家中长期发展的重大战略。这些战略的部署实施，极大地推动了中国各领域的健康持续发展，为中国走向成功提供了源源不断的战略支撑。本书对这些战略提出的背景、实施过程以及取得的成效进行了探讨和分析，希望读者从战略角度发现中国何以成功。

本书共分十二章，沈传亮负责框架设计、全书统稿和第一章对外开放战略的写作。中央党史和文献研究院的邢浩博士负责撰写可持续发展战略、科教兴国战略和依法治国方略，浙江工商大学马克思主义学院武圣强博士负责撰写西部大开发战略、人才强国战略、

前　言

创新驱动战略、军民融合发展战略，中共贵州省委党校李秀军副教授撰写乡村振兴战略和健康中国战略，中央党史和文献研究院肖鹏博士负责撰写区域协调发展战略和从"三步走"到"两步走"的发展战略。需要说明的是，由于团队研究能力受限，我们对新时代实施的"一带一路"倡议、长江经济带战略以及京津冀协同发展战略没有专门进行介绍，对新中国成立后改革开放前的战略部署也未述及。

通读此书，读者不仅会发现中国共产党有通过制定实施重大战略，推动中国发展的优良传统，了解很多重大战略的出台都有着深远的历史背景，而且还会了解改革开放以来正是因为这些重大战略的实施，中国才保持了长期稳定状态下的发展。纵观世界，很少有国家能够在几十年内坚持不懈地实施既定重大战略，尤其是人口众多、面积广袤的大国。这是中国为什么成功的重要因素。

推动中国继续走向成功，必须加强战略思维的养成，不断提高战略思维能力。提高战略思维能力，就要视野开阔、胸襟博大，以小见大，见微知著，站在时代前沿和战略全局的高度观察、思考和处理问题，从政治上认识和判断形势，透过纷繁复杂的表面现象把握事物的本质和发展的内在规律。习近平总书记在党的十九大报告中指出：坚持战略思维、创新思维、辩证思维、法治思维、底线思维，科学制定和坚决执行党的路线方针政策，把党总揽全局、协调各方落到实处。在庆祝改革开放 40 周年大会上，习近平总书记再次强调，在前进道路上要增强战略思维，才能推动新时代改革开放走得更稳、走得更远。

古人说："事者，生于虑，成于务，失于傲。"伟大梦想不是等得来、喊得来的，而是拼出来、干出来的。习近平总书记指出：我们现在所处的，是一个船到中流浪更急、人到半山路更陡的时候，是一个愈进愈难、愈进愈险而又不进则退、非进不可的时候。改革开放已走过千山万水，但仍需跋山涉水，摆在全党全国各族人民面前的使命更光荣、任务更艰巨、挑战更严峻、工作更伟大。在这个千帆竞发、百舸争流的时代，我们绝不能有半点骄傲自满、故步自封，也绝不能有丝毫犹豫不决、徘徊彷徨，必须统揽伟大斗争、伟大工程、伟大事业、伟大梦想，勇立潮头、奋勇搏击。这正是本书传递的讯息，也是本书写作的目的。

目　录

第一章

对外开放战略

新中国成立初期，受到西方国家的政治和经济封锁，不具备全面开放的条件。当时的开放主要是针对苏联、东欧国家。中国和资本主义国家尤其是发达资本主义国家间的来往并不多。"文化大革命"期间，极左思潮泛滥，学习国外的先进技术和管理经验，往往被"四人帮"扣上"崇洋媚外""里通外国"的帽子，当时对外基本上是封闭的。"文化大革命"结束后，邓小平反复强调，我们自己的实践和别国的实践都表明，关起门来搞建设是不能成功的。这不仅是对中国社会主义建设经验的总结，也是对其他国家建设经验的总结。中共十一届三中全会决定实施改革开放政策后，中国主动向世界敞开大门，至今已形成全方位、多层次、宽领域的对外开放格局。40 多年来，中国对外开放历经"引进来"为主、"引进来"和"走出去"相结合、互利共赢等战略调整阶段，党的十九大提出推动形成全面开放新格局。中国对外开放取得巨大成就。

一、实施"引进来"为主的对外开放战略

"引进来"为主的对外开放战略，在中共中央文件里并没有明确

概括，但对外开放的实践表明"引进来"为主的开放战略自 1976 年开始一直延续到 20 世纪 90 年代中期，有 20 年左右时间。这个阶段，中国着眼于用优惠政策引进外方资金、技术、人才、管理经验等，渠道主要是设立经济特区、开放沿海港口城市、设立沿海沿江沿边开放地带，允许和鼓励外资企业、中外合作企业存在和发展。

1. 引进外资和技术的起步

"文化大革命"刚结束，中国就迈出了引进外资和技术的步伐。1977 年 3 月，在北京召开的全国计划会议上，国家计委向中央政治局提交了《关于 1977 年国民经济计划几个问题的汇报提纲》。该提纲在批判"四人帮"关于经济的错误观点的同时，提出了"要不要新技术"的问题。7 月 17 日，国家计委向国务院提交了今后 8 年引进新技术和成套设备的计划，提出在第五个五年计划后三年和第六个五年计划期间，除抓紧 1973 年经毛泽东批准的"四三方案"中在建项目尽快建成投产外，准备围绕长远规划的目标和任务，再进口一批成套设备、单机和技术专利。1977 年，中国签订了引进技术设备合同 220 多项，成交金额 30 多亿美元，其中有 26 个大型成套项目，43 套综合采煤机组。[1]

在五届全国人大一次会议上，华国锋作的《团结起来，为建设

---

[1] 程中原:《1975—1982：难忘这八年》，世界知识出版社 2009 年版，第 168 页。

社会主义的现代化强国而奋斗》的报告中还提出要"努力学习国内和世界上的先进科学技术，绝不能因循守旧，固步自封。要加强技术交流，反对互相封锁的资产阶级恶劣作风"。会议上通过的《发展国民经济十年（1976—1985年）规划的纲要》对引进规模进行了具体确定。5月17日，国务院成立了引进新技术领导小组，负责研究制定引进国外先进技术的计划。7月6日至9月9日，召开了国务院务虚会。华国锋、李先念等人分别讲话十几次，主要讲了引进技术、外贸出口、发展农业工业等经济工作方面的一系列方针。[1]会上，几位出访回国的领导人代表所在部门介绍了当时的国际形势和国外发展经济的经验。国家计委提出了积极扩大出口，增加对外贸易口岸的建议；机械工业部提出了要把引进新技术同国内管理制度的改革结合起来的主张。谷牧则报告了带团考察西欧的情况，提出了对外开放的若干意见。李先念在总结讲话中明确提出了引进资金技术的问题，指出"我们应有魄力、有能力利用他们的技术、设备、资金和管理经验，来加快我们的建设。我们决不能错过这个非常难得的时机。自力更生绝不是闭关自守，不学习国外的先进事物"。这次会议是"酝酿对外开放的一次重要会议"[2]。会后，国务院又接着召开了全国计划会议，会议提出要从那种不同资本主义国家

---

[1] 李正华：《1978年国务院务虚会研究》，《当代中国史研究》2010年第2期。

[2] 李妍：《对外开放的酝酿与起步（1976—1978）》，社会科学文献出版社2008年版，第101页。

进行经济技术交流的闭关自守或半闭关自守状态，转到积极地引进国外先进技术，利用国外资金，大胆进入国际市场上来。

1978 年 10 月，邓小平第一次在讲话中明确提出了"开放"。在会见联邦德国新闻代表团时，邓小平提出："你们问我们实行开放政策是否同过去的传统相违背。我们的做法是，好的传统必须保留，但要根据新的情况来确定新的政策。……我们引进先进技术，是为了发展生产力，提高人民生活水平。"11 月 11 日，李先念在会见外国客人时也明确表示：可以贷款买设备，或外商出资金、设备来建工厂，我们用产品偿还，还可以考虑合股经营工厂。可见，中央领导人已意识到对外开放的问题，并谋求积极举动加以实施。在中共十一届三中全会召开前夕的 12 月 15 日，中国外贸部部长李强向世界宣布了中国利用外资政策的重大转变。他说："不久以前，我们在对外贸易上，还有两个禁区。第一，政府与政府之间的贷款，不干，只有银行与银行之间的商业贷款。现在不是了。第二，外商在中国投资不干。最近我们决定把这两个禁区取消了，基本上国际贸易上惯例的做法都可以干。"12 月 18 日，李强又在香港举行中外记者招待会，介绍了中国对外贸易政策和接受外国贷款、投资等问题，强调说，中国尊重国际上习惯的贸易做法，只要条件合适，我们现在可以考虑同意政府之间的贷款，政府之间与非政府之间的贷款，中国都可以接受。十一届三中全会结束后的第三天即 12 月 25 日，中国政府公布了接受国外政府贷款和允许外商来华投资的利用外资政策。

1978 年这一年，中国同西方发达国家先后签订了 22 个成套引进项目的合同。虽然在引进过程中存在急于求成的现象，但引进的项目为中国现代化建设提供了比较先进的技术装备。如上海宝山钢铁厂成套设备的引进，使中国能学到世界一流的生产技术和管理方式。江西贵溪冶炼厂引进日本住友公司供应的"东予式"闪速炼铜炉等设备后，积极建设，最后建成国内最大的铜冶炼厂。[1]

2. 设立经济特区，允许兴办三资企业，"引进来"的步伐加快迈出

设立经济特区是中国对外开放迈出的实质性步伐，也是中国实施"引进来"为主的对外开放战略，建立的引进外资、先进技术和管理经验的窗口。

1978 年 4 月，国务院派出了由国家计委和外贸部有关人员组成的港澳经济贸易考察组，对港澳地区作实地调查研究。考察组回京后，向中央写了《港澳经济考察报告》。报告提出把靠近港澳的广东宝安、珠海建成出口基地，力争三五年努力，建成具有相当水平的对外生产基地、加工基地。6 月 3 日，华国锋听取了考察组的汇报并作出指示："总的同意"，要求"说干就干，把它办起来"[2]。10 月 23 日，广东省向国务院上报了《关于宝安、珠海两县外贸基地和市政

---

[1] 马平：《一件不能忘却的往事》，《信息日报》2000 年 11 月 17 日。

[2] 中共中央党史研究室第三研究部：《中国改革开放 30 年》，辽宁人民出版社 2008 年版，第 87 页。

建设规划设想的报告》。

1979 年 4 月 5 日至 28 日中央工作会议期间，邓小平对习仲勋、杨尚昆提出的在邻近香港、澳门的深圳、珠海以及汕头兴办出口加工区的意见表示赞同，并说：还是叫特区好，陕甘宁开始就叫特区嘛！中央没有钱，可以给些政策，你们自己去搞，杀出一条血路来。[1] 会后，中共中央、国务院责成广东、福建两省，就关于在深圳、珠海、汕头和厦门试办"出口特区"问题进一步组织论证，提出具体实施方案后报中央审定。1979 年 7 月 20 日，《中共中央、国务院批转广东省委、福建省委关于对外经济活动实行特殊政策和灵活措施的两个报告》正式发出，决定特区先在深圳、珠海试办，再考虑在汕头、厦门设置，要求两省"先走一步，把经济尽快搞上去"。[2] 1980 年 5 月 16 日，中共中央、国务院决定在广东省的深圳市、珠海市、汕头市和福建省的厦门市各划出一定范围试办"经济特区"。特区实行经济开放政策，吸引侨商、外商投资办厂，或同他们合办企业，引进先进技术，发展对外贸易。8 月，五届全国人大常委会第十五次会议审议并批准了《广东省经济特区条例》。从此，"经济特区"由国家立法而正式诞生。经济特区设立后短期内就取得

[1] 中共中央文献研究室编：《邓小平年谱（1975—1997）》（上），中央文献出版社 2004 年版，第 510 页。

[2] 国家体改委办公厅编：《十一届三中全会以来经济体制改革重要文件汇编》（中），改革出版社 1990 年版，第 3 页。

很大成绩。"截至 1984 年底，4 个经济特区与外商签订的各种经济合作协议累积达 4 千 7 百多项，外商协议投资额达 20 亿美元，已经实际利用的外资为 8 亿 4 千万美元。"[1]

除创办经济特区外，对外开放战略实施的途径和形式还有改革外贸体制、发展对外贸易和利用外资，兴办三资企业（外国独资企业、中外合资企业、中外合作企业）。1979 年 9 月 14 日，国务院批转 8 月中旬召开的京、津、沪三市对外开放座谈会纪要，将给予广东、福建两省的外贸经营自主权扩大到京、津、沪三市。12 月，又把外贸经营自主权扩大到沿海沿长江各省，同时扩大地方经营进出口商品的范围，外贸部负责经营大宗的、重要的和国际市场上竞争激烈的进出口商品以及政府间贸易统一谈判和成交的商品，其他商品都下放各省、自治区、直辖市经营。外贸体制的初步改革调动了各方面发展对外贸易的积极性，进出口贸易额得到大幅度增长。

中共十一届三中全会以后，中国迈开了积极稳妥地吸收和利用外资的步伐。1979 年至 1982 年底，中国实际利用吸收外商直接投资（FDI）11.66 亿美元。[2] 除吸收外商和港澳台同胞、海外侨胞直接投资创办外资企业之外，还利用外国政府和国际金融组织的中长

---

[1] 谷牧：《关于经济特区建设和沿海十四个城市进一步开放工作进展情况的报告》，《中华人民共和国全国人民代表大会常务委员会公报》1985 年第 1 期。

[2] 国家发展改革委经济体制综合改革司、国家发展改革委经济体制与管理研究所：《改革开放三十年：从历史走向未来》，人民出版社 2008 年版，第 368 页。

期贷款，开展补偿贸易、合作开发，兴办中外合资企业、中外合作企业。三资企业成为实施"引进来"为主的对外开放战略的重要形式。三资企业的兴起和发展，对经济和社会发展产生了积极影响。为扩大国际经济合作和技术交流，鼓励外国公司、企业和其他经济组织和个人来华投资，1979 年 7 月 1 日，五届全国人大二次会议通过《中外合资经营企业法》。同年底，国家外国投资管理委员会起草了《中外合资经营企业法实施条例》。中共十二大以后，有关法律、法规和管理办法更趋完备。

3. 开放 14 个沿海港口城市，实施沿海地区经济发展战略，"引进来"步伐加大

1984 年初，在赴深圳、珠海等地考察结束后，邓小平与胡耀邦等人谈话时有针对性地说："我们建立经济特区，实行开放政策，有个指导思想要明确，就是不是收，而是放。""厦门特区地方划得太小，要把整个厦门岛搞成特区。""除现在的特区之外，可以考虑再开放几个港口城市，如大连、青岛。这些地方不叫特区，但可以实行特区的某些政策。"[1] 按照邓小平的讲话精神，3 月 26 日至 4 月 6 日，中共中央、国务院在北京召开沿海部分城市负责人及有关省区负责人座谈会，着重就进一步开放沿海港口城市的具体政策问题进

---

[1]《邓小平文选》第三卷，人民出版社 1993 年版，第 51—52 页。

行了研究部署。5 月 4 日，中共中央、国务院批转《沿海部分城市座谈会纪要》，决定进一步开放大连、秦皇岛、天津、烟台、青岛等 14 个沿海港口城市。这些城市实行市场化取向的外向型经济政策后，极大地激发了创造活力，经济社会建设发生了显著变化。10 月召开的中共十二届三中全会正式把对外开放确立为一项基本国策，并就继续扩大开放作出部署。1985 年 2 月，中共中央、国务院决定将长江三角洲、珠江三角洲、闽南厦漳泉三角地区开辟为沿海经济开放区，对外开放迈出大步。

1987 年 10 月，中共十三大指出："当今世界是开放的世界。我们已经在实行对外开放这个基本国策中取得了重大成就。今后，我们必须以更加勇敢的姿态进入世界经济舞台，正确选择进出口战略和利用外资战略，进一步扩展同世界各国包括发达国家和发展中国家的经济技术合作与贸易交流，为加快我国科技进步和提高经济效益创造更好的条件。"[1]根据这一精神，1988 年中央决定实施沿海地区经济发展战略，这是实施"引进来"为主的对外开放战略的重要步骤。1 月，中央领导人正式提出了加快沿海地区对外开放和经济发展的报告，报告认为：（1）沿海地区应注重发展劳动密集型产业，以及劳动密集与知识密集相结合的产业；（2）沿海加工业要坚持"两头在外"（把生产经营过程的"两头"即原材料和销售市场放到国际市场

---

[1] 中共中央文献研究室编：《十三大以来重要文献选编》（上），人民出版社 1991 年版，第 23 页。

上去），大进大出；（3）利用外资的重点应当放在吸引外商投资上，大力发展"三资"企业。同时，为了有助于推动沿海地区的发展，必须加快外贸体制改革的步伐，进一步搞活企业机制，充分发挥乡镇企业的生力军作用；切实提高管理水平，让外国企业家能够按照国际惯例来中国管理企业；促进科技转化为生产力，充分发挥我国科技开发力量强的优势。[1]1 月 23 日，邓小平在这份报告上批示："完全赞成。特别是放胆地干，加速步伐，千万不要贻误时机。"[2]2 月 6日，中央政治局会议同意上述构想，并决定把它作为一个事关中国工业化、现代化发展全局的重大战略决策加以部署。2 月 27 日，国务院批准的国家体改委关于 1988 年深化经济体制改革的总体方案中，明确提出实施"沿海地区经济发展战略"，并强调在"珠江三角洲、长江三角洲、闽南三角地区和海南岛，采取更加灵活的政策，大力发展'三来一补'（来料加工、来件装配、来样加工，补偿贸易），发挥乡镇企业的优势，使沿海经济开放地带在发展外向型经济方面，取得更大的进展"。[3]3 月 4 日，国务院召开沿海地区对外开放工作会议。国务委员谷牧在会上讲话时说，国务院已就实施沿海地区发展战略作了总体部署，各方面对此要有坚定不移的决心和强烈

---

[1]《沿海地区经济发展的战略问题》，《党的文献》1988 年第 4 期。

[2]《邓小平文选》第三卷，人民出版社 1993 年版，第 408 页。

[3] 中共中央文献研究室编：《十三大以来重要文献选编》（上），人民出版社 1991 年版，第 84 页。

的紧迫感。国务院副总理田纪云在会议上指出，贯彻执行沿海地区经济发展战略，关键是把出口创汇抓上去。[1]3月23日，国务院颁发了《关于沿海地区发展外向型经济的若干补充规定》批准将沿海234个市县列入沿海经济开放区。至此，沿海开放地区范围有293个市县、42.8万平方公里面积、2.2亿人口。3月25日，李鹏在七届全国人大一次会议上所作的政府工作报告中，进一步强调要"不失时机地加快实施沿海地区经济发展战略"[2]，并将它列为今后五年的一项重要任务，要求沿海地区继续扩大对外开放，加快发展外向型经济。

沿海地区各省对实施沿海地区经济发展战略积极响应。广东省经中央批准后，把原来珠江三角洲的"小三角"，扩大为"大三角"，并把沿海市县列入开放区的范围，积极生产外向型产品。广西壮族自治区，经国务院批准扩大沿海经济开放区，范围由原来的200多平方公里扩大到1.8万多平方公里。1988年4月13日，七届全国人大一次会议决定设立海南省，批准海南全岛作为经济特区，并在海南岛经济特区实行更加灵活开放的经济政策。海南岛经济特区的建立，有力地促进了海南经济社会的发展。1990年4月，上海浦东新区正式得到开发开放。随后，开放武汉、重庆等6个沿江城市及合

---

[1] 彭森、陈立等：《中国经济体制改革重大事件》（上），中国人民大学出版社2008年版，第291页。

[2] 中共中央文献研究室编：《十三大以来重要文献选编》（上），人民出版社1991年版，第160页。

肥、长沙、南昌、成都等 4 个沿江省会城市，形成了以上海浦东新区为龙头的长江流域经济开放带。1991 年，开放满洲里、丹东、绥芬河、珲春四个北部口岸。中国对外开放进入了一个新的发展时期。可以说，沿海地区经济发展战略的提出与落实，直接促使中国对外开放向更广阔的领域推进。

1992 年初邓小平南方谈话后，对外开放更加扩大，"引进来"的力度继续加大。1992 年国务院批准海南省开发建设洋浦经济开发区。1992 年 8 月，开放了三峡库区、黑河等 13 个地区和边境城市，内陆所有省会城市也实施开放政策。1994 年 2 月，又批准设立了苏州工业园区。[1] 至此，以沿海、沿边、沿江开放地带和内陆省会城市为代表的全方位、多层次的政策性开放格局基本形成。

二、实施"引进来"和"走出去"相结合的对外开放战略

对外开放初期，中国主要是"引进来"，包括引进外资、先进

---

[1] 1992 年至 2002 年，国务院批准设立了 35 个国家级经济技术开发区以及 53 个国家级高新技术产业开发区、15 个国家级出口加工区、14 个国家级保税区和 14 个国家级边境经济合作区。这些功能区域成为所在地经济增长点和吸引外商投资的热点区域。其间，国务院批准设立外商投资商业企业 40 余家，共实际吸收外资 30 多亿美元；世界 50 家最大零售商超过半数进入中国。

技术和管理经验、高科技人才等，载体是"三来一补"、三资企业。随着中国对外开放的扩大和深化，中共中央认为对外开放不仅要引进来，还要走出去，进而提出了实施"引进来"和"走出去"相结合的对外开放新战略。所谓"走出去"，实际上就是组织中国有实力的企业走出去到国外投资办厂，开拓国外投资市场；其主体是企业，跨国公司；其战略价值取向，是要弥补经济发展过程中国内资源和市场的不足，在更广阔的空间里进行经济结构调整和资源优化配置，更好地参与经济全球化趋势下的国际竞争，不断增强中国经济发展的动力和后劲，促进经济长远发展。

实施"走出去"战略，是20世纪90年代中期中共中央在深刻分析国际国内政治经济形势的基础上作出的关系中国经济社会发展全局和长远利益的战略决策，是对外开放思想的重大发展。1992年，江泽民在中共十四大报告中提出，要"积极开拓国际市场，促进对外贸易多元化，发展外向型经济"，"积极扩大中国企业的对外投资和跨国经营"，"更多地利用国外资源和引进先进技术"。1993年3月，中共十四届二中全会明确提出"要实行国际市场多元化的战略，在继续巩固和扩大欧美、日本等市场的同时，努力开拓其他国际市场"。1993年底，中共十四届三中全会把十四大确定的"开拓国际市场"和"利用国外资源"进一步具体化，提出了"充分利用国际国内两个市场、两种资源"的概念，指出要积极参与国际竞争与国际经济合作，发展开放型经济，"赋予具备条件的生产和科技企业对外经营权，发展一批国际化、实业化、集团化的综合贸易公司。"

这可视作"走出去"战略的初步设想。

1996 年 7 月 26 日，江泽民在河北省唐山市考察工作时提出：要加紧研究国有企业如何有重点有组织地走出去，做好利用国际市场和国外资源这篇大文章。这是江泽民首次明确提出"走出去"的思想。1997 年 12 月 24 日，江泽民在接见全国外资工作会议代表时，首次把"走出去"作为一个重要战略提出来。他说："在此，我想再讲一个重要问题，就是我们不仅要积极吸引外国企业到中国投资办厂，也要积极引导和组织国内有实力的企业走出去，到国外去投资办厂，利用当地的市场和资源。视野要放开一些，既要看到欧美市场，也要看到广大发展中国家的市场。发展中国家的生产力水平比发达国家低，对产品和技术的要求相对也低一些，但市场十分广阔。在努力扩大商品出口的同时，必须下大气力研究和部署如何走出去搞经济技术合作。'引进来'和'走出去'，是我们对外开放基本国策两个紧密联系、相互促进的方面，缺一不可。这个指导思想一定要明确。"他还指出："关键是要有领导有步骤地组织和支持一批国有大中型骨干企业走出去，形成开拓国外投资市场的初步规模。这是一个大战略，既是对外开放的重要战略，也是经济发展的重要战略。"[1]之所以这个时候明确提出走出去战略，主要是中央看到了有可利用的大量闲置国际资源，立足于培养中国的跨国公司和增强借

---

[1]《江泽民文选》第二卷，人民出版社 2006 年版，第 92 页。

鉴国外先进技术的能力。当然，也和中国经济从短缺走出来向着过剩方向走的趋势有关系。

1998年2月26日，江泽民在中共十五届二中全会上的讲话中，联系当时发生的亚洲金融危机，谈到做好经济工作，增强承受和抵御风险的能力时强调了六点，其中就包括实施"走出去"的对外开放战略。5月14日，他在中共中央、国务院召开的国有企业下岗职工基本生活保障和再就业工作会议上再次呼吁："要进一步研究如何加快实施'走出去'的发展战略。非洲、中东、中亚、南美等地区的广大发展中国家，市场很大，资源丰富，我们应该抓紧时机打进去。要组织一批有条件的国有企业出去投资办厂。"还指出"进行这方面的工作，不能一哄而起，要加强调查研究，加强市场论证，既积极又稳妥，逐步探索出一条比较符合我国实际的'走出去'发展的路子来"。[1]

2001年，加入世界贸易组织，标志着中国对外开放进入新阶段。在这种形势下，江泽民对"走出去"战略又有许多新论述。2002年2月25日，江泽民在中共中央举办的省部级主要领导干部国际形势与世界贸易组织专题研究班上发表讲话，论述了抓紧实施"走出去"战略的紧要性。他指出，在新的条件下扩大对外开放，必须更好地实施"引进来"和"走出去"同时并举、相互促进的开放战略，努力在"走出去"方面取得明显进展。实施"走出去"战

---

[1] 中共中央文献研究室编：《十五大以来重要文献选编》（上），人民出版社2000年版，第366—367页。

略，是把对外开放推向新阶段的重大举措，是更好地利用国内国外两个市场、两种资源的必然选择，是逐步形成我们自己的大型企业和跨国公司的重要途径。11 月，"走出去"战略写进了中共十六大报告，指出"实施'走出去'战略是对外开放新阶段的重大举措""坚持'引进来'和'走出去'相结合，全面提高对外开放水平"。

"引进来"和"走出去"相结合战略提出后，中国走出去的步伐明显加快，中国对外投资规模不断扩大，2011 年中国对外投资达到747 亿美元，跻身于全球对外投资大国行列。在对外开放中，中国发挥比较优势，产业竞争力不断提升，2010 年的制造业产出占全球的比重升至 19.8%，超过美国成为世界第一制造业大国。截至 2011 年底，中国外汇储备超过 3 万亿美元，中国对外直接投资存量为 4247.8亿美元，在境外设立企业 1.8 万家，遍布 177 个国家和地区，境外企业资产总额近 2 万亿美元。"引进来"同样取得巨大成就，引进外资、技术、人才方面均突飞猛进。以吸引外资为例，截至 2007 年底，全国累计设立外商投资企业近 63 万家，实际使用外资金额达7667 亿美元，来华投资的国家和地区近 200 个，世界 500 强企业约480 家在华投资。[1]中国已成为发展中国家阵营吸引外资最多的国家。

当然，中国"走出去"不仅要考虑所在国家或地区的风土人情、经济制度，还要考虑政治、文化等多重因素，有时还会受到一

---

[1] 唐任伍、马骥:《中国经济改革 30 年》(对外开放卷)，重庆大学出版社 2008 年版，第16 页。

些国家的故意抵制包括政治阻挠。在当前世界经济形势下，不少国家对于中国的投资持开放态度，中国企业应以此为契机，加快"走出去"步伐，争取更大发展空间。在"引进来"方面，应该更加侧重高新技术、更加注重环境保护、更加突出填补国内空白，配合国内经济发展方式转变向更高层次和质量进发。

三、实施互利共赢的对外开放战略

加入世界贸易组织后，中国对外开放面临更加复杂的国际环境。在纺织品贸易、知识产权、能源资源等方面，新的矛盾和问题不断出现。随着中国的日益发展，"中国威胁论"等棒杀中国的论调此起彼伏。这都要求中国在对外开放中统筹国内发展和对外开放，不断对外提高开放水平。在这种情况下，中共中央提出了实施互利共赢的对外开放战略。

2005 年 10 月 8 日，温家宝在中共十六届五中全会上所作的《关于制定国民经济和社会发展第十一个五年规划建议的说明》里，第一次代表党中央提出"要实施互利共赢的开放战略，把既符合我国利益、又能促进共同发展，作为处理与各国经贸关系的基本准则。"[1]

---

[1] 中共中央文献研究室编：《十六大以来重要文献选编》（中），中央文献出版社 2006 年版，第 1055 页。

中共十六届五中全会通过的十一五规划建议里专门论述了实施互利共赢的开放战略，提出深化涉外经济体制改革，完善促进生产要素跨境流动和优化配置的体制和政策。继续积极有效利用外资，切实提高利用外资的质量，加强对外资的产业和区域投向引导，促进国内产业优化升级。着重引进先进技术、管理经验和高素质人才等策略。十一五规划虽然明确了互利共赢是国家层面的对外开放战略，但还重在利己，对共赢的论述较少。

中共十六届五中全会后，党和国家领导人多次提及互利共赢战略，使得这一新的对外开放战略的内容更加丰富。2006 年 3 月的《政府工作报告》提出"按照统筹国内发展和对外开放的要求，实施互利共赢的开放战略，以开放促进改革发展"，此处并未对互利共赢的内涵作出更多解释。4 月 21 日，胡锦涛在美国耶鲁大学进行演讲时，提出"中国坚持实施互利共赢的对外开放战略，真诚愿意同各国广泛开展合作，真诚愿意兼收并蓄、博采各种文明之长，以合作谋和平、以合作促发展，推动建设一个持久和平、共同繁荣的和谐世界"。[1] 与以往相比，突出了共赢和互利的诉求，指出了实施互利共赢的价值取向是获得良好国际环境。10 月 30 日，温家宝在中国—东盟建立对话关系 15 周年纪念峰会上讲话时指出，中国与东盟关系 15 年的长足发展有许多宝贵经验，提出"合作共赢是中国与东盟关

---

[1] 中共中央文献研究室编：《十六大以来重要文献选编》（下），中央文献出版社 2008 年版，第 430 页。

系发展的目标"，表示"我们立足于各自国情和长远发展需要，相互理解，相互支持，相互帮助，共同应对经济全球化挑战以及传统与非传统安全威胁。我们不断推进交流协作，扩大利益汇合点，探索出一条国家之间互利共赢的新型合作道路"。[1]11 月 4 日，胡锦涛在中非合作论坛北京峰会开幕式上的讲话中指出，要"拓展互利共赢的经济合作。发挥各自优势，密切经贸联系，拓宽合作领域，支持双方企业合作，提升人力资源开发合作水平，积极探索新的合作方式，共享发展成果"。[2]11 月 18 日，胡锦涛在出席亚太经合组织第十四次领导人非正式会议时提出和谐共赢、合作共赢的概念，指出经济全球化深入发展，使各经济体相互依存不断加深。"我们应该抓住机遇、迎接挑战，不断扩大共同利益的汇合点，努力实现合作共赢。"[3]2007 年 6 月 8 日，胡锦涛在八国集团同发展中国家领导人对话会议上的讲话中，在就加强国家发展领域合作提出建议中指出要"加强合作，实现互利共赢。共享经济发展成果，是实现世界经济持续发展的必然要求。国际社会应该深化经济技术合作，充分发挥各

[1] 中共中央文献研究室编：《十六大以来重要文献选编》（下），中央文献出版社 2008 年版，第 742 页。

[2] 中共中央文献研究室编：《十六大以来重要文献选编》（下），中央文献出版社 2008 年版，第 747 页。

[3] 中共中央文献研究室编：《十六大以来重要文献选编》（下），中央文献出版社 2008 年版，第 761 页。

国比较优势，努力拓展发展空间，促进共同发展"。[1]这些论述表明，中国这个阶段提出的互利共赢主要着眼于经济层面的交流合作，既强调互利，也突出共赢。

2007 年召开的中共十七大，明确提出互利共赢的开放战略，这是党代会报告里面第一次提出这一战略，并对其内涵和目标进行了明确说明。大会报告在两处提到了互利共赢，一处是在经济建设部分，主要是从形成开放型经济体系的角度上提的"坚持对外开放的基本国策，把'引进来'和'走出去'更好地结合起来，扩大开放领域，优化开放结构，提高开放质量，完善内外联动、互利共赢、安全高效的开放型经济体系，形成经济全球化条件下参与国际经济合作和竞争新优势"。一处是在和平发展道路部分提到，在这部分，互利共赢战略内涵清楚，提出"中国将始终不渝奉行互利共赢的开放战略。我们将继续以自己的发展促进地区和世界共同发展，扩大同各方利益的汇合点，在实现本国发展的同时兼顾对方特别是发展中国家的正当关切"。可见，互利共赢就是指共同发展、共赢发展、共享发展成果。按照十七大的部署，互利共赢战略不仅仅是经济层面，而且包括很多除经济之外如国际秩序的战略，与以往侧重经济方面的内涵相比发生较大转变。

中共十七大后，胡锦涛代表中央多次提到坚持互利共赢开放战

---

[1] 中共中央文献研究室编：《十六大以来重要文献选编》（下），中央文献出版社 2008 年版，第 1076 页。

略。2008 年 4 月 12 日，胡锦涛在博鳌亚洲论坛 2008 年年会开幕式上的演讲中表示："中国将始终不渝奉行互利共赢的开放战略。中国致力于推动世界经济持续稳定增长，坚持按照通行的国际经贸规则扩大市场准入，在实现本国发展的同时兼顾对方特别是发展中国家的正当关切，支持国际社会帮助发展中国家增强自主发展能力、改善民生，支持完善国际贸易和金融体制、推进贸易和投资自由化便利化，支持各国共同防范金融风险、维护能源安全，坚持通过磋商协作妥善处理经贸摩擦，推动各国共同分享发展机遇、共同应对各种挑战。"[1]2010 年 12 月 10 日至 12 日，在北京召开的中央经济工作会议，重点提出要坚持互利共赢的开放战略，拓展国际经济合作空间。2012 年 5 月 3 日，胡锦涛在第四轮中美战略与经济对话开幕式上的致辞中，又提出"让我们抓住机遇，排除干扰，共同努力，走出一条相互尊重、合作共赢的新型大国关系之路"。

2012 年 11 月，中共十八大再次明确了继续坚持互利共赢的对外开放战略。大会报告指出："中国将始终不渝奉行互利共赢的开放战略，通过深化合作促进世界经济强劲、可持续、平衡增长。中国致力于缩小南北差距，支持发展中国家增强自主发展能力。中国将加强同主要经济体宏观经济政策协调，通过协商妥善解决经贸摩擦。中国坚持权利和义务相平衡，积极参与全球经济治理，推动贸易和

---

[1]《人民日报》2008 年 4 月 13 日。

投资自由化便利化，反对各种形式的保护主义。"[1] 这段论述深刻阐明了互利共赢开放战略的内涵和目标，体现了中国积极发展同各国的务实合作、促进互利共赢的原则精神。

2018 年 12 月 18 日，习近平总书记在庆祝改革开放 40 周年大会上指出，40 年来，我们始终坚持独立自主的和平外交政策，始终不渝走和平发展道路、奉行互利共赢的开放战略，坚定维护国际关系基本准则，维护国际公平正义。我们实现由封闭半封闭到全方位开放的历史转变，积极参与经济全球化进程，为推动人类共同发展做出了应有贡献。我们积极推动建设开放型世界经济、构建人类命运共同体，促进全球治理体系变革，旗帜鲜明反对霸权主义和强权政治，为世界和平与发展不断贡献中国智慧、中国方案、中国力量。我国日益走近世界舞台中央，成为国际社会公认的世界和平的建设者、全球发展的贡献者、国际秩序的维护者！[2] 这表明，互利共赢开放战略一定会坚持下去。

中国之所以在新世纪新阶段提出实施互利共赢的对外开放战略，主要是出于以下几个方面考虑：一是经济全球化和区域合作深入发展，各国之间的相互依存不断加深，中国发展与世界经济的

---

[1] 胡锦涛：《坚定不移沿着中国特色社会主义道路前进　为全面建成小康社会而奋斗——在中国共产党第十八次全国代表大会上的报告》（2012 年 11 月 8 日），人民出版社 2012 年版，第 48 页。

[2] 习近平：《在庆祝改革开放 40 周年大会上的讲话》（2018 年 12 月 18 日），《人民日报》2018 年 12 月 19 日。

联系日益密切。这说明，零和博弈思维已不适应当前的世界大势。二是在中国和平发展的情况下，要利用好国内国际两个市场两种资源，统筹把握好国内产业发展和国际产业分工，不断完善我国社会主义市场经济体制和参与制定国际经济贸易规则，谋求更多发展，必须推动创造有利于本国发展的国际环境，而互利共赢更容易为他国所接受，有利于良好国际环境的培育。三是西方发达国家靠战争崛起的传统老路显然不适合中国的和平发展，这种模式势必会加大发达国家对中国发展的打压堵截。在这些情况下，中国必须采取互利共赢的战略。

四、推动形成全面开放新格局

中共十八大以来，以习近平同志为核心的党中央准确把握和平、发展、合作、共赢的时代潮流和国际大势，从中国特色社会主义事业"五位一体"总体布局和"四个全面"战略布局的战略高度，着眼于实现中华民族伟大复兴中国梦，以开放促改革、促发展、促创新，实现陆海内外联动、东西双向开放，推动构建全面对外开放新格局，谱写了中国与世界互利共赢的新篇章。

建设自由贸易试验区是中共中央、国务院在新形势下全面深化改革和扩大开放的战略举措。2013 年设立中国（上海）自由贸易试验区，表明中国正在寻求进一步对外开放的道路，特别是服务贸易领域和投资领域要进一步对外开放。这一重大举措也表明中国未来的改革不是寻求地方的政策突破，而是寻求能够在全国可复制、可推广的制度性建设。中国（上海）自贸试验区充分发挥了先行先试的带头探索作用。在总结上海自贸区经验基础上，2014年12月12日，国务院常务会议决定设立中国（广东）自由贸易试验区、中国（天津）自由贸易试验区、中国（福建）自由贸易试验区。其中广东自贸区立足面向港澳深度融合，天津自贸区与推动京津冀协同发展相契合，福建自贸区着重进一步深化两岸经济合作。2017年3月31日，国务院又批复成立中国（辽宁）自由贸易试验区、中国（浙江）自由贸易试验区、中国（河南）自由贸易试验区、中国（湖北）自由贸易试验区、中国（重庆）自由贸易试验区、中国（四川）自由贸易试验区、中国（陕西）自由贸易试验区等7个自贸区。这七个自贸区定位有各自鲜明特点，比如陕西自贸区主要是落实中央关于更好发挥"一带一路"对西部大开发带动作用、加大西部地区门户城市开放力度的要求，打造内陆型改革开放新高地，探索内陆与"一带一路"沿线国家经济合作和人文交流新模式。

人民币纳入SDR（特别提款权），是中国对外开放日益深化的重要标志。2016年9月30日（华盛顿时间），国际货币基金组织（IMF）宣布纳入人民币的SDR新货币篮子于10月1日正式生效。这反映了人民币在国际货币体系中不断上升的地位，有利于建立一个更强劲的国际货币金融体系。新的SDR货币篮子包含美元、欧元、人民币、日元和英镑5种货币，权重分别为41.73%、30.93%、

10.92%、8.33% 和 8.09%。人民币纳入 SDR 是人民币国际化的里程碑，是对中国经济发展成就和金融业改革开放成果的肯定，有助于增强 SDR 的代表性、稳定性和吸引力，也有利于国际货币体系改革向前推进。近年来，中国以人民币"入篮"为契机，深化金融改革，扩大金融开放，为促进全球经济增长、维护全球金融稳定和完善全球经济治理做出了积极贡献。

为了应对全球化进程中的新挑战，通过对其成员的基础设施的投资，加强互联互通，促进经济和社会的发展，改善生态环境，最终消除贫困，中国倡议成立了亚洲基础设施投资银行（简称亚投行）。自 2016 年设立以来，亚投行获得了国际上普遍的肯定，疑虑逐步化解，担忧悄然冰释。从 57 个创始成员，发展到 84 个成员，"朋友圈"不断扩大，并且仍有不少国家在认真考虑加入这个具有鲜明的新时代特色的国际多边开发机构。由于严格的管理制度和执行力度，国际三大信用评级机构都给予了亚投行最高的信用评级。这一彰显中国理念的金融机构，对"一带一路"建设起到巨大推进作用。截至目前，亚投行的投资项目全部落地"一带一路"沿线国家和地区，为这些地方人民送去了切实福祉。

为加快对外开放，中国加快了涉外体制机制的改革，集中力量清理了一批"拦路虎"和"绊脚石"，对外贸易、双向投资等开放新体制加快完善。2015 年 1 月，《外国投资法（草案征求意见稿）》向社会公开征求意见，准备采取准入前国民待遇和负面清单的外资管理方式，促进内外资企业一视同仁、公平竞争。该法被列入国务院

2018 立法工作计划。2019 年 3 月 15 日，十三届全国人大二次会议表决通过了《中华人民共和国外商投资法》，自 2020 年 1 月 1 日起施行。中国政府在北京开展了服务业扩大开放综合试点工作，主要是聚焦科学技术、互联网和信息、文化教育、金融、商务和旅游、健康医疗六大重点服务领域，降低或取消外资股权比例限制、部分或全部放宽经营资质和经营范围限制。

高水平引进来与大规模走出去，成为我国新时代开放型经济的重要特征。放眼全球，我国利用外资无疑是一道亮丽的风景线，引进外资规模不断增加，外资产业结构进一步优化。"走出去"稳中有进。2014 年 10 月，中国正式实施了《境外投资管理办法》，新办法确立"备案为主，核准为辅"的管理模式，并引入负面清单的管理制度，实现了 98% 的对外投资事项已不需要政府审核，对外投资效率大大提高。中国对外投资提速增效，中国海尔股份公司 54 亿美元收购通用电气家电业务是一大亮点。仅在 2015 年，中泰铁路、雅万高铁等全部采用中国技术、中国标准、中国装备的境外铁路项目纷纷启动。跨境电商方面也迈出重要的一步。2015 年 3 月，中国杭州开展跨境电子商务综合试验区工作，监管创新、金融扶持、信用管理等体制机制创新释放"红利"。截至 2015 年 11 月底，杭州跨境电子商务交易规模从 2014 年不足 2000 万美元快速增至 30.4 亿美元。我国对外投资在带动世界经济增长、促进互利共赢方面发挥了重要作用。"引进来"与"走出去"基本平衡的双向投资布局日渐完善。

40 多年来，从兴办深圳等经济特区、沿海沿边沿江沿线和内陆中心城市对外开放到加入世界贸易组织、共建"一带一路"、设立自由贸易试验区、谋划中国特色自由贸易港、成功举办首届中国国际进口博览会，从"引进来"到"走出去"……实践充分证明，开放带来进步，封闭自然落后。中国开放的大门不会关闭，只会越开越大。

　　中国已实现了从封闭半封闭到全方位开放的伟大历史转折。在这个伟大转折过程中，中国对外开放实现了从政策性开放到制度性开放的转变，对外开放战略完成了从着眼于内向内外结合的转变、从单纯经济发展战略向国家整体发展战略层面的转变。应该指出，对外开放战略的调整并不意味着替代，而是交错进行。40多年来，中国的开放事业远非一帆风顺，前行的每一步都充满艰辛，伴随着思想的冲击与升华，带着制度新生的阵痛、曲折与辉煌，值得庆幸的是中国并未因有困难而退缩、遭遇艰辛而止步。对外开放40多年，中国积累了丰富经验，其中最宝贵的应该是坚持对外开放不动摇，并随着对外开放的广度和深度的变化不断调整对外开放战略、不断完善对外开放的体制机制。在全球化和信息化并驾齐驱的时代，变化的多样性和矛盾的复杂性前所未有，处于大变革时代的中国依然需要坚持对外开放，以互利共赢这一不变应万变，解决矛盾实现发展，到新中国成立100周年时顺利完成建设社会主义现代化强国的宏伟目标。

第二章

可持续发展战略

20 世纪，人类社会生产力获得了极大提高，经济规模空前扩大，取得了前所未有的成就。但是，随着人类工业文明进程的加快，也带来了人口剧增、资源短缺、环境污染和生态破坏等严重的全球性问题。这些问题不仅影响了经济发展和人类生活，同时也严重威胁着人类的生存与发展。为了解决这些日趋严重的全球性问题，人们不得不对以往的社会经济行为和发展模式进行反思。经过反思和总结，人们认识到发展是一个包括人口、资源、环境的综合性问题，发展的内涵既包括经济发展，也包括社会发展，以及保护和建设良好的生态环境，并由此逐渐形成了可持续发展的理念。

一、可持续发展战略的提出背景

可持续发展的概念最先是 1972 年在斯德哥尔摩举行的联合国人类环境研讨会上进行了正式讨论。这次研讨会云集了全球的工业化和发展中国家的代表，共同界定了人类在缔造一个健康和富有生机的环境上所享有的权利。自此以后，各国致力界定"可持续发展"的含意，拟出的定义有几百个之多，涵盖范围包括国际、区域、地方及特定界别的层面。1980 年国际自然保护同盟的《世界自然资源保护大纲》提出:"必须研究自然的、社会的、生态的、经济的以及利用自然资源过程中的基本关系,以确保全球的可持续发展。"这一概念最初源于生态学,指的是对于资源的一种管理战略。其后被广泛应用于经济学和社会学范畴,加入了一些新的内涵。1981 年,美国出版的《建设一个可持续发展的社会》提出,以控制人口增长、保护资源基础和开发再生能源来实现可持续发展。

1983 年 11 月,联合国成立了世界环境与发展委员会(WECD)。1987 年,受联合国委托,以时任挪威首相布伦特兰夫人为首的 WECD 的成员们,把经过 4 年研究和充分论证的报告——《我们共同的未来》提交联合国大会,正式提出了"可持续发展"(Sustainable development)的概念和模式。在《我们共同的未来》报告中,"可持续发展"被定义为"既满足当代人的需求又不危害后代人满足其需求的发展",是一个涉及经济、社会、文化、技术和自然环境的综合的动态的概念。该概念从理论上明确了发展经济同保护环境和资源是相互联系、互为因果的观点。

1989 年 5 月举行的第十五届联合国环境署理事会,多方经过反复磋商,通过了《关于可持续发展的声明》。这一定义开始逐步得到广泛接受。所谓可持续发展战略,是指实现可持续发展的行动计划和纲领,是国家在多个领域实现可持续发展的总称,它要使各方面的发展目标,尤其是社会、经济与生态、环境的目标相协调。1992 年 6 月,联合国环境与发展大会在巴西里约热内卢召开,会议提出并通过了全球的可持续发展战略——《21世纪议程》，并且要求各国根据本国的情况，制定各自的可持续发展战略、计划和对策。会议还通过了《里约宣言》等重要文件，与会各国一致承诺，把走可持续发展的道路，作为未来的长期共同的发展战略。

可持续发展的核心思想是，经济发展、保护资源和保护生态环境协调一致，让子孙后代能够享受充分的资源和良好的资源环境。包括：健康的经济发展应建立在生态可持续能力、社会公正和人民积极参与自身发展决策的基础上；它所追求的目标是既要使人类的各种需要得到满足，个人得到充分发展，又要保护资源和生态环境，不对后代人的生存和发展构成威胁；它特别关注的是各种经济活动的生态合理性，强调对资源、环境有利的经济活动应给予鼓励，反之则应予以摈弃。

实现工业化、现代化，是新中国成立以来我国几代领导人的不懈追求，而如何在中国这样一个人口众多、资源相对不足的国家里实现工业化、现代化也是我国几代领导人不断求索的问题。党的第三代领导集体通过对中国国情和现代化建设的深入思考，郑重提出在我国现代化建设中必须实施可持续发展战略。走可持续发展之路，是中国社会主义现代化建设的必然选择，是中华民族生存和发展的长远大计，江泽民在这方面提出了很多重要的思想，对推进我国实现可持续发展发挥了重要的指导作用。同样，以胡锦涛同志为总书记的党中央也十分重视可持续发展战略，可持续发展理念也成为全面、协调、可持续的科学发展观的重要思想来源。

实施可持续发展，是基于中国国情的必然选择。人口多，耕地少，人均资源相对不足，经济文化水平比较低，各地区发展不平衡，是我国的基本国情。这一基本国情，一直是制约我国经济社会发展的一个重要因素。人口基数大、增长速度快、地区分布不平衡是我国人口问题的基本特点。中国领导人很早就认识到了人口问题的重要性。改革开放之初，中国制定了计划生育的基本国策，在人口控制上取得了显著的成绩。但是，由于我国的人口基数大，人口形势依然严峻。20 世纪 90 年代，我国每年出生人口仍在 2000 万以上，每年净增人口 1300 多万至 1500 万。巨大的人口基数与如此高的人口增长量，对我国的经济社会发展形成了相当大的压力。1990 年2 月 13 日，江泽民在给出席全国计生委主任会议同志的信中就指出："如果我们不能有效地控制人口增长，就会影响社会主义现代化建设的进程，影响人民物质文化生活水平的提高，还会在自然资源、生态环境等方面造成更大的困难。严格控制人口增长，是关系到国家富强、民族繁荣、子孙后代幸福的根本大计。"[1] 中国人口占世界总人口的五分之一，而耕地面积只占世界耕地面积的 7%，并且人口还在不断增加，耕地面积还在逐年减少。因此，保护耕地的任务越来越紧迫。1995 年 3 月 23 日，江泽民在江西考察农业问题时特别强调，"我们既要凭借现有耕地解决现有人口的吃饭问题，还要对子孙后代

---

[1]《江泽民、李鹏致信出席全国计生委主任会议同志　控制人口增长关系国家富强　动员各方重视支持计划生育》，《人民日报》1990 年 2 月 15 日。

负责，如果耕地保护不好，中华民族的生存和发展就会发生严重危机。珍惜和保护好耕地，必须作为关系国计民生、关系国家发展全局和民族安危的大问题大政策来对待，千万不可掉以轻心，否则我们就要犯永远无法弥补的历史性错误"[1]。这一国情也使我国的可持续发展战略更具有紧迫性。

人均资源相对不足，是中国经济社会发展的又一个难题。据统计，1997 年我国人均耕地面积仅相当于世界平均水平的三分之一，人均森林面积不足六分之一，人均草原面积不足二分之一，人均煤炭和水力资源只有二分之一，人均石油、天然气资源量仅为世界平均水平的十五分之一左右。并且，由于我国长期以来采取粗放型的经济增长模式，我们的单位国内生产总值能耗也远远高于世界平均水平，2006 年，约为日本的 6 倍，韩国的 4.5 倍，美国的 3 倍，印度的 1.8 倍。随着人口的增长和经济的发展，经济建设与资源不足的矛盾还会不断加剧。环境是资源的载体。生态环境较为脆弱也是我国基本国情。党中央、国务院很早就确立了环境保护的基本国策，在环境保护方面采取了很多有效措施，并取得了一定的成绩，但是我国以往在环境保护方面的欠账较多，环境保护的任务依然很重。这一阶段，我国正处在迅速推进工业化和城市化的发展阶段，粗放型的经济增长模式还不能立即扭转，因此，环境污染和生态破坏的承

---

[1]《江泽民论有中国特色社会主义》（专题摘编），中央文献出版社 2002 年版，第 291 页。

受能力还在不断降低。1995 年 3 月 23 日，江泽民在江西考察农业问题时特别强调："我国耕地、水和矿产等重要资源的人均占有量都比较低。今后，随着人口的增加和经济的发展，对资源总量的需求更多，环境保护的难度更大。"[1] 由于我国人口众多，资源相对不足的基本国情，我们必须实施可持续发展战略。

二、可持续发展战略的正式提出

可持续发展，作为一种崭新的发展观念，是对传统的把发展单纯理解为经济增长的发展观念的一种扬弃，是人类发展观念的一次深刻变革。中国政府很早就开始致力于人口、资源、环境问题的改善工作，对可持续发展问题给予了高度重视。

在相当长的时间里，我国人口急剧增加，生产力水平低下，粮食亩产徘徊在三四百斤的水平。为了解决吃饭问题，人们以为只有扩大耕地面积，才能生产出足够的粮食。修筑梯田、围湖造田、开垦荒地，遍及神州大地。这种指导农业的思想，在工业生产过程中也不同程度地存在。翻开如今已发黄的报纸，赫然一个标题："大家动手，把 960 万平方公里的宝藏都找出来！"不错，发展是硬道理。

---

[1]《江泽民文选》第一卷，人民出版社 2006 年版，第 463—464 页。

中国落后，求发展的心情更加急切。但是，这种粗放型生产方式，不仅生产效率低下，解决不了真正的发展问题，而且造成了资源的浪费和生态环境的破坏，严重威胁后续的发展进程。显然，这种方式在中国这样一个人口多、底子薄、人均资源贫乏的国家里是难以为继的。中国应该走一条社会、经济、人口、资源、环境相互协调的发展道路，既要满足当代人的需要又不危及后代人满足其需求的发展，即一条可持续发展的道路。

走可持续发展道路，实质上就是对发展作理性的限制。为了全局的利益，而放弃局部的利益；为了长远的利益，而放弃眼前的利益；为了多数人的利益，而放弃小团体的利益。这种选择是需要眼光和胆识的。以江泽民同志为核心的党中央审时度势，对中国经济发展的国情进行科学的分析，突破常规，作出了走可持续发展道路的决策。1992 年在巴西举行的联合国环境与发展大会上，李鹏总理代表中国政府向世界庄严承诺：中国作为最大的发展中国家，将保持经济与环境保护协调发展，把《21 世纪议程》付诸行动。

1992 年，中国政府向联合国环境与发展大会提交的《中华人民共和国环境与发展报告》，系统回顾了中国环境与发展的过程与状况，同时阐述了中国关于可持续发展的基本立场和观点。8 月，中国政府提出"中国环境与发展十大对策"，明确指出走可持续发展道路是中国当代以及未来的必然选择。同月，中国政府成立了中国 21 世纪议程领导小组及其办公室，负责制定并组织实施《中国 21 世纪议程》，随后还设立了具体管理机构——中国 21 世纪议程管理中心，在国家发展计划委员会和国家科学技术部的领导下，按照领导小组及其办公室的要求，承担制定与实施《中国 21 世纪议程》的日常管理工作。1994 年，国务院常务会议通过《中国 21 世纪议程》，确定实施可持续发展战略。同年，中国政府正式颁布了《中国 21 世纪议程——中国 21 世纪人口、环境与发展白皮书》，确立了中国 21 世纪可持续发展的总体战略框架和各个领域的主要目标。该文件从我国的基本国情出发，提出了我国人口、经济、资源和环境协调发展的总体战略和行动方案，同时，中国也成为世界上第一个编制国家级 21 世纪议程的国家。在此之后，国家有关部门和很多地方政府也相应地制定了部门和地方可持续发展实施行动计划。至 1996 年 10 月，全国已有 21 个省、自治区、直辖市成立了 21 世纪议程领导小组及其办公室。与此同时，在《中国 21 世纪议程》的指导下，许多省、自治区、直辖市开始制定地方 21 世纪议程或行动计划，国务院许多部委也开始制定本行业的 21 世纪议程或行动计划。

1995 年，江泽民在中共十四届五中全会上提出了在推进社会主义现代化建设的过程中，必须处理好的十二个带有全局性的重大关系，其中明确提出，必须正确处理好经济建设和人口、资源、环境的关系。并指出，"在现代化建设中，必须把实现可持续发展作为一个重大战略"[1]。1996 年 3 月，八届全国人大四次会议批准的《国民经

---

[1]《江泽民文选》第一卷，人民出版社 2006 年版，第 463 页。

济和社会发展"九五"计划和 2010 年远景目标纲要》，把可持续发展作为一条重要的指导方针和战略目标，明确作出了中国今后在经济和社会发展中实施可持续发展战略的重大决策。2001 年 3 月，九届全国人大四次会议批准的《国民经济和社会发展"十五"计划》，提出了可持续发展各领域的阶段目标，并专门编制和组织实施了生态建设和环境保护重点专项规划，社会和经济的其他领域也都全面地体现了可持续发展战略的要求，把贯彻可持续发展战略提高到一个新的水平。与此同时，中国加强了可持续发展有关法律法规体系的建设及管理体系的建设工作。截至 2001 年底，国家制定和完善了人口与计划生育法律 1 部，环境保护法律 6 部，自然资源管理法律 13 部，防灾减灾法律 3 部。国务院制定了人口、资源、环境、灾害方面的行政规章 100 余部，为法律的实施提供了一系列切实可行的制度。1993 年，全国人大专门成立了环境与资源保护委员会，在法律起草、监督实施等方面发挥了重要作用。

可持续发展的理念得到了全世界的广泛认同，但关于可持续发展的定义各国却千差万别、不尽相同，因此对可持续发展的理解也不完全一致。在吸收和借鉴国内外关于可持续发展的研究成果，并结合中国的国情与现代化建设的实际的基础上，1996 年 3 月 10 日，江泽民在中央计划生育工作座谈会上，对可持续发展进行了定义，即"可持续发展，就是既要考虑当前发展的需要，又要考虑未来发展的需要，不要以牺牲后代人的利益为代价来满足当代人的利益"[1]。2002 年 3 月 10 日,他在中央人口资源环境工作座谈会上进一步指出,"实现可持续发展,核心的问题是实现经济社会和人口、资源、环境协调发展"[2]。江泽民对可持续发展的定义与分析,准确地抓住了可持续发展的本质与核心,精辟地诠释了可持续发展的基本含义。在此基础上,他还从以下几个方面深入地阐述了可持续发展的内涵:

首先,发展经济、消除贫困,是实现可持续发展的基本前提。江泽民指出,"发展经济、消除贫困,是实现可持续发展的基本前提。经济的可持续发展,是环境保护和社会全面进步的物质基础。不解决生存问题,就谈不上发展,更谈不上可持续发展。促进经济发展,努力消除贫困,是发展中国家走向可持续发展的必由之路"[3]。中国是世界上最大的发展中国家,经济文化还比较落后。同时,历史和现实的经验都告诉我们,落后就会挨打。因此,我们必须毫不动摇地坚持以经济建设为中心,集中力量把国民经济搞上去。1995年 9 月 28 日,他在党的十四届五中全会上讲话指出,"发展是硬道理。中国解决所有问题的关键要靠自己的发展。增强综合国力,改善人民生活;巩固和完善社会主义制度,保持稳定局面;顶住霸权主义和强权政治的压力,维护国家主权和独立;从根本上摆脱经济

[1]《江泽民文选》第一卷,人民出版社 2006 年版,第 518 页。

[2]《江泽民文选》第三卷,人民出版社 2006 年版,第 462 页。

[3]《江泽民主席的讲话》,《人民日报》2002 年 10 月 17 日。

落后状况，跻身于世界现代化国家之林，都离不开发展"[1]。因此，发展，尤其是经济发展，是我们办好一切事情的物质基础，也是我们实现人口、资源、环境与经济协调发展的根本保证。

其次，合理控制人口规模，是实现可持续发展的首要问题。江泽民在 1996 年中央计划生育工作座谈会上指出，"要实现可持续发展，首先必须合理控制人口规模"[2]。1999 年 3 月 13 日，他在中央人口资源环境工作座谈会上指出，"人口、资源、环境三者的关系，人口是关键"[3]。三年后，还是在中央人口资源环境工作座谈会上，他进一步强调，"人口问题是制约可持续发展的首要问题，是影响经济社会发展的关键因素"[4]。中国是世界上人口最多的国家。人口问题始终是关系中国全局的重大问题，也是我们考虑经济社会发展问题的一个基本出发点。如果不能很好地控制人口规模，就会造成对资源和环境的巨大压力，从而影响经济社会的可持续发展。

再次，合理利用资源、保护环境，是实现可持续发展的必然要求。2002 年 10 月 16 日，江泽民在全球环境基金第二届成员国大会上指出，"合理利用资源、保护环境，是实现可持续发展的必然要求"。"只有走以最有效利用资源和保护环境为基础的循环经济之

---

[1]《江泽民文选》第一卷，人民出版社 2006 年版，第 461 页。

[2]《江泽民文选》第一卷，人民出版社 2006 年版，第 519 页。

[3]《江泽民论有中国特色社会主义》（专题摘编），中央文献出版社 2002 年版，第 289 页。

[4]《江泽民文选》第三卷，人民出版社 2006 年版，第 463—464 页。

路，可持续发展才能得到实现"。[1] 可持续发展思想最早就源于环境保护。人类在开发利用自然资源的过程中，忽视了对环境和生态的保护，造成了很多严重的问题和不可弥补的损失。而生态环境的恶化和资源的过度开发，也严重威胁着人类的生存和发展，从而使人类逐渐认识到以浪费资源和牺牲环境为代价，发展就不可能持续进行。

第四，实现社会全面进步、提高人民的生活水平和质量，是可持续发展的最终目标。江泽民指出，"实现社会全面进步、提高人民的生活水平和质量，是可持续发展的最终目标。忽视广大民众的物质文化需要，发展也不可能持续进行"[2]。可持续发展丰富了发展的内涵，提出发展不仅仅是经济发展，还包括人与自然的和谐、人与人的和谐、人与经济社会的和谐，既要实现当代人的生存发展，还要保证子孙后代的生存发展。

可持续发展理念的提出，使人们认识到发展不仅仅是经济增长，更重要的是实现经济社会与人的全面发展。因此，可持续发展，也是发展观念从以物为本到以人为本的一次跨越。

---

[1]《江泽民主席的讲话》，《人民日报》2002 年 10 月 17 日。

[2]《江泽民主席的讲话》，《人民日报》2002 年 10 月 17 日。

三、可持续发展战略的全面实施

20 世纪末中国人口基数庞大并仍呈不断增长的趋势，人均资源相对不足，生态环境脆弱，同时又处在"实现现代化的创业阶段"，经济持续高速增长，自然资源消耗量巨大，这些对中国当时及未来的发展都形成了严峻的压力。所以，1998 年 12 月 18 日，江泽民在纪念中共十一届三中全会召开二十周年大会上，总结我们党的主要历史经验时指出，"我们讲发展，必须是速度与效益相统一的发展，必须是与人口、资源、环境相协调的可持续发展"[1]。中国要实现工业化、现代化，缩小与发达国家的差距，实现中华民族的伟大复兴，还必须要保持一定的经济增长速度，因此，中国实现可持续发展的难度也是相当巨大。在推进社会主义现代化建设进程中，要坚持做到可持续发展。

首先，把实施科教兴国战略与可持续发展战略紧密结合起来。早在 1989 年 12 月，江泽民在国家科学技术奖励大会上就指出："全球面临的资源、环境、生态、人口等重大问题的解决，都离不开科

---

[1]《江泽民文选》第二卷，人民出版社 2006 年版，第 253 页。

学技术的进步。"[1]1991 年 5 月，他在中国科学技术协会第四次全国代表大会上要求，90 年代我们的科技工作，"要在调整人和自然关系的若干重大领域，特别是人口控制、环境保护、资源能源的保护和合理开发利用等方面取得扎实的成果"[2]。1995 年，党中央、国务院确立了科教兴国的发展战略，随后，可持续发展也被确立为国家发展战略。1996 年 7 月 16 日，他在第四次全国环境保护会议上讲话指出："要把实施科教兴国战略与可持续发展战略紧密结合起来。环境保护方面的许多问题需要依靠科技进步、人们素质提高来解决。"[3]1997 年党的十五大又将科教兴国和可持续发展确立为中国跨世纪的两大发展战略。针对科教兴国和可持续发展两大战略之间的关系，江泽民提出，实施科教兴国战略，把教育放在优先发展的战略地位，努力提高全民族的思想道德素质和科学文化素质，将我国沉重的人口负担转化为人力资源优势，才能更好地实现可持续发展。

其次，实施可持续发展战略，促进资源的合理利用。由于我国历史、经济体制和其他方面的原因，长期以来我国一直沿袭着粗放型的经济增长模式。这一模式造成了我国在经济发展中投入大、产出少，单位 GDP 能耗过高，资源浪费严重，以及环境污染和生态破坏等诸多问题。党的十四届五中全会提出，促进国民经济持续、快

[1] 江泽民：《论科学技术》，中央文献出版社 2001 年版，第 2 页。

[2] 江泽民：《论科学技术》，中央文献出版社 2001 年版，第 22 页。

[3]《江泽民文选》第一卷，人民出版社 2006 年版，第 535 页。

速、健康发展和社会全面进步，"关键是实行两个具有全局意义的根本性转变，一是经济体制从传统的计划经济体制向社会主义市场经济体制转变，二是经济增长方式从粗放型向集约型转变"[1]。实行"两个根本性转变"对于实现经济社会与人口、资源、环境的相协调至关重要。因此，江泽民在 2002 年中央人口资源环境工作座谈会上强调指出："为了实现我国经济社会持续发展，为了中华民族的子孙后代始终拥有生存和发展的良好条件，我们一定要高度重视并切实解决经济增长方式转变的问题，按照可持续发展的要求，正确处理经济发展同人口、资源、环境的关系，促进人和自然的协调与和谐，努力开创生产发展、生活富裕、生态良好的文明发展道路。"[2]

最后，积极参与经济全球化，促进中国可持续发展。经济全球化是国际社会发展不可阻挡的客观趋势。经济全球化既是机遇也是挑战。在抓住全球化机遇方面，江泽民提出了实现我国可持续发展的新思路。2000 年 3 月 12 日，他在中央人口资源环境工作座谈会上指出，"为了确保我国经济社会的持续发展，我们在资源的开发利用上，必须充分运用国内国际两种资源、两个市场，必须加大利用国外资源的工作力度。这是关系我国长远发展和子孙后代的大计，一定要不失时机地加以推进"，"要加紧研究确定我国战略资源储

---

[1]《中共十四届五中全会在北京举行　全会由中央政治局主持　江泽民总书记作重要讲话》，《人民日报》1995 年 9 月 29 日。

[2]《江泽民文选》第三卷，人民出版社 2006 年版，第 462 页。

备的方针，对重要战略资源实施国家战略储备，以确保国家经济安全"，"要继续积极引进资金和先进技术，为加强我国的资源开发和环境保护工作服务"。[1] 人口众多，人均资源相对不足是我国的基本国情。随着人口的增加和经济的发展，我国对资源总量的需求也在不断加大，利用国内国外两种资源、两个市场将是实现我国可持续发展的一项重要举措。与此同时，随着我国加入世界贸易组织，对我们做好人口、资源、环境工作也提出了新的要求和挑战。对此，他在 2002 年中央人口资源环境工作座谈会上指出："对可能给我们人口、资源、环境工作带来影响的国际方面的因素，要进行全面科学的分析，既要看到对我有利的一面，也要看到对我不利的一面，以充分利用有利因素，努力避免不利影响。比如，如何随着流动人口的增多加强计划生育管理和服务，如何既充分利用国外资源又不过分依赖国外资源，如何既扩大资源领域的对外交流又防止珍稀资源流失，如何既不断促进贸易发展又确保环境安全，等等，都需要进行深入研究。"[2] 此外，围绕如何应对经济全球化的挑战，以进一步促进我国的可持续发展，早在 1996 年第四次全国环境保护会议上，江泽民就指出："我们扩大开放、引进外资，需要抓好环境保护工作，改善投资环境，同时也要注意防止国外有些人把污染严重的项目甚

---

[1] 江泽民：《论社会主义市场经济》，中央文献出版社 2006 年版，第 526—527 页。

[2]《江泽民文选》第三卷，人民出版社 2006 年版，第 463 页。

至'洋垃圾'往我国转移，切不可贪图眼前的局部利益而危害国家和民族的全局利益，危害子孙后代。"[1]从国家和民族的全局出发，中央领导层对全球化可能给我们带来的不利影响有着清晰的认识。

1997年，党的十五大报告指出，"我国是人口众多、资源相对不足的国家，在现代化建设中必须实施可持续发展战略"[2]。实施可持续发展战略，是党中央、国务院适应世界发展潮流，结合中国国情与社会主义现代化建设实际，实行的一项重大举措。正如江泽民在1996年中央计划生育工作座谈会上，谈及从可持续发展的战略高度认识人口问题的重要性时所指出的："实现可持续发展，是人类社会发展的必然要求，已经成为世界许多国家关注的一个重大问题。中国是世界上人口最多的发展中国家，这个问题更具有紧迫性。"[3]2000年10月，党的十五届五中全会通过的《中共中央关于制定国民经济和社会发展第十个五年计划的建议》中，将"加强人口和资源管理，重视生态建设和环境保护"单列一章进行阐述。强调，"实施可持续发展战略，是关系中华民族生存和发展的长远大

---

[1]《江泽民文选》第一卷，人民出版社2006年版，第535页。

[2] 中共中央文献研究室编:《十五大以来重要文献选编》（上），人民出版社2000年版，第28页。

[3]《江泽民文选》第一卷，人民出版社2006年版，第518页。

计"[1]。党的十六大报告讲到全面建设小康社会的目标之一就是："可持续发展能力不断增强，生态环境得到改善，资源利用效率显著提高，促进人与自然和谐，推动整个社会走上生产发展、生活富裕、生态良好的文明发展道路。"[2] 这里不仅强调可持续发展，还提出了生态的文明发展道路。

以江泽民同志为核心的第三代中央领导集体高度重视可持续发展战略的不断推进。江泽民在 1996 年第四次全国环境保护会议上指出，"在社会主义现代化建设中，必须把贯彻实施可持续发展战略始终作为一件大事来抓"。"从我国实际出发，在实施可持续发展战略中，我们要努力做好以下几方面的工作：一是坚持节水、节地、节能、节材、节粮以及节约其他各种资源，农业要高产、优质、高效、低耗，工业要讲质量、讲低耗、讲效益，第三产业与第一、第二产业要协调发展；二是继续控制人口增长，全面提高人口素质；三是消费结构要合理，消费方式要有利于环境和资源保护，决不能搞脱离生产力发展水平、浪费资源的高消费；四是加强环境保护的宣传教育，增强干部群众自觉保护生态环境的意识；五是坚决遏制

---

[1] 中共中央文献研究室编：《十五大以来重要文献选编》（中），人民出版社 2001 年版，第 1386 页。

[2] 中共中央文献研究室编：《十六大以来重要文献选编》（上），中央文献出版社 2005 年版，第 15 页。

和扭转一些地方资源受到破坏、生态环境恶化的趋势"[1]，明确提出坚持可持续发展战略需要做好的五方面重点工作。他在 2002 年中央人口资源环境工作座谈会上再次强调，"实现可持续发展，核心的问题是实现经济社会和人口、资源、环境协调发展"，"发展不仅要看经济增长指标，还要看人文指标、资源指标、环境指标"，"加入世界贸易组织后，我国人口、资源、环境工作面临着新的形势和新的要求，最突出的特点是，我们做人口、资源、环境工作，不仅要把国内因素与国际因素结合起来考虑，而且要更多地考虑国际因素。加入世界贸易组织，既为我们充分利用国内国外两个市场、两种资源，实现经济社会与人口、资源、环境协调发展提供了新的机遇，也对我们提高促进经济社会可持续发展的能力提出了新的挑战"。[2]针对我国加入世贸组织这一新的国际形势，中央将坚持和发展可持续发展战略提升到国际高度，要求在全球视野中不断推进我国的可持续发展事业。

与此同时，中国政府先后向 1997 年联合国环境与发展事务特别联大会议、2002 年可持续发展世界首脑会议、2012 年联合国可持续发展大会提交了二份《中华人民共和国可持续发展国家报告》，分阶段全面总结了自 1992 年以来，中国政府实施可持续发展战略的总体

---

[1]《江泽民文选》第一卷，人民出版社 2006 年版，第 532—533 页。

[2]《江泽民文选》第三卷，人民出版社 2006 年版，第 462、463 页。

情况和取得的成就，阐述了履行联合国环境与发展大会有关文件的进展和中国今后实施可持续发展战略的构想，以及中国对可持续发展若干国际问题的基本原则立场与看法。自 1992 年联合国环境与发展大会以来，中国积极有效地实施了可持续发展战略，在中国可持续发展的各个领域都取得了突出成就，特别是在经济、社会全面发展和人民生活水平不断提高的同时，人口过快增长的势头得到了控制，自然资源保护和生态系统管理得到加强，生态建设步伐加快，部分城市和地区环境质量有所改善。

四、实施可持续发展战略的重要意义

党的十五大报告明确提出实施可持续发展战略。十六大以来，党中央提出建设生态文明的新要求。十七大报告提出将生态环境良好的国家作为全面建设小康社会的重要目标之一。面对资源约束趋紧、环境污染严重、生态系统退化的严峻形势，十八大报告提出建设"美丽中国"，要把"生态文明"提升到更高的战略层面，融入经济建设、政治建设、文化建设、社会建设各方面和全过程。

实施可持续发展，是中国现代化建设的必然选择。实现工业化、现代化是中华民族的百年追求。中国要摆脱贫困落后的局面，缩小同西方发达国家的差距，必须集中力量进行社会主义现代化的建设。要把中国建设成为富强、民主、文明的社会主义现代化强国，没有一定的经济发展速度是不行的。1992 年，邓小平在南方谈话中指出，必须抓住机遇，加快发展，"低速度就等于停步，甚至等于后退"[1]。1992 年 10 月，党的十四大报告指出，"我国经济能不能加快发展，不仅是重大的经济问题，而且是重大的政治问题"[2]。1993 年 9 月 29 日，江泽民在中南、西南十省区经济工作座谈会上指出："没有适当的发展速度，就会丧失机遇，这如同逆水行舟，不进则退。历史和现实都告诉我们，发展速度低了不行，那样经济就上不去，就会处于被动地位，受制于人。"[3] 国际竞争的实质是以经济和科技实力为基础的综合国力的较量，世界上许多国家特别是我们周边的一些国家和地区都在加快发展。从我们国家周边来看，20 世纪 80 年代"亚洲四小龙"迅速崛起，20 世纪 90 年代东南亚"四小虎"也发展起来。20 世纪 90 年代我国经济的发展速度，原定为平均每年增长 6%。后来，经过党中央、国务院慎重考虑，将速度定在了 8% 至 9%。因为只有保证这样的发展速度，我国才能实现在 20 世纪末国民生产总值比 1980 年翻两番，完成我国现代化建设"三步走"战略的第二步战略目标，同时缩小同发达国家与周边新兴工业化国家和地区的发展差距。2000 年 6 月 5 日，江泽民在中国科学院第十次院

---

[1]《邓小平文选》第三卷，人民出版社 1993 年版，第 375 页。

[2] 中共中央文献研究室编：《十四大以来重要文献选编》（上），人民出版社 1996 年版，第 16 页。

[3] 江泽民：《论社会主义市场经济》，中央文献出版社 2006 年版，第 127 页。

士大会、中国工程院第五次院士大会上一针见血地指出："中国在发展，世界也在发展。时不我待啊！"[1]

但是，加速推进社会主义现代化建设，很容易造成片面追求经济增长的倾向，而忽视对资源和环境的保护。许多西方发达国家就走了一条先污染后治理的路子。对此，江泽民在 1996 年第四次全国环境保护会议上强调，"我们决不能走这样的路子"。因为，"如果在发展中不注意环境保护，等到生态环境破坏了以后再来治理和恢复，那就要付出更沉重的代价，甚至造成不可弥补的损失"[2]。从 1999 年到 2016 年，我国环境污染治理项目投资额由 823.2 亿元增加到 9219.8 亿元[3]。在 1999 年中央人口资源环境工作座谈会上，他进一步指出："促进我国经济和社会的可持续发展，必须在保持经济增长的同时，控制人口增长，保护自然资源，保持良好的生态环境。这是根据我国国情和长远发展的战略目标而确定的基本国策。"[4]2001 年 2 月，他在海南考察时特别强调，广大干部群众必须认识到，"破坏资源环境就是破坏生产力，保护资源环境就是保护生产力，改善资源

---

[1]《江泽民文选》第三卷，人民出版社 2006 年版，第 34 页。

[2]《江泽民文选》第一卷，人民出版社 2006 年版，第 533、532 页。

[3] 刘志雄：《新形势下我国能源安全保障、环境保护与经济稳定增长研究》，人民出版社 2019 年版，第 187 页。

[4]《江泽民论有中国特色社会主义》（专题摘编），中央文献出版社 2002 年版，第 281 页。

环境就是发展生产力"[1]。我国正处在工业化、城市化快速发展阶段，这也正是经济增长与人口、资源、环境的矛盾最为突出的时期，更要突出强调坚持可持续发展战略的重要意义。

实施可持续发展，是实现最广大人民的根本利益的必然选择。我国是社会主义国家，人民是国家的主人。实现最广大人民群众的根本利益，是社会主义的本质要求，也是我国改革和建设的根本出发点。随着我国改革开放的发展和社会主义现代化事业不断推进，在温饱问题已经基本解决以后，创造良好的生态环境越来越成为满足人民群众日益增长的物质文化生活的迫切需要。江泽民在1996年第四次全国环境保护会议上指出，"环境意识和环境质量如何，是衡量一个国家和民族的文明程度的一个重要标志"[2]。环境质量也已经成为衡量人们生活质量的一个重要标准。2001年7月1日，他在庆祝中国共产党成立80周年大会上讲话时指出，"要促进人和自然的协调与和谐，使人们在优美的生态环境中工作和生活。坚持实施可持续发展战略，正确处理经济发展同人口、资源、环境的关系，改善生态环境和美化生活环境，改善公共设施和社会福利设施。努力开创生产发展、生活富裕和生态良好的文明发展道路"[3]。人口剧增、资源短缺、环境污染和生态破坏，不仅会严重影响当代人的生活质量，

---

[1]《江泽民论有中国特色社会主义》（专题摘编），中央文献出版社2002年版，第282页。

[2]《江泽民文选》第一卷，人民出版社2006年版，第534页。

[3]《江泽民文选》第三卷，人民出版社2006年版，第295页。

而且也严重威胁子孙后代的生存和发展。实施可持续发展，加强对环境的治理和生态的改善，是提高人民群众生活质量、实现人民根本利益、促进人的全面发展的基本要求。江泽民在 2002 年中央人口资源环境工作座谈会上进一步指出，"人口、资源、环境工作，关系经济发展和社会进步，关系最广大人民的根本利益。切实做好人口、资源、环境工作，不仅关系到我们能否更好地解放和发展生产力，而且关系到我们能否更好地实现、维护、发展最广大人民的根本利益"[1]。

党的十八大以来，以习近平同志为核心的党中央高度重视实施可持续发展战略，发表了一系列重要论述，为新时代进一步坚持好实施好这一战略提供了基本遵循。2014 年 6 月 3 日，习近平总书记在出席 2014 年国际工程科技大会时发表讲话明确指出，"我们将继续实施可持续发展战略，优化国土空间开发格局，全面促进资源节约，加大自然生态系统和环境保护力度，着力解决雾霾等一系列问题，努力建设天蓝地绿水净的美丽中国"[2]。2016 年 9 月 3 日，他在二十国集团工商峰会开幕式上发表主旨演讲，再次强调，"我们将毫不动摇实施可持续发展战略，坚持绿色低碳循环发展，坚持节约资

[1]《江泽民文选》第三卷，人民出版社 2006 年版，第 467 页。

[2] 习近平:《让工程科技造福人类、创造未来——在 2014 年国际工程科技大会上的主旨演讲》,《人民日报》2014 年 6 月 4 日。

源和保护环境的基本国策"[1]。11月19日，他在亚太经合组织工商领导人峰会上的主旨演讲中提出，"绿水青山就是金山银山，我们将坚持可持续发展战略，推动绿色低碳循环发展，建设天蓝、地绿、水清的美丽中国，让人民切实感受到发展带来的生态效益"[2]。"继续实施""毫不动摇实施""坚持"等一系列关键词，可以看出总书记对实施可持续发展战略的坚定决心；"绿色低碳循环"，是推进可持续发展战略的基本标准；"天蓝地绿水净的美丽中国"，是全国人民实践可持续发展战略的最终目标。

2016年1月1日，《2030年可持续发展议程》正式启动。新议程呼吁各国采取行动，为今后15年实现17项可持续发展目标而努力。联合国193个会员国在2015年9月举行的历史性首脑会议上一致通过了可持续发展目标，这些目标述及发达国家和发展中国家人民的需求并强调不会落下任何一个人。新议程范围广泛，涉及可持续发展的三个层面：社会，经济和环境，以及与和平、正义和高效机构相关的重要方面。该议程还确认调动执行手段，包括财政资源、技术开发和转让以及能力建设，以及伙伴关系的作用至关重要。虽然将这一愿景变为现实的主要责任在各国，但也需要建立新

---

[1] 习近平：《中国发展新起点　全球增长新蓝图——在二十国集团工商峰会开幕式上的主旨演讲》，《人民日报》2016年9月4日。

[2] 习近平：《深化伙伴关系　增强发展动力——在亚太经合组织工商领导人峰会上的主旨演讲》，《人民日报》2016年11月21日。

的伙伴关系和国际团结。这关系每个人的利益，人人可为此贡献自己的力量。每个国家需定期审查进展，并让民间社会、商界和各利益团体的代表参与审查。在区域层面上，各国将共享经验，处理共同面临的问题。而每年在联合国举行的可持续发展问题高级别政治论坛将评估全球层面上取得的进展，确定差距和新出现的问题，并提出补救行动。联合国还将利用一整套全球性指标监测和审查新议程中的 17 项可持续发展目标和 169 项具体目标，并把这些目标编入《年度可持续发展目标进度报告》。在《2030 年可持续发展议程》通过后不久，2015 年 11 月 15 日，国家主席习近平在二十国集团领导人第十次峰会第一阶段会议上关于世界经济形势的发言中提出四点建议，第四点以"落实 2030 年可持续发展议程，为公平包容发展注入强劲动力"为题指出，"消除贫困和饥饿，实现公平、开放、全面、创新发展，不仅是共同的道义责任，而且能释放出不可估量的有效需求"。他积极倡议道，"今年 9 月，我同在座的许多同事一道在联合国发展峰会上核准了 2030 年可持续发展议程。二十国集团集中了当今世界大部分主要经济体，完全应该也有能力在落实方面先行一步，作出表率"[1]。世界各国应立足自身国情，把可持续发展议题同本国发展战略有效对接，持之以恒加以推进，探索出一条经济、社会、环境协调并进的可持续发展之路。

---

[1] 习近平：《创新增长路径　共享发展成果——在二十国集团领导人第十次峰会第一阶段会议上关于世界经济形势的发言》，《人民日报》2015 年 11 月 16 日。

2017 年 10 月，党的十九大报告中关于新时代中国特色社会主义思想和基本方略、开启全面建设社会主义现代化国家新征程、建设现代化经济体系、建设美丽中国的论述均体现了可持续发展战略。报告中明确提出了必须坚定不移贯彻创新、协调、绿色、开放、共享的发展理念。在建设生态文明和实施可持续发展战略中，必须坚持绿色发展理念。以绿色科技统领创新，构建绿色技术创新体系，推动发展转型。只有采取绿色发展模式，才能保证经济社会的可持续发展，人与自然和谐共生。可持续发展的核心是发展，发展是解决我国一切问题的基础和关键，发展的核心是效率和效益。报告明确提出"必须坚持质量第一、效益优先，以供给侧结构性改革为主线，推动经济发展质量变革、效率变革、动力变革，提高全要素生产率"[1]，这是可持续发展的核心要求。我国在迈进新时代过程中，须秉承国土空间开发公正、社会发展公平、国家治理体系公益等理念，统筹好公平与共享，协调好城乡发展和区域发展。

党的十八大以来，我国经济社会不断发展、各项事业不断进步，中国特色社会主义进入了新时代。新时代我国社会主要矛盾已经转化为人民日益增长的美好生活需要和不平衡不充分的发展之间的矛盾，其中经济社会发展与自然不平衡的矛盾比较突出。为此，十九大报告中将"可持续发展战略"提高到决胜全面建成小康社会

---

[1] 习近平：《决胜全面建成小康社会 夺取新时代中国特色社会主义伟大胜利——在中国共产党第十九次全国代表大会上的报告》，《人民日报》2017 年 10 月 27 日。

基本战略的高度，提出，"从现在到二〇二〇年，是全面建成小康社会决胜期。要按照十六大、十七大、十八大提出的全面建成小康社会各项要求，紧扣我国社会主要矛盾变化，统筹推进经济建设、政治建设、文化建设、社会建设、生态文明建设，坚定实施科教兴国战略、人才强国战略、创新驱动发展战略、乡村振兴战略、区域协调发展战略、可持续发展战略、军民融合发展战略"[1]。贯彻落实好可持续发展战略，是我国从站起来、富起来到强起来伟大飞跃的坚实保障。

---

[1] 习近平：《决胜全面建成小康社会　夺取新时代中国特色社会主义伟大胜利——在中国共产党第十九次全国代表大会上的报告》，《人民日报》2017 年 10 月 27 日。

| 第三章 |

科教兴国战略

　　"科教兴国"是党中央、国务院按照邓小平理论和党的基本路线，科学分析和总结20世纪90年代中国经济、社会、科技发展趋势和经验，并充分估计未来科学技术特别是高技术发展对综合国力、社会经济结构、人民生活和现代化进程的巨大影响，根据中国国情，为实现社会主义现代化建设三步走的宏伟目标而提出的发展战略。

一、科教兴国战略的提出背景

　　"科教兴国"思想的理论基础是邓小平关于科学技术是第一生产力的思想。在建设中国特色社会主义伟大实践中，邓小平始终把教育发展和科技进步作为关系社会主义现代化建设全局和社会主义历史命运的根本问题，进行理论思考，提出战略设想。1977年8月，他在科学和教育工作座谈会上提出："我们国家要赶上世界先进水平，从何着手呢？我想，要从科学和教育着手。"[1]9月，他在同教育

---

[1]《邓小平文选》第二卷，人民出版社1994年版，第48页。

部主要负责同志谈话时再次强调，"不抓科学、教育，四个现代化就没有希望，就成为一句空话"[1]。"复出"不久，他即明确把科教发展作为发展经济、建设现代化强国的先导，摆在中国发展战略的首位。

1978 年党的十一届三中全会确立了改革开放的大政方针，为中国走向世界开启了大门。在这个伟大的变革过程中，围绕着科学技术发展、知识分子的阶级地位与作用、社会主义经济的本质等问题，邓小平以高瞻远瞩、实事求是和坚韧不拔的伟大的政治家气概，带领人民逐步走出一条自己的道路，从而为中国迎接新世纪奠定了坚实的基础。从 20 世纪 70 年代后期到 90 年代初期，他坚持"实现四个现代化，科学技术是关键，基础在教育"的核心思想，为"科教兴国"发展战略的形成奠定了坚实的理论和实践基础。

首先，邓小平在拨乱反正的过程中，从根本上解决了科学技术与生产力、知识分子与工人阶级等方面的关系问题，使我们摆脱了"左"的意识形态的桎梏，在科学技术发展、人力资源培养以及教育体制改革等方面打开了新的局面。1975 年，邓小平在主持整顿工作时就肯定了"科学技术也是生产力"的观点。1977 年，在恢复党和国家的领导职务后，他自告奋勇分管科学和教育工作，首先从科学教育战线上打开了拨乱反正的局面。他在同中央两位负责同志谈话时指出："要实现现代化，关键是科学技术要能上去。发展科学技

[1]《邓小平文选》第二卷，人民出版社 1994 年版，第 68 页。

术，不抓教育不行。"他强调："一定要在党内造成一种空气：尊重知识，尊重人才。要反对不尊重知识分子的错误思想。"[1] 他肯定新中国成立之后的 17 年，教育战线同科研战线一样，"主导方面是红线"。17 年中，绝大多数知识分子在党的正确领导下，辛勤劳动，努力工作，取得很大成绩。现在各条战线的骨干力量，大都是自己培养的。我国的知识分子绝大多数是自觉自愿地为社会主义服务的。他强调："无论是从事科研工作的，还是从事教育工作的，都是劳动者。""知识分子的名誉要恢复。""'两个估计'[2] 是不符合实际的，怎么能把几百万、上千万知识分子一棍子打死呢？"[3]1978 年 3 月和 4 月，在全国科学大会和全国教育工作会议上，邓小平深刻地论述了经济快速发展离不开科技进步而科技进步又依赖于教育的关系，从战略的高度强调大力发展科技和教育的重要意义。着重阐明了知识分子是工人阶级的一部分，科学技术是生产力，四个现代化关键是科学技术现代化的重要观点。他满怀信心地宣告："'四人帮'肆意

---

[1]《邓小平文选》第二卷，人民出版社 1994 年版，第 40、41 页。

[2] "两个估计"是 1971 年张春桥、姚文元在修订《全国教育工作会议纪要》中提出的，即解放后十七年"毛主席的无产阶级教育路线基本上没有得到贯彻执行"，"资产阶级专了无产阶级的政"；大多数教师"世界观基本上是资产阶级的"。这两个完全错误的估计，使广大教师以至广大知识分子长期受到严重压抑。1979 年 2 月 19 日，中共中央根据中共教育部党组的报告，决定撤销《全国教育工作会议纪要》。

[3]《邓小平文选》第二卷，人民出版社 1994 年版，第 50、51、67 页。

摧残科学事业、迫害知识分子的那种情景，一去不复返了。"[1]

其次，邓小平关注世界发展变化的大趋势，提出力争使中国在世界高科技领域中占有一席之地的战略性要求。1982年，他在论述20年内中国发展战略的重点时强调："搞好教育和科学工作，我看这是关键。没有人才不行，没有知识不行。"[2]1985年，在全国科技工作会议上，他重申："改革经济体制，最重要的、我最关心的，是人才。改革科技体制，我最关心的，还是人才。"[3]1985年，中共中央《关于科技体制改革的决定》发布以后，邓小平对科学技术讲的次数越来越多，分量越来越重。他反复强调科学技术已经成为越来越重要的生产力，提醒全党对科学技术的重要性要有充分的认识。他认为，"实现人类的希望离不开科学，第三世界摆脱贫困离不开科学，维护世界和平也离不开科学"，"中国要发展，离开科学不行"[4]。同年在全国教育工作会议上，邓小平号召各级党委和政府把教育工作认真抓起来，指出："我们国家，国力的强弱，经济发展后劲的大小，越来越取决于劳动者的素质，取决于知识分子的数量和质量。"[5]

20世纪80年代中期，世界范围内高科技呈现了新的发展态势。

---

[1]《邓小平文选》第二卷，人民出版社1994年版，第85页。

[2]《邓小平文选》第三卷，人民出版社1993年版，第9页。

[3]《邓小平文选》第三卷，人民出版社1993年版，第108页。

[4]《邓小平文选》第三卷，人民出版社1993年版，第183页。

[5]《邓小平文选》第三卷，人民出版社1993年版，第120页。

美国开始实施"星球大战"计划，欧洲实施"尤里卡"计划，日本实施"人体新领域研究"计划。1986年3月3日，王大珩、王淦昌、杨嘉墀、陈芳允4位老科学家上书邓小平，提出了《关于追踪研究外国战略性高技术发展的建议》，他们意识到了时间的紧迫：如果抓晚了，等于自甘落后，而且难以再起。3月5日，邓小平在建议上作了重要批示："这个建议十分重要"，"找些专家和有关负责同志讨论，提出意见，以凭决策。此事宜速作决断，不可拖延。"[1]党中央、国务院按照邓小平的批示，批准实施了《国家高科技研究发展计划（"863"计划）纲要》，由国家拨款100亿元，启动了七个领域（信息、生物技术、新材料、制造过程自动化、能源、航天、激光）的15个主题项目的攻关研究。从此，"863"计划作为我国高科技的一面旗帜，在生物、航天、信息等高科技领域都取得了举世瞩目的成就，为提高我国科技整体实力和综合国力做出了卓越贡献。人们广泛熟知的"神舟"载人航天实验、"神威"高性能计算机、6000米水下机器人实验、杂交水稻研究等，都是"863"计划的标志性成果。如果说"两弹一星"维护了我国几十年的大国地位，那么"863"计划的成功实施也为我国有能力参与今天的国际科技经济竞争起到了不可磨灭的作用。

　　1988年，邓小平指出："马克思说过，科学技术是生产力，事实

---

[1]《邓小平文选》第三卷，人民出版社1993年版，第408页。

证明这话讲得很对。依我看，科学技术是第一生产力。"[1] "科学技术是第一生产力"，这个划时代的论断，创造性地发展了马克思主义关于生产力的学说，揭示了实施科教兴国战略的历史必然性。邓小平在讲到这个问题的时候，把它同社会主义的根本原则结合起来，赋予它很强的时代感。他深有感触地说："从长远看，要注意教育和科学技术。否则，我们已经耽误了二十年，影响了发展，还要再耽误二十年，后果不堪设想。"[2] 毫无疑问，在知识经济中，科学技术起着真正的核心和关键作用，邓小平关于"科学技术是第一生产力"的论述，其洞见和远见都已为后来的事实所印证。它充分揭示了科学技术在当代所具有的那种先决性、动力性的本质，深刻阐明了其广为应用的价值、无所不在的渗透作用和极富冲击性的力量。

邓小平用"高科技发展的世纪"来形容 21 世纪，表明他把科学技术发展作为概括时代特征的一个重要方面。他要求我们必须看到世界新技术革命蓬勃发展、高科技在世界竞争中地位日益突出这个任何国家都不能不认真对待的形势。他指出："世界形势日新月异，特别是现代科学技术发展很快。现在的一年抵得上过去古老社会几十年、上百年甚至更长的时间。不以新的思想、观点去继承、发展马克思主义，不是真正的马克思主义者。"[3]

---

[1]《邓小平文选》第三卷，人民出版社 1993 年版，第 274 页。

[2]《邓小平文选》第三卷，人民出版社 1993 年版，第 274—275 页。

[3]《邓小平文选》第三卷，人民出版社 1993 年版，第 291—292 页。

再次，邓小平对社会主义的本质作出了全面的界定，并确立了建立社会主义市场经济的基本原则，在本质上解决了中国未来持续发展的社会经济动力问题。进入 20 世纪 90 年代以后，新的一轮世界科学技术的竞争激烈异常。1990 年 10 月，拉美国家提出了旨在加强本地区的科学技术合作的"玻利瓦尔计划"；1992 年俄罗斯发布了《关于保护俄罗斯科学技术潜力的紧急措施》的总统令，英国重新设立了科学部长、内阁中设立科学技术办公室，澳大利亚公布了联邦政府第一份科学技术白皮书；1993 年在美国提出兴建"信息高速公路"之后的短短一年内，日本、欧洲、加拿大、韩国等 20 多个国家和地区纷纷宣布将要或有意向兴建自己的"信息高速公路"。与此同时美国宣布放弃了"星球大战计划"，停建了超导超级对撞机，缩减了"自由"号空间站的规模，加大发展将科学技术与市场相结合的项目。欧洲则明确提出科学技术发展要以保持经济持续增长为目标。邓小平密切注视着世界科技发展的大势。1992 年视察南方时，他又一次重申了"科学技术是第一生产力"的观点，而且作了精辟的说明："经济发展得快一点，必须依靠科技和教育。我说科学技术是第一生产力。近一二十年来，世界科学技术发展得多快啊！高科技领域的一个突破，带动一批产业的发展。我们自己这几年，离开科学技术能增长这么快吗？要提倡科学，靠科学才有希望。"[1] 邓小

---

[1]《邓小平文选》第三卷，人民出版社 1993 年版，第 377—378 页。

平从 20 世纪 70 年代后期到 90 年代初期形成和发展起来的依靠科学和教育进行现代化建设的科学论断，为提出和实施科教兴国发展战略奠定了坚实的理论基础。根据邓小平的这个战略思想，党中央在 1985 年先后发布了科技体制改革的决定和教育体制改革的决定，分别确立了"经济建设必须依靠科学技术、科学技术工作必须面向经济建设"和"教育必须为社会主义建设服务，社会主义建设必须依靠教育"的战略方针。

邓小平南方谈话之后不久，1992 年，党的十四大确立了邓小平理论在全党的指导地位，明确了我国经济体制改革的目标是建立社会主义市场经济体制。江泽民在会上深刻指出"科学技术是第一生产力，经济建设必须依靠科技进步和劳动者素质的提高"，"必须把教育摆在优先发展的战略地位，努力提高全民族的思想道德和科学文化水平"。[1] 十四大在正确把握世界历史发展趋势的前提下，确立了社会主义市场经济的原则，为我国科学技术的发展提供了有力的保障。

1993 年，党中央、国务院发布了《中国教育改革和发展纲要》，在关于建设中国特色社会主义教育体系的主要原则中明确提出，"教育是社会主义现代化建设的基础，必须坚持把教育摆在优先发展的

---

[1] 中共中央文献研究室编：《十四大以来重要文献选编》（上），人民出版社 1996 年版，第 11、25 页。

战略地位"[1]。并且提出了落实教育战略地位的重大举措。1994年，党中央和国务院召开全国教育工作会议，贯彻党的十四大和十四届三中全会的精神，进一步落实教育优先发展战略，动员全党全社会认真实施《中国教育改革和发展纲要》。

社会主义市场经济体制的确立和知识分子社会政治地位问题的解决，奠定了"科学技术是第一生产力"理论的社会经济与政治基础。邓小平的这一论断包含着意义深远的预见，即人类必将走向以科技发展为动力或以知识为基础的新社会，从而为我们指明，一个民族求得发展和强盛的出路在于依靠科技进步和提高劳动者的科学文化素质。正是在这个基础上，中国共产党才能够提出符合世界发展潮流的"科教兴国"战略，为中国在世界范围内的知识经济发展的历史机遇面前，赢得主动，赢得时间。

二、科教兴国战略的明确提出

以江泽民同志为核心的党的第三代中央领导集体，对科学技术的发展给予了高度的重视。江泽民特别指出：科学技术是生产力发展的重要动力，是人类社会进步的重要标志。面对世界发展的大趋

---

[1] 中共中央文献研究室编：《十四大以来重要文献选编》（上），人民出版社1996年版，第61页。

势，1995 年 5 月 6 日，《中共中央、国务院关于加速科学技术进步的决定》（以下简称《决定》）正式颁布。《决定》的核心内容是提出了"坚定不移地实施科教兴国的战略"。1995 年 5 月 26 日，中共中央、国务院在北京召开全国科学技术大会，就科教兴国战略进行了全面阐释，并向全党和全国人民发出号召：全面落实邓小平科学技术是第一生产力的思想，投身于实施科教兴国战略的伟大事业，加速全社会的科技进步，为胜利实现我国现代化建设的第二步和第三步战略目标而努力奋斗。这次大会在中国科技与社会发展史上发挥了重要作用，《科技日报》发表题为《科技事业发展的第三座里程碑》的社论，盛赞这次大会是"继 1956 年知识分子问题会议、1978 年全国科学大会以来我国科技事业发展的第三座里程碑"[1]。

《决定》指出："邓小平同志关于科技工作的一系列论述，是建设有中国特色社会主义理论的重要组成部分，是我国新时期科技工作的指导思想。十一届三中全会以来，党中央、国务院制定了一系列科技工作的方针政策。我国积极、全面地推进科技体制改革，全方位、多渠道开展国际科技合作与交流，在改革开放中形成了新时期科技发展的战略部署，科技工作发生了历史性的变化。科技体制正在向适应社会主义市场经济体制和科技自身发展规律的新体制转变，科技与经济结合的新机制正在形成。科技工作的战略重点已转

---

[1]《科技日报》1995 年 5 月 26 日。

向国民经济建设，为促进经济和社会发展、增强综合国力、提高人民生活水平做出了突出贡献。取得了大批高水平的科技成果，科技队伍不断壮大，科技实力显著增强。全党、全国人民对经济建设必须依靠科学技术的认识不断提高。很多地方和部门实施了依靠科技振兴经济的发展战略。国民经济建设正逐步转向依靠科技进步的轨道。实践证明，党中央、国务院关于科技工作的方针、政策和战略部署是正确的，科技体制改革的实践是成功的，科技工作的成效是显著的。从总体上看，我国已初步具备了支撑经济和社会发展、参与国际经济竞争的科技实力，为加速全社会科技进步奠定了坚实的基础。

"同时应该看到，科学技术是第一生产力的思想尚未得到全面落实；在体制、机制以及思想观念等方面还存在许多阻碍科技与经济结合的不利因素；多数企业还缺乏依靠科技进步的内在动力；科技成果转化率和科技进步贡献率较低；旧体制下形成的科技系统结构不合理、机构重复设置、力量分散的状况依然存在；全社会多元化的科技投入体系还未形成，投入过低的状况尚未改观。这些前进中的困难和问题，严重地制约着科技与经济的发展，必须予以高度重视，认真加以解决。

"从现在起到二十一世纪中叶，是实现我国现代化建设三步走战略目标的关键历史时期。这一时期，科学技术的迅猛发展，必将对经济、社会产生巨大推动作用，也将给人类的生产、生活方式带来革命性的变化。科学技术实力已经成为决定国家综合国力强弱和国际地位高低的重要因素。

"社会主义市场经济体制的确立，将为科技进步创造更为有利的环境和条件，也将对科技进步提出新的、更高的要求。实现国民经济持续、快速、健康发展，必须依靠科技进步解决好产业结构不合理、技术水平落后、劳动生产率低、经济增长质量不高等问题。面对国际经济、科技竞争的严峻挑战和人口多、底子薄、人均资源相对短缺的国情，加速国民经济增长从外延型向效益型的战略转变已迫在眉睫。实现这一战略转变必须依靠科技进步，大力解放和发展第一生产力，加速科技成果向现实生产力的转化，切实把经济建设转移到依靠科技进步和提高劳动者素质的轨道上来。为此，中共中央、国务院决定，坚定不移地实施科教兴国的战略。"[1]

这些论述深刻阐明了为什么在 20 世纪 90 年代中期，在世纪之交，中国毅然提出科教兴国战略的几方面考虑：即中国的科技实力已经初具规模，但仍存在大量制约科技和经济发展的困难和问题；在实现"三步走"战略目标的关键时期，社会主义市场经济体制的确立对科技进步提出了新的更高的要求。

实施科教兴国战略，完成社会主义现代化建设的各项目标与任务，必须使科技、教育事业优先发展。党中央、国务院十分重视科技工作，不断根据国际国内经济、科技与教育事业发展的趋势，制

---

[1] 中共中央文献研究室编：《十四大以来重要文献选编》（中），人民出版社 1997 年版，第 1342—1344 页。

定目标，调整方针。《决定》对我国科技发展的目标作出了明确规定，"到二○○○年的目标是：初步建立适应社会主义市场经济体制和科技自身发展规律的科技体制。在工农业科学研究与技术开发、基础性研究、高技术研究等方面取得重大进展。科技进步对经济发展的贡献率有显著提高。经济建设、社会发展基本转向依靠科技进步和提高劳动者素质的轨道。到二○一○年达到以下战略目标：使基本建立的新型科技体制更加巩固和完善，实现科技与经济的有机结合。繁荣科技事业，培养、造就一支高水平的科学技术队伍。全民族科技文化素质有显著提高。重大学科和高技术的一些领域的科技实力接近或达到国际先进水平。大幅度提高自主创新能力，掌握重要产业的关键技术和系统设计技术。主要领域的生产技术接近或达到发达国家下世纪初的水平，一些新兴产业的生产技术达到国际先进水平。为建成社会主义现代化强国奠定坚实的基础"[1]。同时规定，"我国科技工作的基本方针是：坚持科学技术是第一生产力的思想，经济建设必须依靠科学技术，科学技术工作必须面向经济建设，努力攀登科学技术高峰"[2]。通过上述表述，我们可以将实施科教兴国战略归结为八个字：依靠科教，发展科教。前者主要包括科教

---

[1] 中共中央文献研究室编：《十四大以来重要文献选编》（中），人民出版社1997年版，第1345页。

[2] 中共中央文献研究室编：《十四大以来重要文献选编》（中），人民出版社1997年版，第1345页。

兴农、科教兴工、发展高技术及其产业、科教兴社会；后者主要包括加强基础研究、深化科技体制改革、建设科技队伍和提高全民族科技文化素质、增加科技投入、扩大科技合作与交流、加强对科技工作的领导，等等。

1995 年 5 月 26 日，在全国科学技术大会上，江泽民代表党中央在大会上正式提出要实施科教兴国发展战略，这是总结历史经验和根据我国现实情况所作出的重大部署。他说："科教兴国，是指全面落实科学技术是第一生产力的思想，坚持教育为本，把科技和教育摆在经济社会发展的重要位置，增强国家的科技实力及向现实生产力转化的能力，提高全民族的科技文化素质，把经济建设转移到依靠科技进步和提高劳动者素质的轨道上来，加速实现国家的繁荣强盛。"[1] 实施科教兴国战略，才能大大提高我国经济发展的质量和水平，顺利实现"三步走"战略目标。他还说："召开这次大会的主要目的，就是为了动员全党、全国各族人民，全面落实邓小平同志科学技术是第一生产力的思想，认真贯彻《决定》的精神，在全国形成实施科教兴国战略的热潮，进一步解放和发展科技生产力，积极促进经济建设转入依靠科技进步和提高劳动者素质的轨道。"[2] 实施科

---

[1] 中共中央文献研究室编：《十四大以来重要文献选编》（中），人民出版社 1997 年版，第 1384—1385 页。

[2] 中共中央文献研究室编：《十四大以来重要文献选编》（中），人民出版社 1997 年版，第 1382 页。

教兴国战略，是我们党面对世界范围内科技迅猛发展，知识经济即将来临，综合国力竞争日趋激烈的时代背景，根据经济和社会发展规律及我国现实情况作出的重大战略部署，是保证国民经济持续健康快速发展的根本措施，是实现我国社会主义现代化宏伟目标的必然选择。

三、科教兴国战略的实施

科教兴国战略提出后不久，1995 年召开的党的十四届五中全会在关于国民经济和社会发展"九五"计划和 2010 年远景目标的建设中，把实施科教兴国战略列为今后 15 年直至 21 世纪加速中国社会主义现代化建设的重要方针之一。1996 年 3 月，八届全国人大四次会议通过了《关于国民经济和社会发展"九五"计划和 2010 年远景目标纲要的报告》，确定了我国中长期教育发展目标和改革的总体思路，其中把科教兴国战略作为我国的一项基本国策。18 日，国家科技领导小组成立暨第一次会议在中南海举行，李鹏总理担任组长。领导小组主要职责是研究、制定国家科技政策，讨论决定重大科技任务与项目，协调全国各部门科技工作的关系等，体现了我国把科教兴国战略放到了很高的位置。

1997 年，中国共产党第十五次全国代表大会以"高举邓小平理论伟大旗帜，把建设有中国特色社会主义事业全面推向 21 世纪"为主题，为中国科学技术的发展进一步拓宽了道路。十五大报告中提出，"科学技术是第一生产力，科技进步是经济发展的决定性因素。要充分估量未来科学技术特别是高技术发展对综合国力、社会经济结构和人民生活的巨大影响，把加速科技进步放在经济社会发展的关键地位，使经济建设真正转到依靠科技进步和提高劳动者素质的轨道上来"[1]，把注意的焦点聚集到当代世界的科学技术发展上。报告强调，"世界变化很大很快，特别是日新月异的科学技术进步深刻地改变了并将继续改变当代经济社会生活和世界面貌，任何国家的马克思主义者都不能不认真对待"[2]，凸显了对科学技术发展的高度重视。在论述世纪之交的挑战和机遇的时候，在总结过去5年工作的时候，在论述邓小平理论的时代精神的时候，在分析社会主义初级阶段的历史转变的时候，在提出科教兴国战略的时候，在阐明科技强军方针的时候，在确定对外合作交流任务的时候，报告都提到了科学技术。报告在强调科学技术的时候，不仅是一般地强调它的战略地位，而是站在面向21世纪的高度强调它的战略地位。比如报告提出的增强自主创新能力的问题，就是今天知识经济发展所必须解决的问题。实际上知识经济绝不是技术改革、技术改造这一类概念，

[1] 中共中央文献研究室编：《十五大以来重要文献选编》（上），人民出版社2000年版，第27页。

[2] 中共中央文献研究室编：《十五大以来重要文献选编》（上），人民出版社2000年版，第11—12页。

也不是说技术含量高就是知识经济。知识经济的来源往往是理论研究上的重大突破。

1997 年下半年，中国科学院组织专家研讨面向 21 世纪、面向知识经济时代的中国经济和中国科技发展战略之后形成了《迎接知识经济时代，建设国家创新体系》报告，提出：建设国家创新体系，到 2010 年前后，建成一批国际知名的国家创新基地，使我国知识创新能力达到世界中等发达国家水平，科技竞争力进入世界前十名。江泽民对此作出重要批示，"知识经济、创新意识对于我们二十一世纪的发展至关重要。东南亚的金融风波使传统产业的发展会有所减慢，但对产业结构调整则提供了机遇。科学院提了一些设想，又有一支队伍，我认为可以支持他们搞些试点，先走一步。真正搞出我们自己的创新体系"[1]，将创新作为科技发展的核心，提到十分重要的地位。

党的十五大报告对科技、教育进行了系统的论述。要加快实施科教兴国战略和可持续发展战略。人才是科技进步和经济社会发展最重要的资源，要切实把教育摆在优先发展的战略地位。1998 年 3 月，九届全国人大一次会议闭幕后，刚刚就任国务院总理的朱镕基向中外记者宣布：科教兴国是本届政府的最大任务。会后在 1996 年成立的国家科技领导小组基础上，成立了国家科技教育领导小组，

---

[1]《江泽民思想年编（1989—2008）》，中央文献出版社 2010 年版，第 316 页。

朱镕基任组长，李岚清任副组长，决定增加对科技和教育投入的力度，从而表明了党和政府实施科教兴国的坚强决心。5 月 4 日，江泽民在庆祝北京大学建校一百周年大会上讲话，再一次指出："全党和全社会都要高度重视知识创新、人才开发对经济发展和社会进步的重大作用，使科教兴国真正成为全民族的广泛共识和实际行动。"[1] 讲话再次向全党和全国人民发出了实施科教兴国的动员令。6 月 9 日、10 月 28 日和 12 月 31 日，国家科技教育领导小组 [2] 先后召开三次会议，分别审议了中科院知识创新工程试点和《面向 21 世纪中国教育振兴行动计划》，部署了 1999 年科教兴国的战略步骤。1999 年 3 月 5 日，在九届全国人大二次会议上，朱镕基再次强调，实施科教兴国战略，是实现经济振兴和国家现代化的根本大计，也是本届政府极其重要的任务。他还强调，当前最重要的是，大力推进改革，加快国际创新体系建设，解决科技与经济相脱节的问题，促进科技成果的转化和推广；科教兴国基础在教育，要继续把教育放在优先发展的战略地位。

为全面落实科教兴国战略，农业、工业、国防、财贸等行业

---

[1] 中共中央文献研究室编：《十五大以来重要文献选编》（上），人民出版社 2000 年版，第 326 页。

[2] 2018 年 8 月 8 日，按照深化党和国家机构改革统一部署，根据议事协调机构调整有关安排和工作需要，国务院决定将国家科技教育领导小组调整为国家科技领导小组。其职责是研究、审议国家科技发展战略、规划及重大政策；讨论、审议国家重大科技任务和重大项目；协调国务院各部门之间及部门与地方之间涉及科技的重大事项。

和部门都提出了依靠科技振兴行业的发展战略。各省、市、自治区及各地（市）、县（市）也制定了科教兴省、科教兴市、科教兴县的发展战略和发展方针。早在 1988 年，江苏省率先提出实施"科教兴省"战略，决定转换经济增长方式，从过去主要依靠廉价资源和廉价劳动力逐步转换到主要依靠科技水平和劳动者素质上来。科教兴国作为一项全国性的战略提出后加速了地方科技事业和经济的发展。1998 年国家科技教育领导小组（2018 年改为国家科技领导小组）成立后，各地方随即成立了科技教育领导小组或科教兴省（区、市）领导小组，不久，全国已有 20 多个省、200 多个城市制订了以科技促进经济发展的计划。

为了保证科教兴国战略顺利实施，国家加快了高等教育体制改革的步伐，在党中央的支持和关怀下，中国高等教育正式启动了"211 工程"，即到 21 世纪，优先建立 100 所国家重点大学，让部分优秀大学朝着世界一流大学的方向发展。"211 工程"是针对我国改革开放迅速发展和高等教育改革步伐相对迟缓的现实，借发展一批一流大学之机以促进和带动所有高等院校发展的重要举措。1998 年 7 月，国家在先期投入 100 亿元的基础上又追加 56 亿元。在"211 工程"滚动实施的同时，我国的高等院校还注重了面向经济建设的研究开发，加强科技成果转化和推广应用的工作。

1998 年 4 月，在中国科协主办的"科技进步与产业发展专家论坛"第三次大会上，中国学者宣布，从 1981 年到 1997 年的 10 多年里，中国科技进步贡献率达到31.65%。同年 5 月，为了严格执行《教育法》《科技进步法》，落实《中国教育改革和发展纲要》《中共中央、国务院关于加速科学技术进步的决定》中有关教育、科技投入的规定，国务院办公厅转发了财政部《关于进一步做好教育科技经费预算安排和确保教师工资按时发放的通知》（以下简称《通知》）。《通知》要求各级政府财政部门保证预算内教育和科技经费拨款的增长幅度高于财政经常性收入增长。《通知》第一次明确了对财政预算执行中的超收部分，也要相应增加教育和科技的拨款，确保全年预算执行结果实现法律规定的增长幅度。

与此同时，国家还重视区域经济，特别是科技工业园区建设，推动科技成果迅速产业化。在中国高新技术产业的发展中，中关村实验区是一颗耀眼的明星。在北京新技术产业开发区 100 平方公里的区域内，坐落着清华大学、北京大学、中国人民大学等 50 多所高等院校，中国科学院的 200 多家科研院所，近 5000 家新技术企业和与之相关的数千家其他企业。它们在许多研究领域，成为中国的最高水准，一批代表世界领先水平的高新技术产品从这里诞生。中关村的发展形成了自己的特点：知识密集，智力密集；开放的区域创新网络和较广泛的国际联系；以高新技术产业为核心的知识产业群，等等。1997 年北京新技术产业开发区中的新技术企业总收入达 300 多亿元。中关村实验区的意义在于它表明：知识经济并不是一个为时尚早的"话题"，而是一个新的机遇和已经在我们身边发生的事实。

四、实施科教兴国战略的重要意义

新中国成立以来，党和国家始终高度重视科学技术发展事业。1956 年 1 月，毛泽东等党和国家领导人以及 1300 多名领导干部，在中南海怀仁堂听取中国科学院 4 位学部主任关于国内外科技发展的报告，党中央向全党全国发出"向科学进军"的号召。其后 10 年，在各方共同努力下，我国建立了学科齐全的科学研究体系、工业技术体系、国防科技体系、地方科技体系，取得了以"两弹一星"为标志的一批重大科技成果。1978 年，党中央召开全国科学大会，邓小平在大会上作出科学技术是生产力的重要论断，我国迎来"科学的春天"。1995 年，党中央、国务院召开全国科学技术大会，江泽民发表重要讲话，号召大力实施科教兴国战略，形成实施科教兴国战略热潮。

实施科教兴国战略，是全面落实邓小平"科技是第一生产力"思想的战略决策。"文化大革命"后，随着党和国家工作重心的转移，邓小平认为，科学技术是第一生产力，科技进步是经济发展的决定性因素；四个现代化，关键是科学技术现代化，没有现代科学技术，就不可能建设现代农业、现代工业、现代国防；没有科学技术的高速发展，也就不可能有国民经济的高速发展。在 1992 年南方谈话中，他再次强调指出，经济发展得快一点，必须依靠科技和教育。江泽民在 1995 年召开的全国科学技术大会上指出："我国的社会主义建设在经济、科技、文化十分落后的基础上起步，要在较短时间内达到经济发达国家经过几百年历程达到的生产力发展水平，后来居上，更须集中力量，大力发展和广泛应用科学技术，充分发挥科技生产力在经济、社会发展中的巨大推动作用。"[1] 他强调，没有强大的科技实力，就没有社会主义的现代化。实施科教兴国战略，是总结历史经验和根据我国现实情况作出的重大部署，是顺利实现三步走战略目标的正确抉择，是我们建成社会主义现代化强国、屹立于世界先进民族之林的历史性使命。2018 年，全社会研发支出达到 19657 亿元，全社会研发支出占国内生产总值比重为 2.18%，超过欧盟 15 国 2.1% 的平均水平。2017 年，国家研究前沿热度指数十领域综合排名，中国首次超过德国、英国，跃居世界第二。[2] 我国的科技发展在不断受到重视的情况下，科技实力显著增强，科技成果也层出不穷。改革开放 40 多年，特别是近 20 年的发展历程也再次印证了"科技是第一生产力"这一论断的科学性。

实施科教兴国战略，是由我国国情决定的。我国的国情之一就是人口众多，资源相对不足，经济文化比较落后。我国现代化进程

---

[1] 中共中央文献研究室编：《十四大以来重要文献选编》（中），人民出版社 1997 年版，第 1383 页。

[2] 中国科学院科技战略咨询研究院、中国科学院文献情报中心、英国科睿唯安：《2017 研究前沿及分析解读》，科学出版社 2018 年版，第 77 页。

中遇到的最大难题就是人口问题。能否把沉重的人口负担转化为巨大的人才资源优势，将决定着我国现代化的成败，而实现这种转化的唯一出路就是大力发展教育。以色列之所以能在资源贫瘠的土地上创造出令世人瞩目的奇迹，主要原因在于实行科技立国的战略。他们把培养高素质人才作为科技立国的关键因素，从 20 世纪 70 年代以来，其政府对教育的投入占国民生产总值的 8% 以上，这是我国的现代化建设应当借鉴的经验。江泽民在 1994 年全国教育工作会议上的讲话中，对教育优先发展的必要性作了深刻论述，他指出，"在我们这样一个有近十二亿人口、资源相对不足、经济文化比较落后的国家，依靠什么来实现社会主义现代化建设的宏伟目标呢？具有决定性意义的一条，就是把经济建设转到依靠科技进步和提高劳动者素质的轨道上来，真正把教育摆在优先发展的战略地位，努力提高全民族的思想道德和科学文化水平。这是实现我国现代化的根本大计"[1]。从 2001 年至 2010 年，教育投入平均每年增幅达 16.1%，国家财政性教育经费持续增加，全国财政性教育经费平均每年增幅达 14%，各级财政预算内教育拨款不断增长 [2]。

实施科教兴国战略，是从我国的实际情况出发，保证国民经济持续快速健康发展的根本措施。朱镕基指出："国民经济要快速、健

---

[1]《毛泽东 邓小平 江泽民论教育》，中央文献出版社 2002 年版，第 246 页。

[2] 张占斌、陈翔云：《党心与民心：十六大以来具有历史意义的民生工程》，国家行政学院出版社 2012 年版，第 67 页。

康、持续地发展，必须依靠科学技术。建立在落后技术基础上的快速发展，不可能是持续、健康的发展。"[1] 经过新中国成立之后近 50 年的社会主义现代化建设，我国在经济、科技与教育方面已取得了很大的发展。但是，也要看到我国目前整体科技水平、教育状况和经济实力同发达国家相比还有很大的差距，以粗放型经营为主的经济增产方式尚未根本改变，产品结构、产业结构不尽合理，人口、自然资源、生态环境等对经济可持续发展的压力进一步增大。我国工农业生产的现状，基础设施对建设的保证程度，还不能充分满足国民经济持续快速健康发展的需要。在这种情况下，要迎接国际竞争的严峻挑战，确保我国三步走发展战略目标的实现，就不能再主要依靠大量增加资本和劳动的投入数量来支持，而必须认真实施科教兴国战略，主要依靠科技进步和劳动者素质的提高来取得。2016 年，全国技术合同成交额达 11407 亿元，同比增长 16% 左右，首次突破 1 万亿元大关。[2] 只有这样，才能长期保持国民经济的持续快速健康发展，在国际竞争中立于不败之地。

实施科教兴国战略，是巩固社会主义制度的需要。社会主义制度最本质的优越性，就在于它能够极大地解放和发展生产力，更

---

[1] 中共中央文献研究室编：《十四大以来重要文献选编》（中），人民出版社 1997 年版，第 1398 页。

[2] 张铭慎：《双轮驱动创新：结构改革下中国企业的开放创新与绩效》，科学技术文献出版社 2017 年版，第 61—62 页。

好地实现国家繁荣富强和人民共同富裕。由于我国的社会主义制度是在旧中国"一穷二白"的基础上建立的，它面临的最紧迫和最根本的任务就是大力发展生产力，尽快完成本应在资本主义阶段完成的工业化和生产社会化的任务，迎接知识经济时代的挑战更要大幅度、快速度地发展生产力。在经济发展水平上赶超资本主义发达国家，必须依靠科技教育的力量。邓小平说，贫穷不是社会主义。贫穷落后的社会主义既缺乏说服力，也缺乏抵御政治风险的能力。可以说，初级阶段的社会主义，比任何社会都更加需要科学文化。现代科学文化对巩固和发展好社会主义制度具有十分重要的意义。他从关心社会主义前途命运的高度，深刻指出了科学技术的重要性，他指出，"在无产阶级专政的条件下，不搞现代化，科学技术水平不提高，社会生产力不发达，国家的实力得不到加强，人民的物质文化生活得不到改善，那末，我们的社会主义政治制度和经济制度就不能充分巩固，我们国家的安全就没有可靠的保障"[1]。江泽民在庆祝北大百年校庆的大会上指出，"二十一世纪正向我们走来。全国各族人民正在党的领导下，坚定不移地高举邓小平理论伟大旗帜，全面推进建设有中国特色社会主义事业，决心把我们伟大的祖国建设成为富强民主文明的社会主义现代化国家。为了实现这个宏伟目标，我们必须紧紧围绕经济建设这个中心，坚持不懈地实施科教兴

---

[1]《邓小平文选》第二卷，人民出版社1994年版，第86页。

国战略"[1]。

实施科教兴国战略，是我国针对综合国力较量的态势和新技术革命迅猛发展的趋势采取的一项根本对策。20 世纪 90 年代，科学技术突飞猛进，知识经济已现端倪，综合国力竞争日趋激烈。综合国力的竞争归根到底是人才竞争、智力竞争。一个国家的持续发展力和竞争力，越来越取决于智力开发的状况。我国要在这种综合国力较量中立于不败之地，就必须大力发展教育科技。为此，党的十五大报告把人才视作社会经济发展的最重要资源，把文化视作综合国力的重要标志，还指出，科学技术是第一生产力，科技进步是经济发展的决定性因素。2011—2016 年，企业研究与试验发展人员全时当量基本保持稳定增长，从 2011 年的 93.2 万人年，增长至 2016 年的 132.8 万人年，累计增长 42.5%[2]。但与我国人口基数相比，特别是与每年动辄几百万高校毕业生人数相比，这个数据量小，且增长不够迅速。考虑到当前国际国内经济形势的变化发展，对高科技人才的需求会越来越旺盛。正如邓小平所指出的，"我们国家，国力的强弱，经济发展后劲的大小，越来越取决于劳动者的素质，取决于知

---

[1] 中共中央文献研究室编：《十五大以来重要文献选编》（上），人民出版社 2000 年版，第 326 页。

[2] 科技部火炬高技术产业开发中心、中科院科技战略咨询研究院中国高新区研究中心：《国家高新区创新能力评价报告 2017》，科学技术文献出版社 2017 年版，第 19 页。

识分子的数量和质量"[1]。

2006 年，党中央、国务院再次召开全国科学技术大会，胡锦涛发表重要讲话，部署实施《国家中长期科学和技术发展规划纲要（2006—2020 年）》，动员全党全社会为建设创新型国家而努力奋斗。2012 年，党中央、国务院召开全国科技创新大会，号召我国科技界奋力创新、为全面建成小康社会提供有力科技支撑。会后，国务院成立国家科技体制改革和创新体系建设领导小组，统筹科技改革发展的顶层设计和组织领导。

党的十八大以来，以习近平同志为核心的党中央高度重视科教兴国战略。实施科教兴国战略，必须把教育摆在优先发展的战略位置。2013 年 9 月 25 日，习近平总书记应邀在"教育第一"全球倡议行动一周年纪念活动上发表视频贺词。他强调，"中国将坚定实施科教兴国战略，始终把教育摆在优先发展的战略位置，不断扩大投入，努力发展全民教育、终身教育，建设学习型社会，努力让每个孩子享有受教育的机会，努力让 13 亿人民享有更好更公平的教育，获得发展自身、奉献社会、造福人民的能力"[2]。2014 年 9 月 9 日，他在同北京师范大学师生代表座谈时再次强调，"我们坚持科教兴国战略和人才强国战略，坚持把教育放在优先发展的战略位置，继续大

---

[1]《邓小平文选》第三卷，人民出版社 1993 年版，第 120 页。

[2]《习近平主席在联合国"教育第一"全球倡议行动一周年纪念活动上发表视频贺词》，《人民日报》2013 年 9 月 27 日。

力推动教育改革发展，使我国教育越办越好、越办越强"[1]，将科教兴国战略和人才强国战略并列起来，突出强调人才的关键作用。

在此前后，习近平总书记在谈及科教兴国战略时，更加凸显对人才的高度重视。2013 年 10 月 21 日，他在欧美同学会成立 100 周年庆祝大会上强调，"党和国家将按照支持留学、鼓励回国、来去自由、发挥作用的方针，把做好留学人员工作作为实施科教兴国战略和人才强国战略的重要任务，以更大力度推进'千人计划'、'万人计划'，千方百计创造条件，使留学人员回到祖国有用武之地，留在国外有报国之门"[2]。2013 年 10 月 23 日，他在会见清华大学经济管理学院顾问委员会海外委员时又强调，"科教兴国已成为中国的基本国策。我们将秉持科技是第一生产力、人才是第一资源的理念，兼收并蓄，吸取国际先进经验，推进教育改革，提高教育质量，培养更多、更高素质的人才，同时为各类人才发挥作用、施展才华提供更加广阔的天地"[3]。科技是第一生产力、人才是第一资源，习近平总书记高度重视科技、重视人才，其"聚天下英才而用之"的思想逐渐形成。

---

[1] 习近平：《做党和人民满意的好老师——同北京师范大学师生代表座谈时的讲话》，《人民日报》2014 年 9 月 10 日。

[2] 习近平：《在欧美同学会成立 100 周年庆祝大会上的讲话》，《人民日报》2013 年 10 月 22 日。

[3]《习近平会见清华大学经管学院顾问委员会海外委员》，《人民日报》2013 年 10 月 24 日。

2014 年 6 月 9 日，习近平总书记在中国科学院第十七次院士大会、中国工程院第十二次院士大会上强调，"今天，我们比历史上任何时期都更接近中华民族伟大复兴的目标，比历史上任何时期都更有信心、有能力实现这个目标。而要实现这个目标，我们就必须坚定不移贯彻科教兴国战略和创新驱动发展战略，坚定不移走科技强国之路"[1]。将科教兴国和创新驱动发展战略并列提出，更加凸显他对"科技是第一生产力"的高度认同。

2015 年 4 月 28 日，习近平总书记在庆祝"五一"国际劳动节暨表彰全国劳动模范和先进工作者大会上将前述三大战略综合起来，他指出，"我们一定要深入实施科教兴国战略、人才强国战略、创新驱动发展战略，把提高职工队伍整体素质作为一项战略任务抓紧抓好，帮助职工学习新知识、掌握新技能、增长新本领，拓展广大职工和劳动者成长成才空间，引导广大职工和劳动者树立终身学习理念，不断提高思想道德素质和科学文化素质"[2]。随着我国经济社会发展进入新常态，新发展理念全面贯穿经济发展各领域。为此，2016年 5 月 30 日，他在全国科技创新大会、两院院士大会、中国科协第九次全国代表大会上讲话指出，"我们要深入贯彻新发展理念，深入

---

[1] 习近平:《在中国科学院第十七次院士大会、中国工程院第十二次院士大会上的讲话》,《人民日报》2014 年 6 月 10 日。

[2] 习近平:《在庆祝"五一"国际劳动节暨表彰全国劳动模范和先进工作者大会上的讲话》,《人民日报》2015 年 4 月 29 日。

实施科教兴国战略和人才强国战略，深入实施创新驱动发展战略，统筹谋划，加强组织，优化我国科技事业发展总体布局"[1]，从发展理念和基本战略上，为我国科技事业发展进行了谋篇布局。

2017 年 10 月，党的十九大报告再次重申，"从现在到二〇二〇年，是全面建成小康社会决胜期。要……坚定实施科教兴国战略、人才强国战略、创新驱动发展战略、乡村振兴战略、区域协调发展战略、可持续发展战略、军民融合发展战略"。所有这些战略的实施都离不开科技和教育的支撑，而科教兴国战略不仅能够为各项战略的顺利实施提供有力支持，还能够最大化地推动经济社会的发展。从这个意义上说，科教兴国战略不仅是国家战略体系的重要组成部分，而且处于特别重要的地位，在统筹推进"五位一体"总体布局、协调推进"四个全面"战略布局，努力实现"两个一百年"奋斗目标中发挥着重要作用。

---

[1] 习近平：《为建设世界科技强国而奋斗》，《人民日报》2016 年 6 月 1 日。

依法治国方略

法治是社会文明进步的基本标志，是新中国成立以来党带领全国各族人民寻求的治国方略之一。毛泽东十分重视法制建设，在他的领导下新中国成立初期制定了包括宪法在内的一系列重要法律，但因"左"倾错误法制建设进程被迫中断。邓小平在总结历史经验和教训的基础上，提出法制建设的十六字方针，重新恢复和推进了法制建设。以江泽民同志为核心的第三代中央领导集体，在党的十五大上则明确提出了"依法治国，建设社会主义法治国家"的基本方略，并将其正式写入宪法，标志着党治国方式的重大转变，在法治国家建设进程中具有重大意义。党的十八大以来，以习近平同志为核心的党中央站在建设社会主义法治国家的新高度，把全面推进依法治国作为治国理政的基本方式，开启了"全面推进依法治国，建设社会主义法治国家"的新时代。

一、依法治国方略的提出背景

鉴于"文化大革命"以来法治缺失的惨痛教训，党的十一届三中全会提出，要以马克思主义为指导，重建社会主义法制。之后，党和国家对法制建设非常重视。十一届三中全会明确指出，"为了保障人民民主，必须加强社会主义法制，使民主制度化、法律化，使这种制度和法律具有稳定性、连续性和极大的权威，做到有法可依，有法必依，执法必严，违法必究"[1]。1979年，《刑法》《刑事诉讼法》《地方各级人民代表大会和地方各级人民政府组织法》《全国人民代表大会和地方各级人民代表大会选举法》《人民法院组织法》《人民检察院组织法》《中外合资经营企业法》7部法律的出台，标志着我国法治进程回归正轨。1980年底，邓小平明确指出，"要继续发展社会主义民主，健全社会主义法制。这是三中全会以来中央坚定不移的基本方针，今后也决不允许有任何动摇"[2]，再次表明了加强社会主义民主法制建设的决心。1984年3月13日，时任全国人大常委会委员长彭真在省、自治区、直辖市人大常委会负责同志座谈会上讲话强调，"长时期内我们对法制建设有时抓得紧，有时放松了，甚至丢掉了。经过十年内乱，大家头脑比较清醒了，认识到像'文化大革命'中那样无法无天是要吃苦头的，决不能再让它重演"[3]。对历史的深刻反思，使党和国家作出了加强民主法制建设的重大决定。至此，新时期法制建设走上快车道。1982年制定了新宪法，为新

---

[1] 中共中央文献研究室编：《三中全会以来重要文献选编》（上），中央文献出版社2011年版，第9页。

[2]《邓小平文选》第二卷，人民出版社1994年版，第359页。

[3]《彭真年谱》第五卷，中央文献出版社2012年版，第242页。

时期的中国法治打下了坚实基础。此后多年，《民法通则》《行政诉讼法》《合同法》《物权法》《公司法》《破产法》等一批基础法律的通过，更是在民事、行政、商事等方面共同构筑起了中国法治的框架，使改革开放逐渐"有法可依"。这一时期法制建设的特点，是不断从改革深化和建设发展中吸取动力。

依法治国作为治国的基本方略是逐步提出来的。1978 年底至 1988 年 8 月，是依法治国方略的孕育阶段。这一阶段开始注重发展社会主义民主法制，明确提出依法办事，依法管理，意味着领导方式、管理方式的重大转变。作为中国共产党历史上又一次具有里程碑意义的会议，1978 年 12 月 18 日至 22 日，在北京召开的中国共产党第十一届中央委员会第三次全体会议，在总结"文化大革命"深刻教训的基础上，提出了加强社会主义法制建设的具体目标和任务，由此拉开了改革开放新时期我国社会主义法制建设的序幕。为了尽快改变"文化大革命"结束后许多重要领域长期以来"无法可依"的局面，1979 年 2 月 17 日至 23 日召开的第五届全国人民代表大会常务委员会第六次会议决定成立全国人大常委会法制委员会。会议通过了由 80 人组成的第五届全国人大常委会法制委员会名单，由彭真担任主任。此后，社会主义法制建设进入大规模的立法时期。这说明，十一届三中全会以后，党和国家日益重视社会主义民主法制建设。邓小平在总结新中国成立后几十年的经验教训时深刻指出，"我们过去发生的各种错误，固然与某些领导人的思想、作风有关，但是组织制度、工作制度方面的问题更重要。……制度问题，关系到党和国家是否改变颜色，必须引起全党的高度重视"[1]。随后，他在接受意大利记者采访，回答如何避免或防止再发生诸如"文化大革命"这样可怕的事情时说："现在我们要认真建立社会主义的民主制度和社会主义法制。只有这样，才能解决问题。"[2] 这表明，以邓小平同志为主要代表的中国共产党人对社会主义法制的认识也在不断深化。

同时，在一些正式文件和领导人讲话中，出现了"依法治国"字样，不过其含义侧重于懂法、守法、严格执法，依法办事。1979年，中共中央《关于坚决保证刑法、刑事诉讼法切实实施的指示》中提到，"刑法、刑事诉讼法同全国人民每天的切身利害有密切关系，它们能否严格执行，是衡量我国是否实行社会主义法治的重要标志"。1979年9月1日，彭真在中央党校发表《关于社会主义法制的几个问题》的讲话中说："现在要依法办事，依法治国，你是领导，不懂法怎么行？"[3] 1983年2月26日，他在中央政法委员会扩大会议上讲话指出，"无论立法机关、执法机关、司法机关都要依法办事。党有党章，要按党章办事。国家有宪法，有法律，要依法办事，并养成习惯"[4]。要做到"依法办事"，必须意识到"法律面前

---

[1]《邓小平文选》第二卷，人民出版社1994年版，第333页。

[2]《邓小平文选》第二卷，人民出版社1994年版，第348页。

[3]《彭真年谱》第五卷，中央文献出版社2012年版，第33页。

[4] 彭真：《论新中国的政法工作》，中央文献出版社1992年版，第334页。

人人平等"的重要性。一方面，这二者是紧密相连的；另一方面，法律面前人人平等也是"依法办事"并进行法制建设的内在要求。1980 年 1 月，邓小平在中共中央召集的干部会议上强调，"我们要在全国坚决实行这样一些原则：有法必依，执法必严，违法必究，在法律面前人人平等"[1]。8 月，在政治局扩大会议上他再次指出，"公民在法律和制度面前人人平等，党员在党章和党纪面前人人平等。人人有依法规定的平等权利和义务，谁也不能占便宜，谁也不能犯法。不管谁犯了法，都要由公安机关依法侦查，司法机关依法办理，任何人都不许干扰法律的实施，任何犯了法的人都不能逍遥法外"[2]的意识与规则。1985 年 6 月，中宣部、司法部拟定了《关于向全体公民普及法律常识的五年规划》。这样，依法治国使得依法管理更加普遍化。依法治省、依法治市、依法治县、依法治乡等依法治理活动在全国开展起来。中共中央、国务院转发了"一五"普法规划的通知，对全国的普法工作作了安排。1986 年春，普法工作逐步展开。这是党和国家加强社会主义法制建设的一项重大措施。1990 年 12 月 13 日，中共中央、国务院转发的中宣部和司法部制定的"二五"普法规划中，进一步把依法治国具体为依法治理，以推动依法治理不断发展。

---

[1]《邓小平文选》第二卷，人民出版社 1994 年版，第 254 页。

[2]《邓小平文选》第二卷，人民出版社 1994 年版，第 332 页。

第四章 ┃ **依法治国方略**

　　1988 年 8 月至 1995 年，是依法治国方略的初步形成阶段。这一阶段明确提出实行法治、反对人治。虽然还没有把依法治国确定为基本方略，但在依法治国与实行法治之间没有根本界限。实行法治、反对人治，是党的十一届三中全会以来发展社会主义民主、健全社会主义法制的必然结果，也是依法办事、依法管理的进一步升华，为明确提出依法治国方略打下了坚实基础。

　　1988 年 9 月 5 日，邓小平在会见外宾时说："我有一个观点，如果一个党、一个国家把希望寄托在一两个人的威望上，并不很健康。那样，只要这个人一有变动，就会出现不稳定。……我认为，过分夸大个人作用是不对的。"1989 年 6 月 16 日，邓小平在与几位中央负责同志谈话时指出："一个国家的命运建立在一两个人的声望上面，是很不健康的，是很危险的。不出事没问题，一出事就不可收拾。"三个月之后，邓小平在会见李政道教授时又说："我历来不主张夸大一个人的作用，这样是危险的，难以为继的。把一个国家、一个党的稳定建立在一两个人的威望上，是靠不住的，很容易出问题。"[1]

　　邓小平反对人治的观点是一贯的、坚定的，是他加强社会主义民主法制建设思想合乎逻辑的发展。邓小平早在 1986 年就指出，"进行政治体制改革的目的，总的来讲是要消除官僚主义，发展社会主

[1]《邓小平文选》第三卷，人民出版社 1993 年版，第 272—273、311、325 页。

义民主，调动人民和基层单位的积极性。要通过改革，处理好法治和人治的关系，处理好党和政府的关系"[1]。这时就提出处理法治和人治的关系问题，表明了邓小平民主法制思想的连续性。

1989 年 9 月 26 日，江泽民在中外记者招待会上回答记者提问时说："我们绝不能以党代政，也绝不能以党代法。这也是新闻界讲的究竟是人治还是法治的问题，我想我们一定要遵循法治的方针。"[2] 在我国，实行法治就是要从根本上解决以党代政、以党代法的问题。这为依法治国方略的提出作了必要准备。1995 年 1 月 20 日，江泽民在中共中央举办的法律知识讲座上发表讲话时指出："中央政治局、书记处和国务院的领导同志及有关部门的负责同志，听取了法学专家的讲座，这对贯彻邓小平同志关于加强社会主义法制建设的思想，运用法律手段更好地管理国家和社会事务是很有意义的。……党既要领导宪法和法律的制定，又要自觉地在宪法和法律的范围内活动，严格依法办事，依法管理国家，对实现全党和全国人民意志的统一，对维护法律的尊严和中央的权威关系十分重大。"[3] 讲话阐明了党与法的关系，明确了"依法办事，依法管理国家"的认识，"依法治国"方略基本成熟。

---

[1]《邓小平文选》第三卷，人民出版社 1993 年版，第 177 页。

[2]《就我国内政外交问题　江泽民等答中外记者问》,《人民日报》1989 年 9 月 27 日。

[3]《江泽民在党中央举行的法制建设讲座结束时强调　提高领导干部法律素质已成迫切要求》,《人民日报》1995 年 1 月 21 日。

二、依法治国方略的正式提出

1996 年 2 月 8 日，中共中央举办法律知识讲座，中国社会科学院法学研究所研究员王家福讲授了《关于依法治国、建设社会主义法治国家的理论和实践问题》。讲座结束时，江泽民发表讲话指出，"加强社会主义法制建设，依法治国，是邓小平同志建设有中国特色社会主义理论的重要组成部分，是我们党和政府管理国家和社会事务的重要方针。实行和坚持依法治国，就是使国家各项工作逐步走上法制化和规范化；就是广大人民群众在党的领导下，依照宪法和法律的规定，通过各种途径和形式参与管理国家、管理经济文化事业、管理社会事务；就是逐步实现社会主义民主的法制化、法律化。实行和坚持依法治国，对于推动经济持续快速健康发展和社会全面进步，保障国家的长治久安，具有十分重要的意义"[1]。他最后指出，"依法治国是社会进步、社会文明的一个重要标志，是我们建设社会主义现代化国家的必然要求"[2]。讲话表明我们党对依法治国的认识又有了提高，达到了一种前所未有的高度。

---

[1]《实行和坚持依法治国 保障国家的长治久安》，《人民日报》1996 年 2 月 9 日。

[2] 同上。

1996 年 3 月，八届全国人大四次会议通过的《国民经济和社会发展"九五"计划和 2010 年远景目标纲要》针对"社会主义民主和法制建设"专门提出，"依法治国，建设社会主义法制国家。加强立法、司法、执法、普法工作。坚持改革、发展与法制建设紧密结合，继续制定实施与经济社会发展相适应的法律法规。加强和改善司法、行政执法和执法监督。坚决纠正有法不依、执法不严、违法不究、滥用职权等现象，建立对执法违法的追究制度和赔偿制度。以廉政建设、整顿纪律、严肃执法为重点，加强司法、执法队伍建设，全面提高政治和业务素质。继续深入开展法制宣传教育，提高全民族的法律意识和法制观念，特别是提高广大干部依法行政、依法管理的水平和能力。各级政府和国家公务员都要依法管理经济和社会事务"[1]。李鹏在关于该目标纲要的报告中也指出，"加强法制建设，依法治国，建设社会主义法制国家，是实现国家长治久安的重要保证"[2]。从而在党和国家的正式文件中提出了依法治国的主要内容，为依法治国方略的正式提出做了铺垫。与此同时，在八届全国人大四次会议期间，"依法治国"在党和国家领导人的讲话和报告中多次被提及。田纪云副委员长所作的全国人大常委会工作报告明

---

[1] 中共中央文献研究室编：《十四大以来重要文献选编》（中），人民出版社 1997 年版，第 1890 页。

[2] 中共中央文献研究室编：《十四大以来重要文献选编》（中），人民出版社 1997 年版，第 1775 页。

确提出，要"坚持和实行依法治国的方针，认真履行宪法赋予的职责，进一步健全人民代表大会制度，做好立法、监督和其他各项工作，积极推进建设社会主义法制国家的进程，保障改革开放和现代化建设的顺利进行"。乔石委员长在闭幕会上的讲话中，也是把"依法治国，建设社会主义法制国家"作为"指导今后我国现代化建设的一条十分重要的方针"。[1]

1997年9月，党的十五大召开。江泽民在所作报告第六部分"政治体制改革和民主法制建设"中深刻阐述了"依法治国，建设社会主义法治国家"的有关问题，明确界定了"依法治国"的含义，即"广大人民群众在党的领导下，依照宪法和法律规定，通过各种途径和形式管理国家事务，管理经济文化事业，管理社会事务，保证国家各项工作都依法进行，逐步实现社会主义民主的制度化、法律化，使这种制度和法律不因领导人的改变而改变，不因领导人看法和注意力的改变而改变"，并正式把依法治国确定为"党领导人民治理国家的基本方略"。[2] 在党的历史上，把"依法治国"作为"党领导人民治理国家的基本方略"提出，这是第一次，标志着依法治国方略完全形成。这段论述深刻揭示了依法治国的内涵：一是依法治

---

[1] 全国人大常委会办公厅、中共中央文献研究室编：《人民代表大会制度重要文献选编》，中国民主法制出版社、中央文献出版社 2015 年版，第 1007 页。

[2] 中共中央文献研究室编：《十五大以来重要文献选编》（上），人民出版社 2000 年版，第 30—31 页。

国的主体是广大人民群众。我国宪法明确规定，国家一切权力属于
人民，人民通过人民代表大会等途径和形式，依法管理国家事务和
社会事务，而不是少数国家公职人员以言代法、以权治民。具体行
使国家行政管理权或者司法权的国家机构和国家公职人员，只是在
人民授权范围内行使国家行政管理权或司法权的执行者，任何机构
和个人决不能未经人民授权而行使权力，决不能成为超越于人民之
外或者人民之上的治理国家的主体。二是依法治国的客体是国家事
务、经济文化事业和社会事务。凡是涉及这些事务、事业的人员和
单位，不论职位高低、权力大小，都应当受到法律的规范和制约。
任何国家机关和公职人员在行使权力时必须受到法律制度的约束和
监督，并且承担相应的责任。三是依法治国的依据是宪法和法律。
宪法是国家的根本大法，它反映了广大人民的意志和社会发展的规
律，具有最大的权威和最高的法律效力。全国人民、国家机关公职
人员和社会团体、企事业组织都必须严格依照宪法和法律办事，维
护宪法和法律的尊严。四是依法治国必须在党的领导下有步骤地推
进。党领导人民制定法律，党也领导人民实施法律。党的政策对法
律的制定和实施起着指导作用。社会主义的法律是党的主张和人民
意志的统一。把党的政策转变为法律，从而使党的意志上升为国家
意志，有利于保证党的政策在全国范围内得到最有效的贯彻实施，
加强党的领导地位，实现坚持党的领导、人民当家作主和依法治国
有机统一。

  1999 年 3 月，九届全国人大二次会议通过的宪法修正案，在宪

法第五条增加一款，作为第一款，规定："中华人民共和国实行依法治国，建设社会主义法治国家。"[1] 田纪云副委员长在《关于中华人民共和国宪法修正案（草案）的说明》中指出："将'依法治国，建设社会主义法治国家'写进宪法，对于坚持依法治国的基本方略，不断健全社会主义法制，发展社会主义民主政治，促进经济体制改革和经济建设，具有重要的意义。"[2] 至此，"依法治国"这一基本治国方略，正式载入宪法，成为一切组织和个人都必须遵循的根本准则。

三、依法治国方略的全面实施

党中央在全面推进社会主义经济、政治、文化等各方面建设的新形势下，将依法治国不断推向深入，进一步丰富发展了依法治国方略。党的十六大以后，以胡锦涛同志为总书记的党中央提出：依法治国首先要依宪治国，实行依法治国的基本方略首先要全面贯彻实施宪法；依法治国，前提是有法可依，基础是提高全社会的法律意识和法制观念，关键是依法执政、依法行政、依法办事、公正司

---

[1] 中共中央文献研究室编：《十五大以来重要文献选编》（上），人民出版社 2000 年版，第 808 页。

[2]《中华人民共和国第九届全国人民代表大会第二次会议文件汇编》，人民出版社 1999 年版，第 89 页。

法；实施依法治国的基本方略，建设社会主义法治国家，既要积极加强法制建设，又要牢固树立社会主义法治理念。

依法治国首先要依宪治国。宪法是我国的根本大法，它全面规定了国家制度和社会制度的根本原则和重大问题，处于我国法律体系的核心，是制定一般法律的基础和依据，具有最高的法律效力，任何与之相抵触的法律都是无效的。党和国家十分重视宪法在治国理政中的重要作用。毛泽东在新中国的建设实践中，高度关注宪法制度的建设，指出："一个团体要有一个章程，一个国家也要有一个章程，宪法就是一个总章程，是根本大法。"[1] 他强调宪法通过以后，"全国人民每一个人都要实行，特别是国家机关工作人员要带头实行"[2]，为党治国执政提供了坚实的法制基础。鉴于1954年宪法在实施过程中的历史教训，邓小平非常重视宪法的实施。1982年宪法就规定了各政党"都必须以宪法为根本活动准则"，"任何组织和个人都不得有超越宪法和法律的特权"。这就是说，一切党组织和党员的活动都不能同国家的宪法和法律相抵触，党必须在宪法和法律的范围内活动。江泽民明确提出依法治国"就是广大人民群众在党的领导下，依照宪法和法律的规定，通过各种途径和形式，管理国家事务，管理经济和文化事业，管理社会事务"[3]。胡锦涛提出："依法治国

---

[1]《毛泽东文集》第六卷，人民出版社1999年版，第328页。

[2] 同上。

[3]《江泽民文选》第一卷，人民出版社2006年版，第511页。

首先要依宪治国。"[1] 宪法的精髓是保障公民权利，限制国家权力。党的十六大以后胡锦涛的第一篇公开讲话即是在首都各界纪念中华人民共和国宪法公布施行二十周年大会上的讲话，新的中央领导集体第一次组织学习的内容便是宪法，抓的其中一件大事也是修改宪法。

　　宪法的生命在于实施，否则，法治国家就不可能建立起来。我国实施依法治国方略的当务之急是使宪法的规定真正落到实处。从某种意义上说，一个国家法治的实现程度与该国宪法的实施状况密切相关，因此，"实行依法治国的基本方略，首先要全面贯彻实施宪法"[2]。2004 年 3 月 18 日，胡锦涛主持中共中央政治局常委会议时对进一步学习和贯彻实施《中华人民共和国宪法》进行了研究部署，第一次以中共中央的名义发出进一步学习贯彻实施宪法的通知。会议强调，要以这次宪法修改为契机，在全党全国集中开展学习和贯彻实施宪法的活动。他号召"全党同志、全体国家机关工作人员和全国各族人民都要认真学习宪法、遵守宪法、维护宪法，保证宪法在全社会贯彻实施"[3]。

　　依法治国的内涵非常丰富，包括立法、执法、司法和公民的思想观念等诸多要素。虽然依法治国方略的正式提出是在 20 世纪 90

---

[1]《胡锦涛文选》第二卷，人民出版社 2016 年版，第 232 页。

[2] 胡锦涛：《在首都各界纪念中华人民共和国宪法公布施行二十周年大会上的讲话》，《人民日报》2002 年 12 月 5 日。

[3]《胡锦涛文选》第二卷，人民出版社 2016 年版，第 232 页。

年代，但是新中国成立以后的历代党和国家领导人都从不同角度谈及依法治国所包含的要素。毛泽东既重视立法工作，同时也反复强调，"一定要守法，不要破坏革命的法制"[1]；邓小平则提出要"有法可依，有法必依，执法必严，违法必究"[2]，指明了法制建设对立法、执法、守法等要素的要求，擘画了依法治国的基本框架；江泽民指出，"实行依法治国，建设社会主义法治国家，是一项复杂的社会系统工程，在立法、执法、司法和普法教育等方面都有大量的工作要做，需要付出艰苦的努力"[3]；胡锦涛也对依法治国诸要素进行了阐述，他指出，"依法治国，前提是有法可依，基础是提高全社会法律意识和法制观念，关键是依法执政、依法行政、依法办事、公正司法"[4]。

依法治国，前提是有法可依。有良好、完备的法律是依法治国的前提条件。胡锦涛提出，"要加强立法工作，到二〇一〇年形成中国特色社会主义法律体系"，"要进一步加强和改进立法工作，提高立法质量"。[5] 到 2010 年底，中国已制定现行有效法律 236 件、行政

[1]《毛泽东文集》第七卷，人民出版社 1999 年版，第 197 页。

[2]《邓小平文选》第二卷，人民出版社 1994 年版，第 147 页。

[3] 中共中央文献研究室编：《十五大以来重要文献选编》（上），人民出版社 2000 年版，第 162 页。

[4]《胡锦涛文选》第二卷，人民出版社 2016 年版，第 232 页。

[5]《胡锦涛文选》第二卷，人民出版社 2016 年版，第 232、234 页。

法规 690 件、地方性法规 8600 多件。我国的立法工作虽然取得重大进展，但是随着社会主义市场经济的深入发展，立法工作仍然存在着不小差距，在面对突发事件以及社会主义市场经济等有关领域的问题时，法制建设还需要加强和完善。胡锦涛十分关注这些方面的立法问题。他在 2003 年 7 月 28 日召开的全国防治非典工作会议上指出，要制定和运用有关法律法规，使法律成为战胜疫病的有力保障；在 2004 年 9 月 16 日首都各界纪念全国人民代表大会成立五十周年大会上他强调，应"进一步突出经济立法这个重点，着眼于确立制度、规范权责、保障权益，全面推进经济法制建设"[1]。

依法治国，基础是提高全社会的法律意识和法制观念。实施依法治国，建设社会主义法治国家的基本方略，提高全社会的法律意识和法治观念是基础，因为观念是行为的先导，是将学法、懂法、守法内化为自觉行动的重要环节和纽带，在很大程度上影响着人们的法律实践活动。法律意识和法制观念直接制约着中国依法治国的历史进程，制约着法制的运行状态和发展方向，决定着法治国家目标的最终实现。法律意识和法制观念对我们这个有着几千年传统文化的文明古国尤为重要，胡锦涛强调，依法治国，基础是提高全社会的法律意识和法制观念，"全党同志特别是各级领导干部都要切实增强法制观念，带头学法守法，在全党全社会营造依法执政、依法

---

[1]《胡锦涛文选》第二卷，人民出版社 2016 年版，第 234 页。

治国、依法办事的良好氛围。要进一步加大以宪法为核心的法制宣传教育的力度，提高全民特别是各级领导干部和国家机关工作人员的宪法意识和法制观念。各级领导干部要努力提高依法执政、依法行政、依法办事的能力，自觉地在宪法和法律的范围内活动"[1]。

依法治国，关键是依法执政、依法行政、依法办事、公正司法。经过十一届三中全会以后一段时期的立法工作，我国有法可依的问题初步得到了解决，但是有法不依、执法不力的问题日益突出，因此，法制建设的重点应由法律体系的建立转移到督促法律的贯彻执行。为此，胡锦涛强调依法治国的第一个关键是依法执政。因为党的领导、人民当家作主和依法治国三者是有机统一的，依法治国必须坚持党的领导，而执政是中国共产党领导的集中体现，是治国的关键，同时，党的执政必须在宪法和法律的范围内进行，所以，坚持党的领导与依法治国统一的关键在于依法执政。只有党依法执政，才能不断加强和改进党的建设，促进依法治国的进程。第二个关键是依法行政。依法行政是依法治国的重要环节，是实施依法治国基本方略对政府工作的必然要求，是由我国国家行政机关和行政权力的性质、作用和特点所决定的。一切行政机关都必须依法行政，切实保障公民权利。胡锦涛要求"各级国家行政机关、审判机关和检察机关都要坚决贯彻宪法，依法行政，公正司法，不断提

[1]《始终坚持依法治国依法执政　提高全社会法制化管理水平》，《人民日报》2004年4月28日。

高执法人员的素质和执法水平"[1]。建设法治政府是政府依法行政的最终目标。第三个关键是依法办事。依法办事是依法治国的核心，首先要求党的领导、党的各级组织和全体党员都要在宪法和法律范围内活动，严格依法办事，坚持党的领导、人民当家作主和依法治国的有机统一。其次，行政机关、审判机关、检察机关也要严格按照法定的权限和程序办事，忠实履行宪法和法律赋予的职责，自觉接受人民代表大会及其常务委员会的监督，保证把人民赋予的权力真正用来为人民谋利益。第四个关键是公正司法。依法治国的价值追求是社会公正，司法是解决纠纷的法律途径，司法公正是社会公正的最终体现。只有司法公正，才能维护最起码的社会公正。司法公正与否，主要依赖于司法机关是否能够独立行使审判权、检察权，不受行政机关、社会团体和个人的干涉。实行依法治国，针对现实中存在的一些因司法不独立而产生的司法不公和司法腐败问题，必须加大司法体制改革力度，坚持宪法规定的司法独立原则，从制度上保证公正司法。

在完善法律制度建设的同时，法治理念的培养也不可忽视。党和国家十分重视法制观念的培养，毛泽东反复告诫广大群众和干部，要学法、守法。要求每个公民"不要破坏革命的法制"，干部要"学点法学"，作守法的表率，目的是增强法律意识。邓小平强调加

---

[1] 胡锦涛：《在首都各界纪念中华人民共和国宪法公布施行二十周年大会上的讲话》，《人民日报》2002 年 12 月 5 日。

强法制宣传教育，他指出，"现在这么多青年人犯罪，无法无天，没有顾忌，一个原因是文化素质太低"，所以，"加强法制重要的是要进行教育，根本问题是教育人"[1]，要在全体人民中树立法治观念。江泽民强调，"坚持依法治国，一项重要任务是不断提高广大干部群众的法律意识和法制观念"[2]，要通过教育和实践不断提高各级领导干部和全国人民的民主法制意识和依法办事的素质。新中国成立几十年来，虽然各级领导干部和群众的法制观念有了提高，但同法治进程的发展相比，仍存在很大差距。

以胡锦涛同志为总书记的党中央坚持并发展了毛泽东、邓小平、江泽民的上述思想，强调依法治国的基础是提高全社会的法律意识和法制观念。在 2006 年十届全国人大四次会议、全国政协十届四次会议的党员负责同志会议上，胡锦涛进一步提出社会主义法治理念的科学命题，即"理念是行动的指南。我们实施依法治国的基本方略、建设社会主义法治国家，既要积极加强法制建设，又要牢固树立社会主义法治理念"[3]。社会主义法治理念比法律意识更进一步，法治理念不同于法律意识，法治理念比较系统、完整，法律意识比较零散；法治理念是在系统理论的基础上产生的，而法律意识多是自发产生的；法治理念不仅包括对法治现实的认识，也包括对

---

[1]《邓小平文选》第三卷，人民出版社 1993 年版，第 163 页。

[2]《江泽民文选》第一卷，人民出版社 2006 年版，第 512 页。

[3]《胡锦涛文选》第二卷，人民出版社 2016 年版，第 428 页。

法治的信念、理想和追求等。我国的法治是社会主义法治，社会主义法治必须以社会主义法治理念为指导。社会主义法治理念的提出为我国社会主义法治建设指明了正确的方向，同时也提供了精神动力和理性法治文化的支撑。2011 年 3 月 10 日，时任全国人大常委会委员长吴邦国在十一届全国人大四次会议上宣布，中国特色社会主义法律体系已经形成。中国特色社会主义法律体系的形成，成为依法治国进程的又一重要节点。

党的十八大以来，以习近平同志为核心的党中央从关系党和国家前途命运的战略全局出发，把全面依法治国纳入"四个全面"战略布局，作出一系列重大决策部署，开启了法治中国建设的新时代。5 年多来，在习近平新时代中国特色社会主义思想的指引下，民主法治建设迈出重大步伐，党的领导、人民当家作主、依法治国有机统一的制度建设全面加强，党的领导体制机制不断完善；科学立法、严格执法、公正司法、全民守法深入推进，法治国家、法治政府、法治社会建设相互促进，中国特色社会主义法治体系日益完善，全社会法治观念明显增强；国家监察体制改革、行政体制改革、司法体制改革、权力运行制约和监督体系建设有效实施，全面依法治国取得了举世瞩目的新进展、新成就，谱写下法治中国建设的崭新篇章。

法律是治国之重器，法治是国家治理体系和治理能力的重要依托。2014 年 10 月，党的十八届四中全会召开，首次以全会的形式专题研究部署全面推进依法治国。通过了《中共中央关于全面深化改革若干重大问题的决定》，对加强社会主义民主政治制度建设和推进法治中国建设提出明确要求。习近平总书记深刻指出，"全面推进依法治国总目标是建设中国特色社会主义法治体系，建设社会主义法治国家"[1]。这一总目标的提出，既明确了全面依法治国的性质和方向，又突出了全面依法治国的工作重点和总抓手，对全面推进依法治国具有举旗定向、纲举目张的重大意义。我们党提出全面依法治国的总目标，就是旗帜鲜明地表明，要毫不动摇坚持社会主义法治的性质和方向，毫不动摇坚持走中国特色社会主义法治道路。

"党的领导是中国特色社会主义最本质的特征，是社会主义法治最根本的保证"[2]"党的领导是中国特色社会主义法治之魂"[3]。这个重大论断是对新中国成立以来特别是改革开放 40 年来法治建设基本经验的高度概括，是对我国社会主义法治本质的深刻揭示。2018 年 8 月 24 日，习近平总书记主持召开中央全面依法治国委员会第一次会议并发表重要讲话，标志着中央全面依法治国委员会工作正式全面启动。习近平总书记强调，"要加强党对全面依法治国的集中统一领导，坚持以全面依法治国新理念新思想新战略为指导，坚定不移走

---

[1] 中共中央文献研究室编：《十八大以来重要文献选编》（中），中央文献出版社 2016 年版，第 187 页。

[2] 中共中央文献研究室编：《十八大以来重要文献选编》（中），中央文献出版社 2016 年版，第 157 页。

[3]《习近平关于全面依法治国论述摘编》，中央文献出版社 2015 年版，第 35 页。

中国特色社会主义法治道路,更好发挥法治固根本、稳预期、利长远的保障作用"[1]。在此之前,中共中央印发的《深化党和国家机构改革方案》明确提出,组建中央全面依法治国委员会。成立中央全面依法治国委员会,有利于健全党领导全面依法治国的制度和工作机制,推动依法治国、依法执政、依法行政共同推进,法治国家、法治政府、法治社会一体建设,实现党领导立法、保证执法、支持司法、带头守法,更好落实全面依法治国基本方略,促进法治中国建设迈入系统推进的新阶段。这是推进新时代全面依法治国的战略举措,在我国社会主义法治建设史上具有里程碑意义。

中国特色社会主义法律体系不断完善。2018 年 3 月 11 日,十三届全国人大一次会议审议通过《中华人民共和国宪法修正案》,把党的十九大确定的重大理论观点和重大方针政策特别是习近平新时代中国特色社会主义思想载入国家根本法,将党的意志上升为国家意志。这是 1982 年宪法实施以来,最高立法机关第五次对国家根本法的修改。从党中央提出建议,到十二届全国人大常委会决定将宪法修正案草案提请本次大会审议,再到大会期间多次审议、补充完善、投票表决,这段法治进程,是依法治国的生动实践,体现出党的主张和人民意志的高度统一,展现出中国特色社会主义民主政治的巨大优势。党的十八大以来,以习近平同志为核心的党中央高

[1]《加强党对全面依法治国的集中统一领导 更好发挥法治固根本稳预期利长远的保障作用》,《人民日报》2018 年 8 月 25 日。

度重视立法工作，夯实立法这一全面依法治国的前提和基础。全国人大及其常委会、国务院坚持立法先行，紧紧抓住事关改革发展稳定的重大立法项目，紧紧抓住提高立法质量这个关键，一批重要法律相继出台，为法治中国打造国之重器，为善治奠定良法根基。自2012 年 11 月至 2018 年 3 月的五年多，全国人大常委会共审议通过统筹修改法律的决定 16 件，涉及修改法律 101 件次。国务院共发布 9 件关于清理行政法规的决定，涉及修改行政法规 207 件次。根据改革要求适时废止有关法律、行政法规和规章。最高人民法院制定司法解释 119 件。全国人大常委会积极开展司法解释备案审查清理工作，截至 2017 年 12 月，最高人民法院、最高人民检察院共废止 817 件、确定修改 187 件司法解释或者司法解释性文件。

法律体系与时俱进。习近平总书记强调，"我们要加强重要领域立法，确保国家发展、重大改革于法有据，把发展改革决策同立法决策更好结合起来"[1]。制定监察法，坚持和加强党对反腐败工作的领导，构建集中统一、权威高效的国家监察体制，为新形势下反腐败斗争提供坚强的法治保障；审议通过刑法修正案（九），完善惩治贪污受贿犯罪法律制度……社会主义民主政治立法步伐不断加快。围绕食品安全、教育就业、社会保障、医药卫生等人民最关心最直接最现实的利益问题，修改食品安全法、教育法、消费者权益保护

---

[1] 中共中央文献研究室编：《十八大以来重要文献选编》（中），中央文献出版社 2016 年版，第 56 页。

法、劳动合同法、职业病防治法等法律，制定慈善法、中医药法、反家庭暴力法等法律，制定、修改居住证暂行条例、社会救助暂行办法等行政法规……加强社会民生领域立法，坚持以人为本、立法为民。制定民法总则，制定英雄烈士保护法，修改环境保护法、环境影响评价法、大气污染防治法……每一次立法，都是对时代命题的回应，是人民智慧的汇聚、法治建设的跃升。截至 2018 年 4 月底，共制定法律 28 件，修改法律 137 件次，制定修改行政法规 266 件次，以宪法为核心的中国特色社会主义法律体系日趋完善。

法治政府建设深入推进。依法行政是各级政府活动的基本准则，要求各级政府必须依法全面履行职能，加快建设职能科学、权责法定、执法严明、公开公正、廉洁高效、守法诚信的法治政府。习近平总书记指出，"依法治理是最可靠、最稳定的治理"[1]，强调要善于运用法治思维和法治方式进行治理。2015 年 12 月，党中央、国务院印发《法治政府建设实施纲要（2015—2020 年）》，规划了与全面建成小康社会相适应的法治政府建设阶段性目标，推动依法行政从软任务变成硬约束。党的十八大以来，各级党委和政府将权力运行纳入法治轨道，推动政府依宪施政、依法行政。一是推进依法决策。人民群众对法治的要求越来越高，法治政府建设的任务更加凸显。2016 年，中央办公厅、国务院办公厅印发《关于推行法律顾问

---

[1]《习近平关于全面依法治国论述摘编》，中央文献出版社 2015 年版，第 63 页。

制度和公职律师公司律师制度的意见》。各省级政府普遍设立政府法律顾问，全国共有 8000 余家党政机关、人民团体设立了公职律师，公职律师队伍发展到 2.4 万人，发挥了为依法决策守门把关的重要作用。二是深化"放管服"改革。2018 年 6 月，国务院办公厅印发《关于做好证明事项清理工作的通知》，要求各地区、各部门对法律、行政法规设定的证明事项进行梳理，逐项提出取消或保留的建议；对自行设定的证明事项，最迟要于 2018 年年底前取消。党的十八大以来，各地方各部门按照党中央、国务院部署要求，持续深化"放管服"改革，在"刀刃向内"的自我革命上积极探索、主动作为。三是行政执法更规范。执法效果如何，直接关乎法治权威、政府公信。为了解决基层一线民警在执法实践中遇到的新情况、新问题，公安部举办全国公安机关规范执法视频演示培训会，统一执法标准，让民警执法规范化落在一招一式。在完善行政执法程序方面，2017 年，国务院办公厅印发《推行行政执法公示制度执法全过程记录制度重大执法决定法制审核制度试点工作方案》，全国 32 个地方和部门推行上述"三项制度"试点，规范行政执法程序，乱执法和执法不作为等突出问题得到有效遏制。四是加大问责力度。针对政策落实中存在的突出问题，从 2014 年起，国务院连续四年部署开展全国大督查，推动各地方各部门依法履职，加大问责力度。自 2012 年 11 月到 2018 年的 5 年多时间，全国各级行政复议机关通过作出撤销、变更、确认违法和责令履行决定等方式依法纠正违法或不当行政行为，直接纠错率达 13.1%，促进了行政机关依法行政，有效维护了群众合法权益。

深化司法体制改革。党中央对人民庄严承诺，"努力让人民群众在每一个司法案件中感受到公平正义"[1]。为践行这一承诺，政法机关近年来不懈努力，全面深化司法体制改革，在重要领域和关键环节取得突破性进展。司法责任制改革，是全面深化司法体制改革的"牛鼻子"。随着司法责任制改革的推进，放权给法官检察官，是为了实现"谁办案，谁负责"。放权之后，如何建立新型监督管理体系，有效避免类案不同判，成为深化司法责任制改革面临的重大问题。有效监督，自由裁量权才能更规范。审视依然在路上的司法体制改革，会发现改革正是对不断变化的时代要求的回应：院庭长审判监督管理机制不断完善，审委会、检委会把关职能进一步规范，监督管理的重点从微观管理向宏观管理转变、从结果干预向程序约束转变。公正是法治的生命线。2015 年，中央办公厅、国务院办公厅印发《领导干部干预司法活动、插手具体案件处理的记录、通报和责任追究规定》，为领导干部干预司法活动划定了红线；2015 年、2016 年，中央政法委两次公开通报 12 起领导干部干预司法活动、插手具体案件处理和司法机关内部人员过问案件的典型案件，建立起领导干部干预司法活动、插手具体案件处理的记录、通报和责任追究制度。纠正冤假错案是社会高度关注的热点，也是人权司法保护

[1] 中共中央文献研究室编：《十八大以来重要文献选编》（中），中央文献出版社 2016 年版，第 168 页。

不断强化的具体表现。自 2013 年以来的五年多时间，人民法院依法纠正聂树斌案、呼格吉勒图案等重大刑事冤假错案 46 起，提振了全社会对司法公正的信心。2015 年，最高人民法院修订《人民法院法庭规则》，进一步完善法庭规则。

法治社会建设稳步推进。全面依法治国，必须抓住领导干部这个"关键少数"。领导干部做尊法学法守法用法的模范，是实现全面依法治国目标和任务的关键所在。中共中央政治局率先垂范带头学法，以上率下，各级党组织和国家机关集体学法已形成制度。2016年，司法部会同有关部门印发《关于完善国家工作人员学法用法制度的意见》，明确将宪法法律和党内法规列入各级党委（党组）中心组年度学习计划，推动领导干部带头尊法学法守法用法。一是把普法融入执法的全过程。从 2017 年 5 月中央办公厅、国务院办公厅印发《关于实行国家机关"谁执法谁普法"普法责任制的意见》，让国家机关在执法的过程中精准普法，到落实普法责任制部际联席会议制度建立，"谁执法谁普法"普法责任制稳步落实。二是全面推进公共法律服务体系建设。广泛开展"一村（社区）一法律顾问"；中国法律服务网上线运行，初步形成覆盖全国的协同联动、一网办理的"互联网＋公共法律服务"体系；法律援助门槛进一步降低，法律援助范围进一步扩大，自 2013 年到 2019 年的 5 年多时间，共办理法援案件 633 万余件，有力维护了困难群众合法权益。三是广泛开展依法治理活动。深化法治创建活动，27 个省（区、市）制定了依法治省（区、市）或法治建设纲要，法治创建在省、市、县、乡各层面蓬勃开展。这5年多，共表彰了781个法治创建活动先进城市（县、市、区），1159个"全国民主法治示范村（社区）"。基层治理步入制度化、法治化的轨道，各领域基层党组织战斗堡垒作用有效发挥。四是健全完善多元化纠纷解决机制。矛盾纠纷涉及群众生产生活的方方面面，处理及时得当，就能变消极因素为积极因素；反之，就可能激化矛盾，甚至转化为治安案件、刑事案件，有的还可能引发群体性事件，影响到国家政权安全和社会稳定。人民调解处于预防化解矛盾的第一线，往往最先接触也最了解矛盾纠纷产生变化的原因，能够最大限度把矛盾纠纷消除在萌芽状态、就地化解。近年来，全国人民调解组织每年调解各类纠纷达900万件左右，调解成功率96%以上，筑牢了维护社会和谐稳定的"第一道防线"。

展望未来，在以习近平同志为核心的党中央坚强领导下，在习近平新时代中国特色社会主义思想特别是习近平总书记关于全面依法治国系列重要讲话精神指引下，新时代全面依法治国将不断开创新局面，建设中国特色社会主义法治体系和社会主义法治国家的奋斗目标一定能够实现。

第五章

西部大开发战略

实施西部大开发战略，是党中央、国务院作出的重大决策。西部大开发战略中的"西部"，不仅仅是一个地理概念，根据国务院2000年10月26日发出的《关于实施西部大开发若干政策措施的通知》，西部开发的政策适用范围，包括西北、西南地区的十个省、自治区、直辖市，还包括内蒙古和广西。同时，国务院先后批准湖南湘西土家族苗族自治州、湖北恩施土家族苗族自治州、吉林延边朝鲜族自治州等地区，在实际工作中比照有关政策措施予以照顾。[1]实施西部大开发战略是党中央根据邓小平关于中国现代化建设"两个大局"的战略思想，把建设中国特色社会主义伟大事业全面推向21世纪所采取的一项重大战略举措，故也被称为"世纪工程"。

一、实施西部大开发的社会背景与国际背景

对于西部大开发战略，我们不妨从中国共产党领导中国人民

---

[1]《江泽民文选》第三卷，人民出版社2006年版，第63页注释［1］。

不断奋斗的历程、我国在世纪之交所面临的国际国内形势等方面来认识。

为了推翻帝国主义、封建主义和官僚资本主义在中国的统治以拯救中国摆脱半殖民地半封建社会的深渊，中国共产党带领中国人民历经 28 年的浴血奋战，建立了独立的新中国，中国人民从此站了起来。以毛泽东为核心的党的第一代领导集体，通过社会主义改造逐步确立了全民所有制和集体所有制在国民经济中的领导地位，在大陆确立了社会主义制度。中国共产党之所以能取得民主革命和三大改造的成功，其中一个重要因素就是实现了马克思主义与中国实际相结合，即实事求是思想路线的继承和发展。在苏联的帮助下，历经几年的建设，新中国"一五"计划的目标基本全部实现。在取得巨大成就的同时，以毛泽东为首的党和国家领导人看到苏联模式所存在的弊端，认为中国不能照搬照抄苏联。于是，中国共产党人以《论十大关系》和党的八大召开为契机，开启了将马克思主义基本原理与中国实际第二次相结合的任务，以探寻出适合中国实际的社会主义建设道路。在探索的过程中虽然发生"文化大革命"等重大失误，但使智慧的人们意识到马克思主义中国化的重要性。正是在这种理念的指引下，40 多年前，以邓小平为核心的党中央所主导和设计的改革开放的伟大革命实践正式开始。改革开放的实践孕育了邓小平"摸着石头过河"的智慧，这是对毛泽东思想解答和未解答完的课题和任务的继承和发展。假如说毛泽东思想使中国人民站了起来，那么邓小平理论的指引使中国人富了起来[1]。

从 20 世纪 70 年代末到 20 世纪末，二十多年的改革开放使中国人逐步解决了温饱问题，但在当时的国际社会，中国的发展充其量也仅仅是总体小康，仍处于欠发达国家状态，中国共产党强国富民的任务还需要持续奋斗。如何继续完成这一重大历史任务，以江泽民为核心的党的第三代领导集体在 21 世纪初提出了创新的重要性："要坚定不移地坚持理论联系实际的优良作风，进一步解放思想，实事求是，大胆创新，开拓进取，绝不能因循守旧，固步自封。"[2] 在此基础上，以江泽民为核心的党中央在新世纪率先进行理论创新，逐步确立了"三个代表"重要思想："总结八十年的奋斗历程和基本经验，展望新世纪的艰巨任务和光明前途，我们党要继续站在时代前列，带领人民胜利前进，归结起来，就是必须始终代表中国先进生产力的发展要求，代表中国先进文化的前进方向，代表中国最广大人民的根本利益。"[3] 党的十六大将"三个代表"重要思想确定为指引党和国家新世纪伟大进军的行动指南。这是马克思主义指导思想的又一重大理论创新。中国共产党的理论创新为我国政治、经济、社会和技术的进一步变革和实施西部大开发战略提供了理论指引。

西部大开发战略正是党和国家在改革开放新时期的新思想、

---

[1] 杨开忠等：《中国西部大开发战略》，广东教育出版社 2001 年版，"引言"第 2 页。

[2] 《用"三个代表"指导全党的思想和行动》，《党建》2000 年第 7 期。

[3] 《江泽民文选》第三卷，人民出版社 2006 年版，第 272 页。

新理论和新方法的具体体现，尤其是其中的地缘政治格局的重大表现。一方面是国际因素，冷战格局随着 20 世纪八九十年代苏联解体、东欧剧变而结束，但美国为了实现其"单极世界"目的，相继对俄罗斯、中国等实施系列的威胁性地缘战略行动。而我国的西部地区由于地处欧亚大陆腹地，与俄罗斯、蒙古以及中亚、南亚国家接壤，又加上这一广大地区少数民族集聚，其中许多少数民族为跨国界民族，因而势必成为美国对我国实施地缘战略控制的必争要地之一。另一方面，作为我国事关国家发展全局的重要生态屏障和主要资源保障基地之一，如果西部地区能够持续、健康、稳定发展，势必可以直接维护全国经济和社会的可持续发展。从这个意义上讲，无论从国际还是从国内来看，西部地区在我国地缘政治经济战略中都具有重要地位和作用，是我国政治、经济、生态的安全屏障。

从"十五"计划时期开始实施西部大开发战略是我国经济和社会发展的客观需要。首先，到了服从"拿出更大力量帮助内地发展"这一大局的时候了。"两个大局"的思想是邓小平关于区域经济协调发展的战略思想。早在 1978 年，邓小平同志就提出"在经济政策上，我认为要允许一部分地区、一部分企业、一部分工人农民，由于辛勤努力成绩大而收入先多一些，生活先好起来。一部分人生活先好起来，就必然产生极大的示范力量，影响左邻右舍，带动其他地区、其他单位的人们向他们学习。这样，就会使整个国民经济不断地波浪式地向前发展，全国各族人民都能比较快地富裕起来"[1]。1985年3月，邓小平又指出："我们提倡一部分地区先富裕起来，是为了激励和带动其他地区也富裕起来，并且使先富裕起来的地区帮助落后的地区更好地发展。"[2]1988年12月，邓小平明确提出："沿海地区要加快对外开放，使这个拥有两亿人口的广大地带较快地先发展起来，从而带动内地更好地发展，这是一个事关大局的问题。内地要顾全这个大局。反过来，发展到一定的时候，又要求沿海拿出更多力量来帮助内地发展，这也是个大局。那时沿海也要服从这个大局。"[3]1992年邓小平在南方谈话中提出："可以设想，在本世纪末达到小康水平的时候，就要突出地提出和解决这个问题。"[4]经过20多年的改革和发展，到20世纪末我国人民生活水平总体上已达到了小康，因而党和国家能够拿出更大力量帮助内地特别是西部地区大发展。

同时，20世纪90年代以来接连发生许多自然灾害，严重威胁我国的可持续发展。时任水利部副部长鄂竟平曾通报，20世纪90年代以来，全国年均洪涝灾害损失约占同期全国GDP的1.8%，而在严重干旱年（以2000年为例）的旱灾直接经济损失占GDP的2.5%，一般干旱年（20世纪90年代平均）的旱灾直接经济损失占GDP

---

[1]《邓小平文选》第二卷，人民出版社1994年版，第152页。

[2]《邓小平文选》第三卷，人民出版社1993年版，第111页。

[3]《邓小平文选》第三卷，人民出版社1993年版，第277—278页。

[4]《邓小平文选》第三卷，人民出版社1993年版，第374页。

的 1.1%。[1] 在这样的背景下，少数民族聚居的西部地区因地质构造特殊，地理地形差异大，自然条件相对恶劣，各种灾害更是频发，灾害成为西部民族地区仍然处于落后与贫困状态的一个深刻原因。少数民族聚居相对集中的西北地区，以高原、山地、沙漠、戈壁为主，干旱与水资源短缺是基本的环境特征，其河流亦多为季节性河流，除陕西省降雨量较多外，其他省区的降雨量都在 400 毫米以下，属于干旱、半干旱地区。特别是兰州、包头以西的广大地区，除伊犁河谷外，年降雨量多在 200 毫米以下，属严重干旱地区。在全球气候变暖的大背景下，西北地区的干旱化还在增强，新疆南疆地区的沙尘暴持续不断，内蒙古草原的荒漠化更是成了当今风沙天气、沙尘暴的主要发源地。同时，北疆地区的大雪与冰川融化还会生成水患。与此同时，由于中国大陆构造变形的主要动力来自印度板块对青藏高原的推挤，全国的地震分布具有明显的西强东弱特征，新疆天山南北、青藏高原、川滇地区、内蒙古河套盆地、宁夏银川盆地和六盘山区等都是强震集中发生区。[2] 这表明，中国要完成强国富民的历史重任，必须对西部地区发展与环境关系的格局进行重大调整。

综上所述，正是由于历史与现实、理论与实践、国际与国内诸因素，共同构成了我国在 21 世纪实施西部大开发战略的背景。可以

---

[1] 鄂竟平：《经济社会与水旱灾害》，《中国防汛抗旱》2016 年第 1 期。

[2] 许飞琼：《西部民族地区的灾害问题与综合治理》，《民族研究》2013 年第 2 期。

说，我国实施西部大开发战略决策，恰逢其时。

二、西部大开发战略决策的提出与实施过程

我们党和国家实施西部大开发战略的出发点和归宿是，通过大力支持西部地区加快发展，逐步缩小和消除我国东、西部发展差距，解决我国区域发展不平衡不协调矛盾，促进西部地区与中、东部地区优势互补、分工协作、共同发展，实现全体人民共同富裕。总目标是到 21 世纪中叶，建成一个经济繁荣、社会进步、生活安定、民族团结、山川秀美的新西部。为了使大家懂得西部大开发战略的来龙去脉，首先让大家清楚它的酝酿和提出过程。

自 20 世纪 70 年代起，可持续发展理念在世界开始盛行，可持续发展作为"既满足当代人的需要，又不对后代人满足其需要的能力构成危害"[1] 的现代发展理念，已成为时代的主旋律。在主动参与和积极推动全球可持续发展的进程中，我们党逐步认同并接受国际社会普遍主张的这一理念。同时，根据我国发展的要求和实际，党创造性地探索出一条既符合时代潮流又具有中国特色的西部大开发战略的实施道路。

---

[1] 世界环境与发展委员会著，王之佳、柯金良等译：《我们共同的未来》，吉林人民出版社 1997 年版，第 52 页。

第五章 ｜ 西部大开发战略

党中央思考和决策西部大开发的发端，最早可溯到 20 世纪 80 年代中后期。1987 年 10 月，党的十三大报告在规划国家经济发展战略时明确提出："既要重点发挥经济比较发达的东部沿海地区的重要作用，又要逐步加快中部地区和西部地区的开发"。[1] 这是党中央关于西部大开发的最初设想。1992 年 10 月，江泽民在党的十四大报告中确定面向 90 年代改革和建设的主要任务时强调："中部和西部地区资源丰富，沿边地区还有对外开放的地缘优势，发展潜力很大，国家要在统筹规划下给予支持"。[2]1997 年 9 月，他在党的十五大上更进一步指出："中西部地区要加快改革开放和开发，发挥资源优势，发展优势产业。国家要加大对中西部地区的支持力度，优先安排基础设施和资源开发项目，逐步实行规范的财政转移支付制度，鼓励国内外投资者到中西部投资。进一步发展东部地区同中西部地区多种形式的联合和合作。更加重视和积极帮助少数民族地区发展经济。从多方面努力，逐步缩小地区发展差距。"[3] 这也就是说，促进地区经济协调发展，中西部地区要加快改革开放和开发，国家要加大对中西部地区的支持力度。

1997 年 9 月在党的十五大报告中，以江泽民同志为核心的党中

---

[1] 中共中央文献研究室编：《十三大以来重要文献选编》（上），人民出版社 1991 年版，第 21 页。

[2]《中国共产党第十四次全国代表大会文件汇编》，人民出版社 1992 年版，第 33 页。

[3]《江泽民文选》第二卷，人民出版社 2006 年版，第 25 页。

央从中国现代化建设实际出发，探索提出实施可持续发展战略的政策措施，指出："我国是人口众多、资源相对不足的国家，在现代化建设中必须实施可持续发展战略。坚持计划生育和保护环境的基本国策，正确处理经济发展同人口、资源、环境的关系。资源开发和节约并举，把节约放在首位，提高资源利用效率。统筹规划国土资源开发和整治，严格执行土地、水、森林、矿产、海洋等资源管理和保护的法律。实施资源有偿使用制度。加强对环境污染的治理，植树种草，搞好水土保持，防治荒漠化，改善生态环境。控制人口增长，提高人口素质，重视人口老龄化问题。"[1]西部大开发战略在中国可持续发展的进程中全面开启。

1999年6月17日，中共中央总书记江泽民在西安主持西北地区国有企业改革和发展座谈会时指出，要把实施西部大开发"作为党和国家一项重大战略任务"[2]。随后，以2000年国务院西部地区开发会议的召开为标志，西部大开发战略正式付诸实施。此后，西部大开发战略就经常出现在历次党的全国代表大会的政治报告中。为了进一步实施西部大开发战略，2002年底召开的党的十六大明确新时期西部大开发的总体要求："要打好基础，扎实推进，重点抓好基

---

[1] 中共中央文献研究室编：《十五大以来重要文献选编》（上），中央文献出版社2011年版，第28页。

[2]《江泽民文选》第二卷，人民出版社2006年版，第341页。

础设施和生态环境建设，争取十年内取得突破性进展。"[1]2007年召开的党的十七大基于西部大开发已迈出实质性步伐，提出"要继续实施区域发展总体战略，深入推进西部大开发，全面振兴东北地区等老工业基地，大力促进中部地区崛起，积极支持东部地区率先发展"[2]。2012年，党的十八大再度强调了西部大开发在区域发展总体战略中的优先地位："继续实施区域发展总体战略，充分发挥各地区比较优势，优先推进西部大开发，全面振兴东北地区等老工业基地，大力促进中部地区崛起，积极支持东部地区率先发展"。[3]

自中国特色社会主义进入新时代起，以习近平同志为核心的党中央根据西部大开发和我国发展新形势，在党的十九大报告中强调实施区域协调发展总战略的重要性："加大力度支持革命老区、民族地区、边疆地区、贫困地区加快发展，强化举措推进西部大开发形成新格局，深化改革加快东北等老工业基地振兴，发挥优势推动中部地区崛起，创新引领率先实现东部地区优先发展，建立更加有效的区域协调发展新机制"。[4]以区域协调发展总战略统筹规划西部大开发的新格局，充分调动各方面参与西部开发的积极性，推动西部

[1]《中国共产党第十六次全国代表大会文件汇编》，人民出版社2002年版，第23页。

[2]《中国共产党第十七次全国代表大会文件汇编》，人民出版社2007年版，第24页。

[3]《胡锦涛文选》第三卷，人民出版社2016年版，第630页。

[4] 习近平：《决胜全面建成小康社会　夺取新时代中国特色社会主义伟大胜利》（2017年10月18日），人民出版社2017年版，第32—33页。

大开发不断向前发展。

与此同时，党中央和国务院还先后颁布了《国务院关于实施西部大开发若干政策措施的通知》（2000年10月26日）、《国务院关于进一步推进西部大开发的若干意见》（2004年3月11日）、《中共中央、国务院关于深入实施西部大开发战略的若干意见》（2010年6月29日）、《关于健全生态保护补偿机制的意见》（2016年4月28日）以及西部大开发"十一五"规划、"十二五"规划、"十三五"规划等重要文件，江泽民、胡锦涛、习近平等党和国家领导人先后对西部大开发战略作出重要阐述。这些决策、文件和重要阐述都是西部大开发战略决策不可缺少的内容。

纵观西部大开发战略决策的酝酿与提出过程，它真正体现中国共产党人一张蓝图绘到底、一茬接着一茬干、一棒接着一棒跑的实干兴邦的务实精神。西部大开发战略始终贯穿着我们党一贯坚持的经济社会与资源环境协调发展，发展为了人民、发展依靠人民、发展成果由人民共享的可持续发展理念和要求，是对当代中国特色社会主义可持续发展道路的大胆探索和实践。

三、正确认识西部大开发战略的巨大成就

2009年10月16日，时任国务院总理的温家宝曾对西部大开发10年来取得的成就作概略性阐述："实施西部大开发战略，是中国政

府十年前作出的一项重大战略决策，对于改变西部地区落后面貌、实现全面建设小康目标，对于优化国土开发格局、促进区域协调发展，对于扩大对内对外开放、培育新的经济增长地带，都具有十分重要的战略意义。"[1]这对于我们整体了解西部大开发的效果，非常重要。李克强总理也多次强调西部大开发的必要性："西部地区是我国发展的巨大战略回旋余地，也是全面建成小康社会、实现现代化的重点难点"；"紧紧依靠改革开放创新，促进西部地区发展动力增强、产业结构升级、民生不断改善，为全国经济保持稳中向好拓展空间"。[2]2018年9月20日，我国第十七届西部国际博览会开幕式暨第九届西部国际合作论坛在成都开幕，国务院副总理胡春华在开幕式致辞中指出："中国政府实施西部大开发战略近20年来，特别是过去5年多来，西部地区发生了巨大变化，成为中国经济版图中令人瞩目的板块，展现出更加光明的发展前景。当前，西部地区发展站在了新的历史起点上，开放型经济发展迎来了新的机遇。"[3]西部大开发战略实施10多年来，西部地区的经济社会发生了巨大变化，尤其是党的十八大以来，西部地区经济实力稳步提升，基础设施建设取得新进展，公共服务水平和能力逐年提高，扶贫攻坚取得重大突

---

[1] 温家宝：《全面提高中国西部地区开发开放水平》，《人民日报》2009年10月17日。

[2]《依靠改革开放创新　补短板扩内需增后劲　推动西部经济发展和民生改善再上新台阶》，《人民日报》2018年8月24日。

[3]《第十七届中国西部国际博览会开幕》，《人民日报》2018年9月21日。

破，开放发展格局呈现新气象，生态文明建设成效明显，城乡面貌发生历史性变化。在国家可持续发展全局中，西部地区综合实力地位日益突出。

（一）西部大开发战略为国家经济持续稳定发展提供坚强的生态、资源能源、重点经济带经济区快速发展等保障作用

生态保障的作用比较明显，实施西部大开发战略紧紧将加强生态环境保护作为重要的切入点。通过天然林保护、退耕还林、退牧还草、风沙源治理、三江源生态环境保护等一系列重大林业和生态保护工程，西部地区生态环境得到明显改善，我国可持续发展的生态基础功能得到充分显现，生态文明建设成效显著。西部大开发决策实施以来尤其是从 2013 年到 2017 年，西部地区设立了 37 个生态文明先行示范区，生态补偿机制初步建立。西部地区安排新一轮退耕还林还草 3865.6 万亩，面积累计达 1.26 亿亩，地区生态环境明显改善，国家生态安全屏障得到巩固。[1]

资源能源的保障作用切实得到体现。截至 2016 年底，西部地区累计种草面积、湿地面积占全国的比重较 2011 年分别增长了 9.2 个和 7.8 个百分点，保持了较大幅度的增长；西部地区森林面积和草原面积占全国的比重没有变化，其中，森林面积绝对数增长了 735.72

---

[1]《西部这盘棋，越走越活了！》，《人民日报》2018 年 8 月 31 日。

万公顷；耕地面积较 2011 年减少了 1.18 万公顷，林用地面积增加了 457.4 万公顷，但两者占全国的比重分别增加了 0.1 个和 0.2 个百分点[1]。

鉴于长期高投入、高消耗的增长模式使资源衰竭、能源消耗难以为继，我国生态环境的承载能力总体上已达极限，西部大开发战略实施的过程中把资源能源当作发展经济的核心要素。西部大开发战略的实施，以西气东输、西电东送等为龙头的重大能源工程建成和投产，西部地区逐渐成为国家重要的能源基地、资源深加工基地，为我国经济发展提供重要保障。

还有就是为重点经济带经济区快速发展提供保障。党中央始终强调，西部大开发一定要以线串点、以点带面，培育和壮大一批经济基础好、资源环境承载能力强、发展潜力大的重点经济带经济区，辐射和带动周边地区发展。随着西部大开发战略的实施和深入推进，西部地区建成的成渝全国统筹城乡综合配套改革试验区、关中—天水经济区、广西北部湾经济区和呼（和浩特）包（头）银（川）、新疆天山北坡、兰（州）西（宁）格（尔木）等具有全国乃至世界影响力的经济增长极，"宁夏、贵州内陆开放型经济试验区和广西凭祥、云南瑞丽、内蒙古满洲里等重点开发开放试验区建设稳

---

[1] 李娣:《西部大开发建设进展与展望》，转引自中国国际经济交流中心编:《中国经济分析与展望（2017 ～ 2018）》，社会科学文献出版社 2018 年版，第 308 页。

步推进"[1]，成为引领和带动西部大开发的战略高地，在促进西部乃至全国发展中发挥着独特的重大作用。

（二）逐步摸索出一条西部地区实现可持续发展的中国特色社会主义现代化建设道路

围绕着西部地区经济欠发达、社会发展滞后、大面积贫困和生态系统衰退等诸多矛盾，党中央运筹帷幄，作出了正确的决策和部署。西部大开发战略实施之初，党中央就指出，西部大开发不能沿用旧的发展模式，要认真总结运用我国长期现代化建设的有益经验，开创可持续发展新路。在党中央指引下，西部大开发一开始就瞄准实现可持续发展这个高起点，坚持走新型工业化城镇化道路，避免在西部搞低水平重复建设，注重防止东部地区污染企业向西部地区转移；深化改革，扩大开放，以完善基础设施为抓手，扬长避短，大力将资源优势转变为经济优势，重点发展特色产业、战略性新兴产业、现代服务业；加强农业，发展科技、教育、文化事业，着力保障和改善民生。如果说改革开放之初东部沿海地区为使我国快速发展起来做出了历史性贡献；那么西部大开发则为我国探索发展转型、走可持续发展道路做出了应有的贡献。自 2000 年实施西部大开发战略以来，党和政府一直强调要"在开发中保护、在保护中

---

[1]《西部这盘棋，越走越活了！》，《人民日报》2018 年 8 月 31 日。

开发"。这里面，不能忽视生态补偿机制所发挥的作用。党的十八大以来，在新发展理念的指引下，西部大开发与全面深化改革、创新驱动等战略对接，西部发展新一轮动力和活力竞相迸发出来。2016年4月国务院办公厅印发了《关于健全生态保护补偿机制的意见》，正式确定了重点领域、重点区域、流域上下游以及市场化补偿机制的基本框架，促进了生态补偿机制正规化、机制化、法治化。[1] 一组数据可以说明：2017年，四川省以近3.7万亿的地区生产总值居于全国前列。2018年上半年，四川省实现地区生产总值1.8万亿多元，比上年同期增长8.2%，发展步伐之快令人羡慕称道，"西部发展领头羊"之称名副其实。[2]

（三）西部大开发战略重塑了我国东部、中部和西部一体联动、共同繁荣发展的新格局

在部署实施西部大开发战略决策的过程中，党中央相继提出了振兴东北地区等老工业基地、促进中部地区崛起、鼓励东部地区率先发展等战略思想，形成了我国区域发展总体战略。区域发展总体战略的制定和实施，推动我国发展形成了各区域既你追我赶、又互补互助的良好局面。2007年，西部地区经济增速首次超过东部地

---

[1]《西部这盘棋，越走越活了！》，《人民日报》2018年8月31日。

[2]《上半年我省经济同比增长8.2%》，《四川日报》2018年7月18日。

区，此后中西部地区经济增速连续超过东部地区。中西部地区增长速度加快，打破了东部地区"一马当先"的增长格局，不仅有力促进了资源的优化配置和发展方式的转变，同时也提高了我国经济抗风险能力。2008年之后，在国际金融危机冲击下，我国东部沿海地区由于经济外向度高，受影响较大，中西部地区发展逆势上扬，为稳增长做出了重要贡献。早在实施西部大开发之初，党中央就曾指出："西部大开发是一项长期艰巨的历史任务。"[1] 今天，尽管西部大开发已经取得了巨大的可持续发展成就，但发展并不均衡，仍有一些地方比较贫困，基本公共服务能力不高，经济内生动力及自我发展能力不强，在整体发展水平上与东部地区之间的差距明显拉大，等等。对于这些问题，联系西部大开发战略实施前后西部地区和全国发展所取得的巨大成就，我们应当坚持党中央一贯强调的转变观念、贯彻可持续发展战略和实事求是等原则。随着我国可持续发展和西部大开发的不断推进，坚持走可持续发展道路是西部大开发的正确抉择必然会得到越来越有力的证明。

总之，经过近20年开发建设，西部地区发展站在了新的历史起点上，开放型经济发展迎来了新的机遇。西部地区作为中国开放格局中不可或缺的一部分，开放发展的道路会越走越宽广。

---

[1]《总结经验 完善政策 扎实有效地推进西部大开发》，《人民日报》2003年12月30日。

四、切实推进新时代西部大开发战略新局面

以西部开发为历史舞台，从毛泽东、邓小平、江泽民、胡锦涛到习近平，中国共产党对建设中国特色社会主义道路的探索，在中国历史上翻开了最辉煌的一页。在新时代，西部地区应顺应新的发展趋势和要求，在巩固提升已有成效的基础上，围绕推动高质量发展和现代化建设的新要求，按照区域协调发展战略的总体部署，抓住新机遇，构建新格局，开创新局面。

（一）以有力措施全面推进西部大开发

随着我国改革开放的深入推进，我国逐步形成了从沿海到沿江沿边、从东部到中西部区域梯次开放的格局[1]，未来内陆地区对外开放的潜力巨大。拥有全国 72% 的国土面积、27% 的人口和 20% 的经济总量，对外贸易仅占全国的 7%，利用外资和对外投资分别占全国的 7.6% 和 7.7% 的我国西部地区，更应及时抓住机遇。[2] 如果说此前西部大开发战略主要围绕自身发展环境建设完成了阶段性的开发目标，

---

[1] 刘卫东等著：《2009 中国区域发展报告：西部开发的走向》，商务印书馆 2010 年版，第 87 页。

[2] 邱海峰：《西部开放仍需下功夫》，《人民日报》（海外版）2017 年 12 月 19 日。

奠定了良好的发展基础和经济条件，那么新时期在全面推进"一带一路"国际合作的大背景下，西部地区应从过去以内部发展环境建设为主逐渐转移到内外兼顾上来，并以更有力的措施推动对外开放，着力汇聚国内外经济要素，盘活西部地区各种资源，激发新的发展活力。围绕新亚欧大陆桥、中蒙俄、中国—中亚—西亚、中国—中南半岛、中巴和孟中印缅等六大国际经济合作走廊，推动西部地区联通周边国家的跨地区和跨国家的重大交通等基础设施互联互通建设。以开放促改革，以开放促合作，以开放促发展。"一带一路"建设对于西部地区来讲是最大的机遇。随着"一带一路"国际合作的深入推进，以及重大交通、信息等基础设施的完善，西部地区正从长期以来的区位末梢走向对外开放的前台，有望培育形成推动区域发展的新优势、新动能。特别是由于交通条件的改善，东、中、西部各地区发展的战略空间将发生较大变化，过去的交通闭塞地区可能成为"交通要道"，过去的边远地区可能成为"国际门户"。[1] 为此，西部地区应抢抓和利用好内外部环境发生深刻变化的新机遇，依托固有的自然生态、人文旅游资源、能源矿产资源、劳动力及土地资源等条件，加快吸引凝聚人才、资金和技术等先进经济要素，形成能够促进新旧动能转换的新优势，确保与东部沿海等发达地区同步转换发展动能，推动形成具有西部特色的高质量发展新态势。

---

[1] 北京日报理论部编：《理论新见》，北京日报出版社 2016 年版，第 179 页。

（二）以工业化夯实西部地区经济发展的根基

在全国经济高速增长时期，一方面，在西气东输、西电东送等重大工程带动下，西部的能源及矿产资源、劳动力等跨区域流动到东部沿海等地区，为东部地区工业化发展提供了重要的基础性保障；另一方面，西部地区煤炭、石油、金属矿产等资源的开采及加工，也较好地推动了西部地区的高速经济增长。西部地区应继续发展壮大能源及化学工业、重要矿产开发及加工业、特色农牧业及加工业等资源型特色优势产业，扶持装备制造业和高新技术产业等非资源型现代优势产业，积极承接东部地区产业转移，培育发展新兴特色优势产业，大力推进旅游、现代物流等现代服务业发展[1]。

2008 年国际金融危机以后，随着国际消费市场的收缩和世界各经济体均致力于本国经济复苏，国内经济结构进入了深化调整期，东部沿海地区率先从出口导向型、劳动密集型的经济增长模式中走出来，西部地区依靠资源产业支撑快速经济增长的传统模式也走到了尽头。在当前推动高质量发展的新时期，西部地区作为我国产业梯度转移的重要承接地和全国经济结构战略调整的回旋空间，应依托现有产业基础配套条件，积极承接东部沿海及国际优势产业转移，按照供给侧结构性改革的主导方向，促进西部地区能源及矿

---

[1] 陈映：《论共同富裕与区域经济非均衡协调发展》，人民出版社 2011 年版，第 120 页。

产资源等就地转化[1]。同时，积极培育壮大新经济，推动西部地区实现更高水平的"工业化"，并推动服务业发展升级，增强经济发展实力。

现在，东部多数地区已进入后工业化时代的初期和工业化时代的后期，而西部绝大多数地区仍处于工业化时代，工业化仍是西部地区的重中之重。为此，应发挥空间大、资源丰富的优势，发展现代制造业。制造业产品要满足当地的需要，也可以面向南亚、东南亚、中亚和欧洲。由于跨区域甚至跨国别的交通、信息等基础设施的日益完善，产业组织、要素配置和市场联系的方式正在发生深刻的变化，这些都将推动产业发展进入新的阶段。新时代，应在承接产能的基础上，充分发挥企业等市场主体的作用，推动西部地区与全国其他地区形成优势互补、共同发展的新局面。

（三）以乡村振兴战略促进城乡融合发展

西部农村地区发展比较滞后，近年来随着农业转移人口返乡的增多以及农业农村现代化进程的加快，西部地区乡村发展有了较大进步，应充分尊重西部地区高原、山地、盆地等多样性自然条件和少数民族人口多等特殊性，大中小城市、小城镇、新型农村社区协

---

[1] 肖金成、张燕、马燕坤：《西部大开发战略实施效应评估与未来走向》，《改革》2018年第6期。

调发展、互促共进[1]。一方面改善当地居民生产生活条件，吸引投资者投资兴业，吸引旅游者观光、休闲、养生；另一方面，促进城乡要素双向自由流动，促进一二三产业融合发展，促进城乡融合发展，实现基本公共服务城乡一体化和均等化。乡村振兴战略与城镇化战略并无冲突。产业的聚集、城市的发展创造了许多就业岗位，农村富余劳动力走出农村进城务工经商，不仅提高了家庭收入，而且减轻了农村的压力，使留在农村的人可支配的资源得以增加。与此同时，城市和城镇人口的增加扩大了农产品的需求，使多余农产品的价值得以实现。当然这里存在一个劳动力结构问题。将来，西部地区应继续吸引有知识、有能力的年轻人回乡创业，吸引资本从城市流往乡村，实现城乡互动、城乡融合、城乡一体。因此，西部地区既要推进城镇化进程，加快城市和城镇发展，又要促进乡村振兴。

（四）以区域协调发展带动西部特殊困难地区的发展

西部地区是全国区域协调发展的"短板"，西部地区的革命老区、少数民族地区、边疆地区、贫困地区以及新时期转型发展困难地区又是"短板"中的"短板"[2]。因此，在推进小康社会建设攻坚

---

[1] 罗超平、黄俊、张卫国：《西部大开发、城乡一体化与新型城镇化——"中国西部开发研究联合体第 10 届学术年会（2015）"综述》，《管理世界》2015 年第 8 期。

[2] 肖金成、张燕、马燕坤：《西部大开发战略实施效应评估与未来走向》，《改革》2018 年第 6 期。

的基础上，在现代化建设的新征程中，从国家战略层面应继续加强对西部困难地区的支持力度，补齐西部这块国民经济的短板[1]。对陕甘宁、左右江、川陕甘等革命老区，应深入推进中央部门及东部地区对口支援合作，培育壮大特色优势产业，形成内生发展动力。对资源枯竭城市、独立工矿区、采煤沉陷区等各类转型困难地区，支持加速产业结构转换，培育新兴接续替代产业，推进转型发展。对少数民族地区和边疆地区，积极探索民族团结和边疆稳定发展新模式，应不分民族，实施相同的政策，实现民族政策区域化。采取更加优惠的政策，吸引外来投资者，促进产业的发展，促进当地居民脱贫致富。

多措并举推进西部大开发形成新格局。在"一带一路"建设的引领带动下，着力培育符合西部地区的特色产业和新兴产业，提升内生发展能力，加快建设内外通道和区域性枢纽，完善基础设施网络，稳步提高基本公共服务均等化水平，提高对外开放和外向型经济发展水平[2]。

总之，作为面向21世纪的重大战略举措，西部大开发对推进在本世纪中叶全面实现建设社会主义现代化国家目标占有极其重要的地位。当前，我国处于深化改革开放创新、全面建成小康社会的攻

---

[1] 张永军：《西部开发18年　幸福生活更期待》，《西部大开发》2017年第10期。

[2] 范晓敏：《深入实施区域协调发展战略》，《光明日报》2018年2月19日。

坚阶段，也是西部地区发展爬坡过坎、转型升级的关键阶段。正如习近平总书记指出，要深入实施西部大开发战略，加快边疆开放开发步伐，拓展支撑国家发展的新空间，塑造要素有序自由流动、主体功能约束有效、基本公共服务均等、资源环境可承载的区域协调发展新格局。西部地区是我国发展的巨大战略回旋地，也是全面建成小康社会、实现现代化的重点和难点。作为中国经济持续发展的重要支撑力量，只要继续把西部大开发放在区域协调发展总体布局的优先位置，我国实现经济转型升级、迈向高质量发展的基础将更加扎实。党和国家大力支持西部地区加快发展步伐，积极打造内陆开放新高地，推进"一带一路"框架下的互联互通建设，加强创新引领，营造良好的营商环境，实现与各国更大范围、更高水平的互利共赢。西部地区作为中国开放格局中不可或缺的一部分，与世界经济的联系会越来越紧密，开放的道路会越走越宽广。

第六章

人才强国战略

改革开放以来，中国共产党立足人才发展的时代大背景，着眼于国内经济社会发展对人才的迫切需求，提出了人才强国战略。人才强国战略，是中国共产党从当前我国面对的国际人才竞争态势和国内经济社会发展对人才的需求出发，为全面推进小康社会建设，提高党的执政能力所作出的重大战略决策。

一、实施人才强国战略的国际国内形势

改革开放之初，随着党和国家工作的重心转移到社会主义现代化建设上来，经济社会发展对人才的需求急剧增长，人才问题日益突出。1978 年 12 月党的十一届三中全会之后，中央确立了"尊重知识、尊重人才"[1] 的国策，使大批知识分子和各类人才走上了经济建设的主战场。进入新世纪，世界经济全球化趋势进一步加强，各国的人才竞争愈演愈烈，而我国正处在全面建成小康社会的关键时

---

[1] 中共中央文献研究室编:《文献和研究（一九八三年汇编本）》，人民出版社 1984 年版，第 189 页。

期，面临各种挑战和机遇，因而人才强国战略的提出也正是由国内外的时代背景所决定的。

（一）国内背景

第一，它是由我国特殊的国情决定的。目前我国人口众多，人力资源丰富，但是整体素质相对较低，结构不够合理，实践能力较弱，缺乏大量的高素质人才资源，拔尖人才的稀缺更是不足以支撑我国社会经济的快速发展。我国拥有 14 亿人口，是当之无愧的人口大国，但是，我国高层次人才数量相对较少，人才创新能力更是乏善可陈。近年来，我国人才队伍规模逐步壮大，人才体制机制改革和政策制定有效推进，人才发展环境日益优化，重大人才工程引领示范作用不断增强，人才服务体系逐步健全，各项人才工作取得积极进展。但是，与新形势新要求相比，我国的人才工作还有很多不相适应的方面，迫切需要在思想上、理论上给予有力支持，不断提高人才工作科学化水平，如此才能为党的事业发展汇聚更多人才。这决定着我们必须大力开发人才资源，走人才强国之路，提高人民的素质，增强实践能力，由人口红利转向人才红利，为我国社会经济的发展提供人才支撑。

第二，它是我国经济转型、提高经济发展质量的根本动力。改革开放后，我国社会经济取得举世瞩目的成就，但是经济发展方向主要是以投资为主的粗放型经济，科技贡献率较低，导致资源大量浪费、环境污染严重，产业结构相对失调，第二产业占较大比重，第一、三产业比例较小。我国日益认识到经济转型、产业结构调整迫在眉睫，党的十九大提出我国由高速度发展向高质量发展转变，对高质量的人才需求日益迫切，这需要大量各行各业的人才作支撑。只有建设一支质量较高的人才队伍，走人才强国之路，才能实现经济发展质量的提高。

第三，这是全面建成小康社会和实现中华民族伟大复兴的必然选择。习近平总书记曾指出："我们比历史上任何时期都更接近实现中华民族伟大复兴的宏伟目标，我们也比历史上任何时期都更加渴求人才。"[1] 在全面建成小康社会的关键时期，我国经济快速发展，而庞大的人才队伍是我们实现全面小康社会的保障和关键，人才的作用比任何历史时期都重要，只有大力实施人才强国战略，才能推动社会经济的跨越式发展。

第四，这是我国增强党的执政能力、巩固党的执政地位的现实需要。面对新世纪、新时期我们党面临的"四大危险""四大考验"，并且随着经济开放水平的提高，社会治理更艰难，国内的情势更加复杂，贪污腐败问题仍然存在，这就要求我们党有更高的经济驾驭水平和社会治理能力。清理贪污腐败分子，提高党的执政能力，这些也需要大量的人才队伍作支撑。巩固党的思想政治水平和参与社会治理能力，才能巩固党的执政地位。

---

[1] 习近平：《在欧美同学会成立 100 周年庆祝大会上的讲话》，《人民日报》2013 年 10 月 22 日。

（二）国际背景

当今世界，经济发展出现逆全球化的趋势，国际竞争愈演愈烈，说到底国与国之间竞争的核心是综合国力，而综合国力之间竞争的关键是人才。人才战略已经被上升到了国家战略的高度，成为国家发展战略的重要组成部分[1]。面对知识经济发展对人才尤其是高级人才的迫切需求，西方各发达国家都在"赛跑"，都纷纷调整和更新各自的人才战略，主要表现为以下两个方面：

第一，立足本国培养和开发人才。首先是重视教育。从20世纪末开始，西方发达国家就开始走上了科教强国之路，大力发展和完善终身教育，加快教育制度改革以适应新形势下人才培养的需要。其次是优化人才环境。西方发达国家历来关注环境对人的发展产生的影响，长期以来以营造自由宽松的学术氛围、创造有利于发挥人才特长和能力的科研和技术条件、提供优厚的物质生活待遇来保障和促进人才的发展。

第二，完善人才引进政策，在全球范围内掘取人才资源。西方发达国家不仅严格控制本国人才和技术的外流和输出，而且利用各种途径和手段，诸如通过设立奖学金吸引优秀的外国留学生、放宽科技人才移民政策、提供科研支持、开展大量合作项目"借脑"，

---

[1] 吴江等：《人才强国战略概论》，党建读物出版社2017年版，第48页。

以及其他各种优惠政策引入各种优秀人才。美国为吸引外国优秀人
才，多次修改《移民法》，规定来自世界各地的人，不论国籍、资历
和年龄，只要具有美国需要的一技之长都可优先入籍。还有如《加
强 21 世纪美国竞争力法》，其立法宗旨就是吸纳世界各国的优秀科
技人才。2008 年英国正式实施"记点积分制"移民制度。俄罗斯也
以立法的方式，进一步完善科技领域人才政策，提高科技人员物质
待遇和社会保障，防止青年科技人才和高尖端技术人才流失。[1]

  如今的中国，面临着复杂的国际形势，美国的"亚太再平衡"
战略严重威胁我国海上经济线的安全，但与此同时，我们又面临着
前所未有的机遇，人民币成为国际货币基金组织特别提款权的成分
货币、"亚洲基础设施投资银行"的建成、"一带一路"的建设，都
极大地提高了我国的综合国力和国际地位。在经济全球化的大背景
下，制定并实施人才强国战略，是积极应对国际人才竞争的治本之
策。因此，我们必须走人才强国之路，建设人才强国，将丰富的人
才资源投入到国际事务中，以应对面临的各种挑战和机遇，提高国
际事务处理能力，这才能彰显负责任大国的风范。

  新形势下的综合国力与人才竞争，对我们既是机遇又是挑战。
应当用战略眼光看待人才工作，立足新的起点做好人才工作，形成
育才、引才、聚才和用才的良好环境，不断增强人才强国在我国国

---

[1] 宋宏：《十字路口的选择》，安徽人民出版社 2016 年版，第 243 页。

际国内发展中的优势。

二、人才强国战略的形成与确立

人才强国战略，是在改革开放和社会主义现代化建设新的历史时期，在国际综合国力竞争空前激烈的大背景下，逐步形成和发展起来的。我国人才强国战略的形成与确立共经历以下几个阶段：1949年至1977年是孕育与挫折阶段，1978年至1993年是萌芽阶段，1994年至2006年是确立阶段，2007年至2017年是快速发展阶段，党的十八大开启中国特色社会主义人才强国的新时代。这几个阶段前后衔接，绘制成我国人才强国战略提出和实施过程的巨幅画卷。

第一，1949年至1976年是孕育与挫折阶段。新中国成立伊始，毛泽东就高瞻远瞩，强调"应该有一个远大的规划，要在几十年内，努力改变我国在经济上和科学文化上的落后状况，迅速达到世界上的先进水平。为了实现这个伟大的目标，决定一切的是要有干部，要有数量足够的、优秀的科学技术专家"。[1]新中国成立之后，党的工作重心发生转移，主要任务是加快社会主义建设，这就需要党的领导干部"既要红又要专"，"要学新本领，要真正懂得业务，

---

[1]《毛泽东文集》第七卷，人民出版社1999年版，第2页。

懂得科学和技术"[1]。与此同时，新中国的建设需要大量的人才发挥积极的作用，有必要充分团结和利用广大知识分子。因此，中国共产党采取一系列方针、步骤，加紧对知识分子的团结、改造和教育工作，使其转变思想，破除束缚，最终成为社会主义事业的劳动者和建设者。周恩来在 1956 年的《关于知识分子问题的报告》中明确肯定知识界的面貌"在过去六年来已经发生了根本的变化"，"他们中间的绝大部分已经成为国家工作人员，已经为社会主义服务，已经是工人阶级的一部分"。[2] 社会主义各项事业的建设，需要越来越多的知识分子踊跃参与、积极贡献。我们党的任务就是采取积极有效的措施，充分调动和发挥知识分子的创造性，提高其政治觉悟和业务能力，加快培养更多的新生力量，满足社会经济建设对人才的需求。这一时期，党制定了一系列卓有成效的人才政策和方针，培养了大量的知识分子和技术人才，吸引了一大批留学国外的人才踊跃投身于新中国的建设，为实施大规模的社会主义建设事业提供了广泛的人才支持，孕育着人才强国的勃勃生机。令人惋惜的是，党中央有关知识分子的阶级属性和作用的正确认识没有得到始终如一的贯彻。从 20 世纪 50 年代中后期开始，由于出现"左"倾错误和反右扩大化，党和国家在知识分子问题上逐渐偏离了正确的轨道。对

---

[1]《毛泽东文集》第七卷，人民出版社 1999 年版，第 350 页。

[2]《周恩来选集》下卷，人民出版社 1984 年版，第 163、162 页。

知识分子的错误打击给新中国的建设事业造成了不可挽回的损失，使我国的人才队伍建设处于萧条和停顿状态，严重制约了我国的科技、文化、教育事业的发展和社会主义建设的推进，人才强国之路尚未启程就遭遇了严重的挫折。

第二，1978 年至 1993 年是萌芽阶段。这一阶段从 1978 年全国科学大会到党的十三届四中全会。十一届三中全会以后，党和国家工作的重心重新回到经济建设上来。改革开放和社会主义现代化建设开始实施，各项事业的展开对各类人才数量和质量的需求急剧上升，人才匮乏问题日渐突出。对此，以邓小平为核心的党的第二代领导集体高度重视人才问题，对人才建设进行了深入的思考，在理论和实践中进行了探索与创新，并把人才思想和理论上升为党的方针和政策，由此我国的人才强国战略进入萌芽阶段。1978 年的全国科技大会，邓小平在会上提出了"科学技术是生产力""中国的知识分子已经成为工人阶级的一部分"[1]等著名论断，打破了长期束缚科学发展的思想禁锢，纠正了之前对知识分子的错误认识，恢复了党在知识分子问题上的马克思主义观点，重新肯定了知识分子作为工人阶级的一部分，是社会主义的劳动者；提出了人才在社会主义建设中的战略地位和作用，强调必须把人才建设放在重要的位置。邓小平多次指出，"中国的事情能不能办好，社会主义和改革开放能不

---

[1] 中共中央文献研究室编：《十二大以来重要文献选编》（中），人民出版社 1986 年版，第 655 页。

能坚持，经济能不能快一点发展起来，国家能不能长治久安，从一定意义上说，关键在人"[1]。没有大批优秀的人才，我们的现代化事业就无法取得成功，因此，当务之急就是培养和选拔一大批合格的人才。这一时期，确立了"尊重知识、尊重人才"[2]的人才政策，逐步制定有利于人才培养、选拔和使用的各项制度，使人才工作步入正轨。邓小平指出，"教育是一个民族最根本的事业"[3]，强调党的领导干部要高度重视、切实抓好教育工作。国家恢复了高考制度、学位制度，1986年颁布了《义务教育法》，不久又恢复了向国外派遣留学生和访问学者工作。党和政府针对人才问题制定和实施的一系列政策措施，逐步形成了尊重知识、尊重人才的社会氛围，极大地激发了广大人才的积极性和创造性，我国的人才战略初现端倪，为改革开放和经济社会的顺利发展奠定了坚实的基础。

第三，1994年至2006年是确立阶段。十三届四中全会以后，改革开放和现代化建设进入新的历史时期，以江泽民为核心的中国共产党第三代领导集体，把人才作为国家发展最重要的资源，提出

---

[1]《邓小平文选》第三卷，人民出版社1993年版，第380页。

[2] 中共中央文献研究室编:《文献和研究（一九八三年汇编本）》，人民出版社1984年版，第189页。

[3]《邓小平思想年谱（1975—1997）》，中央文献出版社1998年版，第350页。

了"人才资源是第一资源"[1]的科学判断，确立了"尊重劳动、尊重知识、尊重人才、尊重创造"[2]的重大方针。党的十四大报告指出，将教育放在优先发展的战略地位，是实现现代化建设的根本大计，知识分子的才能和创造性能否得到充分发挥关系到现代化建设的成败。1993 年 11 月，党的十四届三中全会通过的《中共中央关于建立社会主义市场经济体制若干问题的决定》指出："社会主义市场经济体制的建立和现代化的实现，最终取决于国民素质的提高和人才的培养。"[3]1995 年，中央提出实施科教兴国战略。1998 年，国家成立科技教育领导小组，启动了"211"工程、"985"工程。2000 年 11 月在北京召开的中央经济工作会议上，江泽民首次明确提出要"制定和实施人才战略"[4]。2001 年 3 月召开的九届人大四次会议表明，人才战略正式成为我国经济社会发展的中长期规划。这次会议通过的《关于国民经济和社会发展第十个五年计划纲要的报告》提出"实施

---

[1] 中共中央文献研究室编：《十六大以来重要文献选编》（上），中央文献出版社 2005 年版，第 622 页。

[2] 中共中央文献研究室编：《十六大以来重要文献选编》（上），中央文献出版社 2005 年版，第 590 页。

[3] 中共中央文献研究室编：《十四大以来重要文献选编》（上），中央文献出版社 1996 年版，第 542 页。

[4]《中央经济工作会议在北京召开》，《人民日报》2000 年 12 月 1 日。

人才战略，把培养、吸引和用好人才作为一项重大任务"[1]。2002年，中央印发《二〇〇二—二〇〇五年全国人才队伍建设规划纲要》，明确提出我国要大力实施人才强国战略，将其定位为"抓住机遇，迎接挑战，走人才强国之路，是增强我国综合国力和国际竞争力，实现中华民族伟大复兴的战略选择"[2]，从而把人才工作纳入国民经济和社会发展战略规划和总体布局。这是我国正式实施人才强国战略的标志，同时也是我国首个针对人才发展建设的全国纲领性文件。2003年，中共中央、国务院专门召开全国人才工作会议。这次会后发布的《中共中央 国务院关于进一步加强人才工作的决定》，对人才工作的指导思想、根本任务和一系列有关方针作出了全面的部署，为全面建成小康社会吹响了号角。这是党和国家历史上首次召开的人才工作会议。会后下发的《中共中央 国务院关于进一步加强人才工作的决定》标志着我国人才工作进入一个新的阶段，对于应对国际竞争和提高党的执政能力以及实现全面建设小康社会的目标，意义深远。2005年，中央制定《中华人民共和国国民经济和社会发展第十一个五年规划纲要》，其中专章论述科教兴国和人才强国战略。同时，中央成立人才工作协调小组，协调和研究人才工作中

---

[1] 中共中央文献研究室编：《十五大以来重要文献选编》（中），人民出版社2003年版，第1694页。

[2] 中共中央文献研究室编：《十五大以来重要文献选编》（下），人民出版社2003年版，第2365页。

出现的问题，并加以解决。这些都为我国人才工作的快速发展奠定了坚实的基础。

第四，2007 年至 2017 年是快速发展阶段。2007 年，中央将"科教兴国战略""可持续发展战略""人才强国战略"列为我国三大发展战略，并写入党章和十七大报告，标志着我国人才工作进入到全新的快速发展阶段。2010 年，全国人才工作会议在北京召开，我国人才工作发展"再提速"，会议总结了我国人才工作出现的问题，并制定了相应的解决办法，会后发布了《国家中长期人才发展规划纲要（2010—2020 年）》，提出要创新人才体制机制，实施重大人才工程，针对人才的培养更具有广泛性和针对性。2015 年，国务院制定"双一流大学"建设规划，对我国高等教育工作提出了新要求并作出了全面部署，提出要推进我国高等教育体系现代化，加快我国由教育大国向教育强国的转变，从而提升我国高等教育国际竞争力，为全面建成小康社会和中华民族的伟大复兴提供坚实的人才基础。2016 年，中央印发了《关于深化人才发展体制机制改革的意见》（简称《意见》），该《意见》规定了我国人才工作继续坚持党管人才原则，提出要深化人才体制机制改革，推进人才工作立法，创造人才培养环境，这使我国的人才工作迸发出新的活力，促进人才工作长足发展。在庆祝中国共产党成立 95 周年大会上的讲话中，习近平高屋建瓴地指出："要以识才的慧眼、爱才的诚意、用才的胆识、容才的雅量、聚才的良方，广开进贤之路，把党内和党外、国内和国外等各方面优秀人才吸引过来、凝聚起来，努力形成人人渴望成才、人人努力成才、人人皆可成才、人人尽展其才的良好局面。"[1]

第五，党的十八大开启了人才强国战略的新时代。党的十九大报告把人才工作放到党和国家工作的重要位置，报告的第十三部分以一个段落专门论述人才工作。报告还特别提出："加强国家创新体系建设，强化战略科技力量……培养造就一大批具有国际水平的战略科技人才、科技领军人才、青年科技人才和高水平创新团队。"[2]创新驱动实质上是人才驱动，我国要在创新上实现新的飞跃，必须在创新型人才培养上下功夫。报告在对各项工作的论述中，广泛涉及党政人才、科技人才、教育人才、医疗卫生人才、文化人才、企业家人才、技能人才、青年人才、军事人才等问题，对人才工作进行了新定位，提出了新要求，明确了新任务。这些构成了习近平新时代中国特色社会主义思想中精彩的"人才篇"，为我们做好新时代的人才工作提供了根本遵循之道。

总之，毛泽东、邓小平、江泽民、胡锦涛、习近平等党和国家的领导人多次就人才问题发表重要讲话和论述，对人才工作作出了一系列重要指示，创新和丰富了人才强国战略思想，为进一步做好人才工作指明了方向、提供了遵循，对加快建设规模宏大、素质优

[1] 中共中央文献研究室编：《十八大以来重要文献选编》（下），中央文献出版社 2018 年版，第 353 页。

[2] 习近平：《决胜全面建成小康社会　夺取新时代中国特色社会主义伟大胜利》，人民出版社 2017 年版，第 31—32 页。

良的人才队伍，实施人才强国战略具有重要的指导意义。改革开放以来尤其是党的十八大以来，人才工作持续推进，有力地支撑了党和国家各项事业的发展，极大促进了我国经济社会的改革和发展。各地各部门对人才工作改革实践的探索逐步深入，对更好地把握建设人才强国战略的整体目标和决策部署，发挥了推动和保障作用。

三、人才强国战略实施成效显著

继党中央将"人才强国战略"写入党章和十七大报告之后，2017 年党的十九大把"坚定实施科教兴国战略、人才强国战略"[1]等战略作为决胜全面建成小康社会的重要战略抓手。这标志着我国人才工作进入到全新的快速发展阶段，人才发展体制机制改革取得重要突破，在创新型科技型人才队伍建设、各类人才队伍的统筹发展、国外人才和智力的引进、党管人才下的人才发展体制机制改革等方面，成效显著。

（一）加强创新型科技人才队伍建设

创新始终是推动一个国家、一个民族向前发展的重要力量。

---

[1] 习近平：《决胜全面建成小康社会　夺取新时代中国特色社会主义伟大胜利》，人民出版社 2017 年版，第 27 页。

全球化时代，科技人才竞争成为常态。创新型科技人才在很大程度上体现了一个国家的核心竞争力。充分认识科技人才队伍建设在科技创新中不可替代的核心地位和关键作用，发挥科技人才是科技发展的第一资源优势。更好实施人才强国战略，坚持党管人才工作原则，遵循社会主义市场经济规律和科技人才成长规律，加快科技人才发展体制机制改革与政策创新，为实施创新驱动发展战略提供坚强的科技人才保障。

理顺人才工作与科技发展的关系，解决科技人才工作中的人才与科技工作相脱节的问题。科技人才发展不能游离于科技发展，科技人才队伍建设是国家科技发展不可缺少的有生力量。科技人才工作要紧扣科学发展的主题，将服务科技发展作为科技人才工作的根本出发点和落脚点，围绕实施创新驱动发展战略来谋划科技人才的发展目标、确定科技人才队伍建设的任务，以科技成果检验科技人才工作的成效。2019 年，按每年工作全时折算，我国每万人劳动力中科学研究与试验发展（R&D）人员已有 461 人，而 2016 年，我国每万人劳动力中科学研究与试验发展人员为 387 人。[1] 这说明，以战略高度实行人才优先发展，逐步确立人才在科技发展中人才优先发展的战略布局已初步发挥较大的优势。

---

[1] 国家统计局：《中华人民共和国 2019 年国民经济和社会发展统计公报》，《中国统计》2020 年第 3 期；《中华人民共和国 2016 年国民经济和社会发展统计公报》，《人民日报》2017 年 3 月 1 日。

高端引领，突出培养创新型科技人才。人才发展的核心环节在于使用。充分发挥广大科技人才的作用是科技人才队伍建设的根本任务。通过人才产生社会价值，通过使用人才使其得到全面发展，在使用中实现人才的结构战略性调整。以高层次创新型科技人才为重点，努力造就一批国际一流的科学家、科技领军人才、工程师和高水平创新团队，注重培养一线创新人才和青年科技人才，建设宏大的创新型科技人才队伍。加大投入力度，稳定和发展基础研究人才队伍。重视培养高水平的科技创新管理人才、科技市场经营人才和高技能人才，重视发挥老年科技人才创新创业的作用。制定加强高层次创新型科技人才队伍建设的意见。建立国家荣誉制度，表彰在实施创新驱动发展中做出杰出贡献的科技人才。实施产学研合作培养创新人才政策。健全有利于科技人才创新创业的评价、使用与激励措施。实施更加开放的人才政策，大力吸引和用好海外高层次人才。

加快形成具有国际竞争力的创新人才的制度优势。要把深化改革作为推动科技人才发展的根本动力，构建与社会主义市场经济相适应、有利于科技人才发展的体制机制。要进一步解放思想，加快科技人才体制改革步伐，破除束缚创新驱动发展的人才观念和体制机制障碍。[1]深化科技人才体制机制改革的关键就是要处理好政府和

---

[1] 吴江等：《人才强国战略概论》，党建读物出版社 2017 年版，第 270 页。

市场的关系，使市场在科技人才资源配置中起决定性的作用。通过深化改革，进一步打通人才、科技和经济社会发展之间的通道。建立更加灵活的人才管理机制，消除人才流动、使用、发挥作用中的体制机制障碍，最大限度地支持和帮助科技人员创新创业。积极稳妥地从广度和深度上推进市场改革，大幅度减少政府对科技人才资源的直接配置，推动科技人才资源依据市场实现效益最大化和效率最优化。深化科技人才体制改革，使市场供给主体人才、市场需求主体用人单位和市场服务主体人才服务组织的活力竞相迸发，让企业、科研单位等科技主体创造社会财富的源泉充分涌现。进一步加大科技人才政策创新与突破力度，按照国家已经出台的重大人才政策着重破解一些热点难点问题。用法律促进国家科技人才发展，保护国家人才安全。用法律维护科技人才的权益、保护人才创新创业。

（二）统筹发展各类人才队伍建设

党政人才、企业经营管理人才、专业技术人才、高技能人才、农村实用人才、社会工作人才六支队伍，是我国人才队伍的主体。在新时代中国特色社会主义思想指导下，技能人才队伍建设工作坚决贯彻落实党中央、国务院决策部署，以实施人才强国战略和就业优先战略为指针，锐意进取，砥砺奋进，开拓创新，勇于担当，为促进经济高质量发展和就业创业作出了积极贡献。

自 2010 年中央召开第二次全国人才工作会议以来，特别是党的十八大以来，我国坚持"高端引领、整体开发"，抓住推动人才发展的战略机遇期，以国家重大人才工程为依托平台，努力培养造就创新型科技人才，大力开发经济和社会发展急需紧缺人才，统筹推进六支人才队伍建设，以此带动全国各类人才队伍整体开发，取得人才资源质量提升的重要成绩。国家人才发展监测与评价核心指标显示：我国人才资源综合实力指数不断增长，人力资本贡献率和人才贡献率显著提升，人才国际竞争力指数快速提升。重点领域紧缺人才开发加紧推动。据统计，我国在先进装备制造与智能制造，新一代信息技术、智慧城市和数字社会、航空、航天、环保、农业与粮食安全、新型能源技术、地球开发、海洋等重点领域急需紧缺专门人才开发方面取得显著进展，人才总量增长率分别达 8% 至 39.2%。[1]

在社会发展重点领域，宣传思想文化领域人才大幅增加，教育领域人才总量稳步提升，医药卫生人才数量显著增长。此外，六支人才队伍建设稳步推进，人才数量、素质显著提升。

《国家中长期人才发展规划纲要（2010—2020）》实施以来，特别是党的十八大以来，国家统筹开发国内国际人才资源，实行引才、育才和推送人才并重，产生了广泛的引领、带动效应。面向特定行业领域的重大人才工程，抓住"关键少数"人才队伍建设，以"高端引领"带动人才资源整体开发。面向基层一线的重大人才工

---

[1] 孙锐：《人才强国战略有力实施的四个要素》，《学习时报》2018 年 8 月 27 日。

程，集聚"重点条线"人才队伍建设，以"骨干示范"开展大范围人才培养培训。

但也要看到，我国"高精尖"人才数量与大国地位还不相称，战略科学家匮乏，科技创新高端人才数量和在国际科技界有重要影响力的科学家偏少。新一代信息技术，新能源、空间与地球开发，先进装备制造与智能制造，农业与粮食安全以及前沿基础交叉科学等重要领域，不同程度存在急需紧缺专业人才不足问题。

同时，我国区域人才发展不平衡问题较为突出。根据全国人才发展统计数据，东部地区仍是人才主要集聚区域，西部和东北部区域人才占比下降，近年更是出现人才流失加剧现象。此外，基层人才短缺问题不容忽视。2015 年我国农村人口 9.3 亿，但农村实用人才占比不到 0.2%；县乡两级企业管理人才总量占全国比重仅为 5.1%。[1]

未来一段时间，人才队伍建设工作要充分发挥现有基础和"党管人才"体制优势，下大力气集聚、培养一批真正具有科技创新和产业竞争引领能力的世界级高层次人才；进一步发挥重大人才工程的龙头示范作用，有力推动各级各部门和社会各方面增加人才开发投入，引导地方、行业配套实施一大批特色鲜明、因地制宜的人才开发项目。

要突出"高精尖"导向，进一步完善国家人才工程计划体系，

---

[1] 孙锐：《打造新时代优秀人才队伍》，《人才资源开发》2018 年第 17 期。

梳理、明确各人才工程及各地各系统人才工程项目的功能、定位相互间的联系，加强人才工程间的对应衔接，形成规范有序的国家人才工程支持体系，带动各行业各部门人才资源整体开发。

（三）大力引进国际人才和智力

习近平总书记在党的十九大报告中提出："人才是实现民族振兴、赢得国际竞争主动的战略资源。要坚持党管人才原则，聚天下英才而用之，……把党内和党外、国内和国外各方面优秀人才集聚到党和人民的伟大奋斗中来。"[1]实现中华民族伟大复兴，就要有聚天下英才而用之的眼界、魄力和气度，就要建设一支宏大的高素质人才队伍，就要将所有支持中国发展和民族复兴的党内党外人才、国内国外人才凝聚到中国的建设事业中来。

积极引进国外人才和智力支撑现代化建设。服务创新驱动发展战略，大力引进从事科学前沿探索和交叉研究以及开展重大产业技术应用基础研究的科学家，推动大飞机、核电、高铁、大数据等重大专项工程取得重要进展。服务实体经济振兴，以高端制造、生物工程、资源环境、新能源、新材料、集成电路等领域为重点，大力引进工程技术创新领军人才，推动我国在关键核心技术和自主知识产权上实现突破。服务农业现代化建设，重点在增强农产品安全

---

[1] 习近平：《决胜全面建成小康社会 夺取新时代中国特色社会主义伟大胜利》，人民出版社 2017 年版，第 64—65 页。

保障能力、提高农业技术装备和信息化水平等领域引进先进适用人才。服务生态环境改善，在能源节约利用、废弃物资源化利用与无害化处理等方面引进先进技术。服务高等学校"双一流"建设，启动实施了"高校国际化示范学院推进计划"，扩大了"高等学校学科创新引智计划"覆盖面。[1]

服务人才队伍建设取得显著成效。以专业技术、高技能人才为重点，加大对重点领域、关键环节的专业技术人员以及支撑中国制造、中国创造的技术技能人才的中长期出国（境）培训支持力度，大力培养国家发展急需人才。在司法改革、社会保障制度改革、医疗卫生体系改革、国家网络信息安全、生态文明建设等重点领域学习借鉴国外先进理念和成功做法。选派人员赴国际组织研修实习。大力开发国际优质教育培训资源，加强与国际组织、境外知名大学、科研院所、专业培训机构的交流合作。

外国人才管理体制实现重要突破。全力推进外国人来华工作许可制度实施，逐步建立起统一管理、互联互通、协同监管的外国人才工作管理体制。创新"互联网＋政务"运行模式，启用外国人来华工作管理服务系统，对外国人才进行分类管理。突出对"高精尖缺"特殊人才的支持，为外国高端人才来华工作开辟"绿色通

---

[1] 刘宝存、张继桥：《改革开放四十年教育对外开放政策变迁的历史考察》，《高校教育管理》2018 年第 6 期。

道"。[1] 为外国留学生毕业后就业开辟渠道，努力做到对外国人才放得更活、管得更好、服务更优。

外国人才工作法治环境显著优化。推进《外国人在中国工作管理条例》制定工作，实现外国人才工作有法可依、依法管理。推动实施《外国人才签证制度实施办法》。制定《外国人永久居留管理条例》，进一步明确外国人才申请和取得永久居留资格的条件和程序。畅通在华外国人才参加基本养老、医疗等社会保险渠道，积极推进外国高端人才服务"一卡通"试点工作，在安居保障、子女入学等方面大胆探索。健全外国人才表彰奖励机制，初步建立以中国政府友谊奖为引领、各地方友谊奖项为主体的外国人才表彰奖励体系。

国际人才交流合作深入推进。围绕国家外交总体布局，积极参与全球性、区域性人才和智力资源交流合作，搭建高层次国际交流合作与政策对话平台。大力推动中国国际人才市场建设，搭建网上人才市场和供需平台建设。全力打造中国国际人才交流大会、中美工程技术研讨会等重要引智平台，积极支持地方引才引智载体，各领域、各层级国际人才交流活动蓬勃开展。[2] 建立外国专家建言机制，组织高层次外国专家围绕我国经济社会发展的重大问题提出意见建议，为宏观决策和政策研究提供参考。

---

[1] 王泱:《践行习近平总书记聚天下英才而用之战略思想　奋力开创新时代引进外国人才和智力工作新局面》,《国际人才交流》2018 年第 3 期。

[2] 张建国:《引进用好外国人才》,《学习时报》2018 年 1 月 31 日。

当前，在深入学习贯彻党的十九大精神和深入学习习近平新时代中国特色社会主义思想的形势下，我们进一步做好引才引智的工作。一个重要方面就是更加突出引进外国人才重点，为深入实施科教兴国战略、人才强国战略、创新驱动发展战略、乡村振兴战略、区域协调发展战略、可持续发展战略、军民融合发展战略提供更加有力的人才智力支撑。大力营造外国人才创新创业的良好环境，不断增强我国人才制度影响力感召力，努力将更多优秀外国人才集聚到党和人民的伟大事业的奋斗中来[1]。因此，我们各引进外国人才和智力相关部门要主动作为、勇于担当，密切配合、形成合力，以更加务实的作风、更加进取的姿态，推动各项工作落到实处。

（四）坚持党管人才原则，深化人才发展体制机制改革

坚持党管人才原则，就是要充分发挥中国共产党的执政地位和领导核心作用，充分发挥党的思想政治优势、组织优势和密切联系群众的优势，加强党对人才工作的统一领导，管好、用活、激励社会各类人才资源，为全面建成小康社会和实现中华民族的伟大复兴中国梦提供智力支撑和人才保障。坚持党管人才原则，就是发挥党委（党组）总揽全局、协调各方的领导核心作用。[2]因此，各级党委

---

[1] 张建国：《深入学习贯彻党的十九大精神　奋力开创新时代引进外国人才和智力工作新局面》，《人民论坛》2018 年第 8 期。

[2]《坚持党管人才原则不动摇》，《辽宁日报》2017 年 7 月 20 日。

和政府要"坚持团结引导，加强政治引领和政治吸纳，最大限度地把知识分子团结凝聚在党的周围，激励他们自觉为实现中华民族伟大复兴贡献聪明才智"[1]。加强党对人才工作统一领导是人才工作沿着建设有中国特色社会主义正确方向前进的根本保证。坚持党管人才原则，就是要党管人才，主要是从宏观、政策、协调、服务方面进行管理，重点做好制定政策、整合力量、营造环境的工作，努力做到用事业造就人才、用环境凝聚人才、用机制激励人才、用法制保障人才，为社会各种人才提供更多发展机遇和更大发展空间，更好地为党和人民服务。因此，要坚持党管人才，就是要从宏观上制定好党管人才的系列政策法规，完善新形势下人才工作的大政方针，明确人才发展战略目标，研究分类指导人才工作计划，研究制定人才工作的近、中和远期发展规划，推进人才工作步入制度化、规范化、程序化、法制化建设轨道。

在深化人才发展体制机制改革过程中，要始终坚持正确的政治方向，加强党对人才工作的统一领导，把党管人才原则贯穿于改革的全过程和各个环节。同时，党管人才不是包揽一切、不是事无巨细，而主要是管宏观、管政策、管协调、管服务。要充分发挥党委（党组）总揽全局、协调各方的领导核心作用，重点抓好人才发展的宏观谋划，抓好重要政策统筹和重要制度安排，抓好重大人才工

---

[1] 中共中央宣传部理论局编：《指导新时期宣传思想文化工作的纲领性文献：学习习近平总书记在全国宣传思想工作会议上的重要讲话文章选》，学习出版社 2013年版，第159页。

程的组织实施。要健全完善党管人才的方式方法，完善党委统一领导，组织部门牵头汇总，有关部门各司其职、密切配合，社会力量发挥重要作用的党管人才工作新格局。

总之，党对人才工作的统一领导，有利于更清晰地界定人才工作在党和国家战略中的定位。人才是国家发展的最宝贵资源，是我们党科学执政、长期执政必须直接掌握的重要战略资源，要把尽可能多的人才团结凝聚到党和国家事业中来。要完善党管人才工作格局，为优化总体布局和协调推进提供重要保证。人才工作必须增强大局意识、全局意识，形成全国一盘棋，发挥更大的效用。

（五）全面推进人才法治化建设

实施人才强国战略，离不开人才法制的保障。人才法制建设在实施人才强国战略中的重要作用，主要体现在通过立法来落实人才强国战略的各项措施，使人才强国战略能够具体化和制度化，将国家的人才政策转化为实践中可以具体指导和规范人才工作的行为准则，为人才的选拔、培养、使用、评价等提供制度保障，为人才充分发挥作用和人才资源有效配置提供法律机制与法治环境；特别需要人力资源市场建设的支持与促进，需要人力资源市场在全面深化改革与转变政府职能中充分发挥其优化配置的市场导向作用 [1]。要用

---

[1] 萧鸣政：《人才强国需要人力资源市场的法制化管理》，《中国组织人事报》2018 年 7 月 20 日。

法律规定政府在人才工作中的权限与职责，充分发挥政府在人才强国战略实施过程中的引导、调控和规制等作用；构建公正高效的纠纷解决机制和权利保障机制，妥善解决人才工作中出现的各种矛盾和纠纷，有效保护各类人才的合法权益[1]。人才法律法规体系作为人才法制的制度基础，可以为实施人才强国战略提供系统全面的法律依据，使实施人才强国战略的各项工作有法可依，确保人才强国战略顺利实现。

综合国力的竞争，关键是人才的竞争，人才的竞争从根本上来说，又是制度的竞争。在推进人才强国战略的过程中，要突出问题导向，针对束缚人才发展的体制机制障碍，找准突破口和切入点，打破条条框框的限制，克服利益格局掣肘，全面落实改革的思路和办法，在全社会形成识才爱才敬才用才的浓厚氛围，形成与社会主义市场经济体制相适应、人人皆可成才、人人尽展其才的政策法律体系和社会环境。这就要求我们迅速构建起中国特色人才法律体系。要研究制定促进人才开发、人才评价、人才安全等人力资源方面的法律法规；要对以往制定的人才政策和法规进行全面梳理，及时取消已不合时宜的规定，在人才政策的制定上做到和国际通行规则接轨；要全面规划建设人才法律法规体系，形成分系统、多层次的法律法规制度框架，使相关政策制度保持公开性、权威性和连续

[1] 吴江等：《人才强国战略概论》，党建读物出版社 2017 年版，第 334—335 页。

性；要进一步转变政府的人才管理职能，强化政府对人才的宏观管理、监督保障等职能，推动人才管理部门简政放权，消除对用人主体的过度干预，建立政府人才管理服务权力清单和责任清单；要破除人才流动障碍，打破户籍、地域、身份、学历、人事关系等方面的制约，促进人才资源合理流动、有效配置；建立高层次人才、急需紧缺人才优先落户制度。

2016年5月，《关于深化人才发展体制机制改革的意见》文件出台，党的十九大报告强调"人才是实现民族振兴、赢得国际竞争主动的战略资源"，明确要求"加快建设人才强国……努力形成人人渴望成才、人人努力成才、人人皆可成才、人人尽展其才的良好局面，让各类人才的创造活力竞相迸发、聪明才智充分涌流"。[1]人才强国战略是建设创新型国家和世界科技强国的基础支撑。今后应以科教兴国和人才强国战略为根本指引，按照《国家中长期人才发展规划纲要（2010—2020年）》和《关于深化人才发展体制机制改革的意见》的各项要求和基本规范，将习近平人才强国战略理念贯彻落实到实处。努力形成人才优先发展的战略布局，培养和造就规模宏大、结构优化、布局合理、素质优良的人才队伍，确立国家人才竞争比较优势，进入世界人才强国行列，为在本世纪中叶基本实现社会主义现代化国家的目标奠定人才基础。

---

[1] 习近平：《决胜全面建成小康社会　夺取新时代中国特色社会主义伟大胜利》，人民出版社2017年版，第64—65页。

四、深刻认识人才强国战略的重大意义

人才的培养与锻炼关系着中国特色社会主义和全面小康社会的建设，影响着未来社会的进一步发展。实施人才强国战略对聚天下英才而用之，推进创新驱动发展战略、全面建成小康社会，提高我国在知识经济时代的竞争力等，都具有重要的意义。

第一，对于全党全国进一步把人才工作摆上重要日程具有重要的号召和引导作用。"人才强国"战略把人才工作放在党和国家的大局之中，首次以国家战略的形式，将人才工作与国家繁荣富强的内在联系表述出来。"人才强国"战略的提出和实施，对于动员、号召和引导全党、全社会进一步重视人才工作，把人才工作摆上更加突出的位置，大力开发人才资源、加强人才队伍建设，具有重要的、长期的、深远的影响。

第二，对于应对日益激烈的国际人才竞争和加快社会主义现代化建设步伐具有重要保证作用。一个国家只有制定了适应世界形势发展而又符合本国实际的人才工作总体规划，才可能在激烈的国际人才竞争中取得主动。否则，将会因为没有人才战略或者人才战略逊人一筹，而使本国在世界范围内的人才竞争中陷于被动。特别是作为发展中国家，各方面的竞争优势较少，制定一个好的人才战略更具突出意义。"人才强国"战略是对人才工作总体设计和战略谋划的结晶，集中体现了党在新时期人才工作方面的战略思想和基本要求，从国家战略这个层面上提升了我国人才工作的层次和水平。这对于我们努力开创人才工作新局面，为我国经济和社会发展提供强有力的人才支持，并在激烈的国际竞争中赢得主动，推动我国社会主义现代化建设事业更快更好地向前发展，具有十分重要的意义。

第三，对建设高素质的人才队伍具有重要的推动作用。"人才强国"战略明确了把我国建设成为人才强国和以人才强国的战略目标，使我们看到了差距，看到了希望，增强了紧迫感；提出了要加强领导，充分发挥组织人事部门职能作用，协调各方面力量，加大人才资源开发投入力度等，使人才队伍建设有了多方面的保障[1]。"人才强国"战略的实施，必将有力地推动我国人才队伍建设沿着正确轨道健康发展，并不断走上新的台阶，真正建设一支宏大的、高素质的、适应经济和社会发展需要的人才队伍。

第四，有利于促进和实现人的全面发展。一方面，人才强国战略注重人的自身需要和个性的发展。人才强国战略既强调人才在实现国家和社会的发展中的作用，同时也注重自身的发展，追求自身的需要和梦想。人有自己的梦想和追求、可以充分地调动人的主动性和积极性，把自身的爱好和社会主义事业的发展建设结合在一起，在此过程中也同样能追求自己的理想，实现人生的价值。发展

---

[1] 尹蔚民:《大力实施人才强国战略》,《求是》2015 年 第 3 期。

人自身的爱好的同时也实现了社会价值，这种方式更加符合社会和人的发展的新特点、新规律。另一方面，人才强国战略注入了人才的新内涵。人才的培养在过去只是对人才培养的环境、培养的目的提出明确的要求，只是在宏观上对人才进行保护、使用和培养，未针对人的因素进行分类式培养。人在其发展成长过程中，由于种种因素的影响可能对于某种方面有特别的爱好和才能，所以在对其培养、使用和保护的时候应该分类来处理。把一些"专才"特别对待，把他们喜爱或者擅长的东西进行特殊培养，使他们的才能可以充分发挥出来投入到社会主义事业中去，在建设社会主义特色事业的同时也能够促进人的全面发展。

第五，有利于增强党的执政能力、巩固党的执政地位。党的发展需要人才的不断注入。而新型人才的不断注入正是应对这种要求的最好保障。首先各级领导干部必须在实践中学习新知识、积累新经验，才能更好地加强党的执政能力建设。但是最为重要的还是要吸收新鲜血液，不断吸收新型人才，不断在岗位上锻炼出善于治党、有执政能力的高素质人才来补充到党的干部队伍中去。人才强国的建设不仅可以为党的良好发展提供新型人才，还可以提高我国的工人阶级的素质和科技文化水平。有了良好的思想道德素质和科技文化水平之后，人人都可以知法懂法，对于党的执政能力又是一个巨大的提升。实施人才强国战略，坚持党管人才原则，有利于吸收大量的优秀人才到党的队伍和事业中来，有利于党的领导班子的专业化建设，更加有利于增强党的执政能力，巩固党的执政地位。

第六，有利于推进我国全面建成小康社会和社会主义现代化建设。21 世纪，国与国之间的激烈竞争不再仅仅是军事力量的竞争，而是知识经济、人才总量、科技实力等"软实力"的综合性竞争。我国要在这种激烈的竞争中稳步发展、实现社会主义生产力的飞跃式前进和第三步战略目标，并且实现中华民族的伟大复兴这一终极目标，就要把人才尤其是科技人才作为第一资源放在突出位置[1]，只有足够的科技人才，才能推动科学技术的发展和其他国家战略的顺利实现。

中国特色社会主义建设是一项前所未有的伟大事业，我们会面临许多新的具有历史特点的伟大斗争。为此，要深入实施人才强国战略，大兴识才、爱才、敬才、用才之风，将各类人才凝聚到实现中华民族伟大复兴中国梦的事业中来，为实现中华民族伟大复兴不懈奋斗。

---

[1] 宋占新：《将科技人才队伍建设放到更加突出的位置》，《党建研究》2015 年第 1 期。

第七章

创新驱动发展战略

创新是推动一个国家和民族向前发展的重要力量，也是推动整个人类社会向前发展的重要力量。创新驱动发展战略是立足全局、面向全球、聚焦关键、带动整体的国家战略，涉及生产力和生产关系的全要素、全系统、全方位变革，包括科技创新、制度创新、管理创新及其他各方面的创新等。它的意义极为重要。

一、创新驱动发展战略的时代条件与背景

21 世纪，科技发展日新月异。在世界新一轮新科技革命推动下，科技创新在经济社会发展中的作用日益突出，国民财富的增长和人类生活的改善越来越有赖于创新。为提高我国自主创新的能力，2012 年 7 月，党中央、国务院召开的全国科技创新大会，对加快国家创新体系建设作出全面部署，提出了创新驱动发展战略。随后，党的十八大又进一步强调实施创新驱动发展战略重要性："科技创新是提高社会生产力和综合国力的战略支撑，必须摆在国家发展

全局的核心位置。"[1]2015 年 3 月，中共中央、国务院出台《关于深化体制机制改革加快实施创新驱动发展战略的若干意见》："面对全球新一轮科技革命与产业变革的重大机遇和挑战，面对经济发展新常态下的趋势变化和特点，面对实现'两个一百年'奋斗目标的历史任务和要求，必须深化体制机制改革，加快实施创新驱动发展战略……"[2]2016 年 1 月 18 日，习近平总书记在省部级主要领导干部学习贯彻十八届五中全会精神专题研讨班开班式上指出，"要着力实施创新驱动发展战略，抓住了创新，就抓住了牵动经济社会发展全局的'牛鼻子'"[3]。2017 年，中共中央、国务院印发了《国家创新驱动发展战略纲要》，提出"科技创新是提高社会生产力和综合国力的战略支撑，必须摆在国家发展全局的核心位置"[4]。在决胜全面建成小康社会的关键时期，党中央提出实施创新驱动发展战略，要把科技创新摆在国家发展全局的核心位置，这是我们党放眼世界、立足全局、面向未来作出的重大战略决策，有其深刻的时代背景和时间紧迫性。

---

[1] 胡锦涛：《坚定不移沿着中国特色社会主义道路前进　为全面建成小康社会而奋斗》，人民出版社 2012 年版，第 21 页。

[2]《中共中央　国务院关于深化体制机制改革加快实施创新驱动发展战略的若干意见》，人民出版社 2015 年版，第 1 页。

[3]《聚焦发力贯彻五中全会精神　确保如期全面建成小康社会》，《人民日报》2016 年 1 月 19 日。

[4]《中共中央国务院印发〈国家创新驱动发展战略纲要〉》，《人民日报》2016 年 5 月 20 日。

（一）推进高等教育大众化，为创新驱动发展储备大量生产力资源

从 1995 年江泽民同志提出"创新是一个民族进步的灵魂"[1]算起，我国早在 20 多年前就支持和呼吁创新。2015 年《国务院关于促进服务外包产业加快发展的意见》论述"坚持改革创新，面向全球市场，加快发展高技术、高附加值服务外包产业"时提出促进"大众创业、万众创新"[2]的观点，这与我们国家高等教育发展历程分不开。教育在国家现代化体系建设中，居于全局性、先导性和基础性地位，国家对创新的总体要求，最后都要通过创新型人才培养和引进来部署和落实。随着社会发展，国家需要更多优秀的青年投身经济建设，社会主义教育制度也要求提供更多的资源，1999 年我国启动了高等教育大众化的改革历程。2011 年胡锦涛同志关于"高等教育作为科技第一生产力和人才第一资源的重要结合点"[3]的提法，更是把高等教育与国家发展命运紧密结合在一起，把高等教育的地位摆到了举足轻重的位置。到 2016 年，我国各类高等教育在学总规

---

[1] 中共中央文献研究室编：《十五大以来重要文献选编》（上），人民出版社 2000 年版，第 419 页。

[2]《国务院关于进一步做好新形势下就业创业工作的意见》，人民出版社 2015 年版，第 1 页。

[3] 胡锦涛：《在庆祝清华大学建校 100 周年大会上的讲话》，人民出版社 2011 年版，第 6 页。

模达到 3699 万人，高等教育毛入学率达到 42.7%，占世界高等教育总规模的比例达到 20%，规模位于世界高等教育第一大国。[1] 也就是说，通过 20 多年的发展，我国接受高等教育的人数急速增长，从国家创新人才储备来看，已经具备了一定人力基础，这才为大众创业、万众创新提供了可能，为创新驱动提供了人的生产力保障。

（二）正在实施的科教兴国、人才强国战略为创新驱动发展提供了教育和人才保障

如前所述，在科技兴国、人才强国战略实施以前，我们党分别提出过"向现代科学进军"[2]"尊重知识、尊重人才"[3] 口号，这些政策有力推动了我国人才资源的开发。2010 年，我国第一个中长期人才发展规划——《国家中长期人才发展规划纲要（2010—2020 年）》正式颁布，成为实施人才强国战略的重要政策支持。可以看出，20 世纪 90 年代以来，我国的现代化进程把经济发展真正转移到依靠科技进步和提高劳动者素质的轨道上来，与之配套的是我国人才队伍建设取得了举世瞩目的成就。目前，我国采用大专及大专文化程度以上人口数量表示科技人力资源数量，我国近年大专及以上学历人数

---

[1]《我国高等教育在学总规模位居世界第一》，《人民日报》2017 年 9 月 29 日。

[2]《周恩来选集》下卷，人民出版社 1984 年版，第 185 页。

[3] 中共中央文献研究室编：《文献和研究（一九八三年汇编本）》，人民出版社 1984 年版，第 189 页。

的持续稳定上升，为建设科技人力资源强国打下坚实基础。这些都为创新驱动发展提供了"软实力"保障。

经过 40 多年的改革开放，在吸收集成再创新的基础上，我国国家创新能力已经得到稳步提升，工业化进程不断推进；同时，面对新一轮科技革命下的竞争和机遇，中国必须走创新驱动发展道路。国外的竞争形势和国内的已有现实基础为创新驱动发展战略思想体系的形成提供了外部条件。

（三）新的科技革命带来全新发展机遇

近代工业革命以来，人类社会经历蒸汽时代、电气时代和信息时代三次大的变革。这三次大变革均依靠创新而推动世界经济的发展与转型，并实现了全球经济的持续发展。经济全球化以来，随着现代科技的飞速发展，学科不断交叉融合，新学科不断产生，一大批基础学科和工业应用学科取得创新的突破，大大加快知识创新和升级换代的进程。新的产业革命逐步在信息技术、生物技术、新材料技术、新能源技术和互联网技术的表现下孕育着新的重大创新，将会大大影响国际社会。习近平在 2014 年国际工程科技大会上指出："一项工程科技创新，可以催生一个产业，可以影响乃至改变世界。"[1] 作为世界上最大的发展中国家，中国只有发展才有可能解决所

---

[1] 习近平：《让工程科技造福人类、创造未来》，《人民日报》2014 年 6 月 4 日。

面临的各种问题。要实现发展，显然要发挥科学技术是第一生产力的重要作用。随着大数据、云计算、移动互联网技术、3D 打印技术和人工智能技术的不断推广，机器人产业作为一个新兴产业逐步形成。因此，在这场科技创新的大赛场上中国一定不能落伍，必须迎头赶上、奋起直追、力争超越。美国奥巴马政府在国情咨文中明确提出，一定要在下一轮高技术制造业岗位的竞争中战胜其他国家，要全力以赴保持美国的创新领先优势，要建立更加清洁的能源优势，要实施移民和教育改革，强化新经济发展的人才基础。[1] 可见，新科技革命带来的产业竞争、人才竞争以及新一轮综合国力的竞争正在国际社会上演。新科技革命既是机遇，又是挑战。我国要及时抓住机遇，迎难而上，担当时代所赋予的使命，在全面提高我国科技创新能力的实践中大有作为。

综上所述，这是党中央综合分析国内外大势，立足国家发展全局作出的重大战略抉择。党和国家实施科技创新驱动发展战略乃大势所趋，适应了时代发展的要求。

---

[1] 张章：《从总统奥巴马国情咨文看美科技政策走势》，《求知导刊》2014 年第 2 期。

二、创新驱动发展战略的形成与实施过程

自新中国成立以来，党和国家领导人从未松懈过对创新的探索和发展。习近平在起草党的十八大文件时提出的创新驱动发展战略，首先是对我们党在改革开放以来关于科技创新理论和战略的接力强调。

实际上，关于科学技术在生产力发展中的重要作用，早在 20 世纪 60 年代初，毛泽东就多次强调："不搞科学技术，生产力无法提高"，"我们不能走世界各国技术发展的老路，跟在别人后面一步一步地爬行。我们必须打破常规，尽量采用先进技术，在一个不太长的历史时期内，把我国建设成为一个社会主义的现代化的强国"。[1] 毛泽东的这些高扬科学技术的思想推动我国"两弹一星"等高科技项目取得光辉成就。

在党的十一届三中全会把党的工作重心转移到以经济建设为中心以后，我们党高扬科技创新的思想和战略发挥出了巨大的威力。

改革开放以来，我们党对科技创新的重视始于邓小平，他主要重视以下几个有机联系的方面：一是强调科学技术的现代化是四个

---

[1]《毛泽东文集》第八卷，人民出版社 1999 年版，第 351、341 页。

现代化的关键:"没有现代科学技术,就不可能建设现代农业、现代工业、现代国防。没有科学技术的高速度发展,也就不可能有国民经济的高速度发展";社会生产力的巨大发展,劳动生产率的大幅度提高,"最主要的是靠科学的力量、技术的力量"。[1] 二是重申马克思关于"生产力中也包括科学"的思想,创造性地提出科技是"第一生产力"的论断。[2] 三是强调中国必须在世界高科技领域占有一席之地,指出高科技"这些东西反映一个民族的能力,也是一个民族、一个国家兴旺发达的标志"。[3] 四是指出抓科技必须同时抓教育,我国"要赶上世界先进水平","要从科学和教育着手"。[4] 五是强调"要善于学习先进",要"发展我们自己的创造"。[5] 邓小平的这些关于中国特色社会主义科技创新的理念,为我国尔后提出和实施科技创新战略奠定了坚实的基础。

1985 年 3 月,党中央颁布《关于科学技术体制改革的决定》。1995 年 5 月 5 日,党中央、国务院作出了加速科学技术进步的决定,明确提出我国要实施"科教兴国"。5 月 26 日,江泽民在全国科技大会上发表《实施科教兴国战略》的讲话指出,立足现实国情,抓住

---

[1]《邓小平文选》第二卷,人民出版社 1994 年版,第 86、87 页。

[2]《邓小平文选》第三卷,人民出版社 1994 年版,第 274 页。

[3]《邓小平文选》第三卷,人民出版社 1994 年版,第 279 页。

[4]《邓小平文选》第二卷,人民出版社 1994 年版,第 48 页。

[5]《邓小平文选》第二卷,人民出版社 1994 年版,第 91 页。

发展机遇，迎接严峻挑战，确保实施我国"三步走"战略目标，是我国必须认真研究解决的重大战略问题。真正把科技进步作为加速经济社会发展的强大动力，是完成这一战略任务的关键。他指出，这是总结历史经验和根据我国现实情况作出的重大部署。科教兴国，是指全面落实科学技术是第一生产力的思想，坚持教育为本，把科技和教育摆在经济社会发展的重要位置，增强国家的科技实力和向现实生产力转化的能力，提高全民族的科技文化素质，把经济建设转到依靠科技进步和提高劳动者素质的轨道上来，加速实现国家繁荣昌盛，这是胜利实现"三步走"战略目标的正确抉择。

在知识经济加速走来，建立国家创新体系成为推进科教兴国战略的切入点的新形势下，1999 年 8 月 20 日，党中央、国务院作出《关于加强技术创新，发展高科技，实现产业化的决定》。江泽民在几天之后召开的全国技术创新大会上发表讲话指出："创新是一个民族进步的灵魂，是一个国家兴旺发达的不竭动力。科技创新越来越成为当今社会生产力解放和发展的重要基础和标志，越来越决定着一个国家、一个民族的发展进程"，"我们必须把以科技创新为先导促进生产力发展的质的飞跃，摆在经济建设的首要地位"。[1]"我们在进行社会主义现代化建设的过程中，必须努力继承我们先人创造的优秀文明成果和积极吸收人类全部文明的各种优秀成果"，"真正做

---

[1]《江泽民文选》第二卷，人民出版社 2006 年版，第 392 页。

到把社会主义制度的优越性同人类优秀文明成果和先进科技力量结合起来"[1]；同时，"我们在学习国外先进技术时"，"必须进行我们自己的探索和创造"，"在一些战略性、基础性的重大科技项目上，必须依靠自己，必须拥有自主创新能力和自主知识产权"。[2]

进入 21 世纪后，党中央、国务院组织了两千多名科技界、教育界、经济界的专家，在充分调研的基础上，制定了《国家中长期科学和技术发展规划纲要》，目标是"到 2020 年使我国进入创新型国家行列"[3]。2006 年 1 月 9 日，胡锦涛在全国科技大会上发表《坚持走中国特色自主创新道路，为建设创新型国家而努力奋斗》的讲话，指出："走中国特色自主创新道路，核心就是要坚持自主创新、重点跨越、支撑发展、引领未来的指导方针。自主创新，就是从增强国家创新能力出发，加强原始创新、集成创新和引进消化吸收再创新。重点跨越，就是坚持有所为、有所不为，选择具有一定基础和优势、关系国计民生和国家安全的关键领域，集中力量、重点突破，实现跨越式发展。支撑发展，就是从现实的紧迫需求出发，着力突破重大关键技术和共性技术，支撑经济社会持续协调发展。引领未来，就是着眼长远，超前部署前沿技术和基础研究，创造新的

[1]《江泽民文选》第二卷，人民出版社 2006 年版，第 395 页。

[2]《江泽民文选》第二卷，人民出版社 2006 年版，第 396 页。

[3]《中共中央国务院关于实施科技规划纲要 增强自主创新能力的决定（2006 年 1 月 26 日）》，《人民日报》2006 年 2 月 10 日。

市场需求，培育新兴产业，引领未来经济社会发展。"[1] 从这里可以看出，建设创新型国家，首先是把增强自主创新能力作为发展科学技术的战略基点，走出中国特色自主创新道路，推动科学技术的跨越式发展；其次是把增强自主创新能力作为调整产业结构，转变增长方式的中心环节，建设资源节约型、环境友好型社会，推动国民经济又快又好发展；再次是把增强自主创新能力作为国家战略，贯穿到现代化建设的各个方面，激发全民族创新精神，培养高水平创新人才，形成有利于自主创新的体制机制，大力推进理论创新、制度创新、科技创新，不断巩固和发展中国特色社会主义伟大事业。而贯穿在这三项核心中的则是增强自主创新能力，即加强原始创新、集成创新、引进消化吸收再创新，这三者的统一构成中国特色的自主创新。

2006 年 1 月 26 日，中共中央、国务院颁布《关于实施科技规划纲要 增强自主创新能力的决定》。2012 年 7 月 2 日，中共中央、国务院颁布《关于深化科技体制改革，加快国家创新体系建设的意见》。2012 年 11 月 8 日，党的十八大报告提出实施创新驱动发展战略，指出"科技创新是提高社会生产力和综合国力的战略支撑，必须摆在国家发展全局的核心位置"[2]。

---

[1]《胡锦涛文选》第二卷，人民出版社 2016 年版，第 403—404 页。

[2] 胡锦涛：《坚定不移沿着中国特色社会主义道路前进 为全面建成小康社会而奋斗》，《人民日报》2012 年 11 月 18 日。

从改革开放以来，我们党的历届领导集体对科技创新理念和战略的接力强调和贯彻，从强调科学技术是第一生产力到提出科教兴国战略，到提出加强科技创新、技术创新，建立国家创新体系，再到提出走中国特色自主创新道路，建设创新型国家，再到提出创新驱动发展战略，这实际上正是党的十一届三中全会把全党的工作重心转移到社会主义现代化建设上来的进一步深化，把这个转移一步一步地推进到一个又一个更高的阶段，也是从经济建设到科教兴国，再到科技创新、自主创新，一直到创新驱动发展的一次又一次地聚焦、再聚焦。事实正如习近平在中国科学院第十七次院士大会、中国工程院第十二次院士大会上的讲话中所指出的："我国科技发展的方向就是创新、创新、再创新。""实施创新驱动发展战略，最根本的是要增强自主创新能力，最紧迫的是要破除体制机制障碍，最大限度解放和激发科技作为第一生产力所蕴藏的巨大潜能。"[1]

从这个意义上可以说，创新驱动发展战略，是同改革开放以来我们党关于科技创新的理论和战略一脉相承的，是其接力强调中的重要一环，指引着我国科技创新的步伐，开辟了我国由大变强的发展道路。

---

[1] 中共中央文献研究室编：《十八大以来重要文献选编》（中），中央文献出版社 2016 年版，第 23、21 页。

三、创新驱动发展战略成效斐然

在创新驱动发展战略的指引下，我国开始了由大变强的重要转变。习近平强调："当今世界，科技创新已经成为提高综合国力的关键支撑，成为社会生产方式和生活方式变革进步的强大引领，谁牵住了科技创新这个牛鼻子，谁走好了科技创新这步先手棋，谁就能占领先机、赢得优势。"[1]制造业历来是创新最为集中、活跃的领域，各国历来都注重将制造业的创新作为驱动经济转型发展的核心力量。但是，自从信息革命兴起以来，发达资本主义国家为适应国际产业调整和转移的发展趋势，致力于发展高新科技产业和现代服务业，推进产业结构"服务化"，从而导致了制造业在国民经济中所占比重开始下降，而从国际金融危机爆发以来，为阻挡这种发展趋势，发达资本主义国家又纷纷实施"制造业回归"和"再工业化"战略，重振制造业，抢占高端制造市场，并不断扩大竞争优势。如美国、德国、英国、法国先后发布了《美国先进制造业国家战略计划》《德国工业 4.0 战略》《英国工业 2050 战略》《新工业法国计划》等。虽然西方国家搞的这种"制造业回归""再工业化"，无法扭转

---

[1]《当好全国改革开放排头兵　不断提高城市核心竞争力》，《人民日报》2014 年 5 月 25 日。

世界重心由西向东转移的乾坤，但却在一段时间内使制造业重新成为全球经济竞争的制高点。而我国的制造业经过新中国成立以来、特别是改革开放以来几十年的发展，正步入爬坡过坎、由大变强的重要关口。据美国经济咨询机构环球透视公司 2011 年 3 月的一份报告指出，2010 年中国制造业占全球比重已经达到 19.8%，高于美国所占 19.4% 的比重，在体量规模上达到世界第一。[1] 在创新驱动发展战略的指引下，我国制造业更迈出了由大变强的重要步伐。

改革开放 40 多年来，我国科技创新发生了翻天覆地的变化。基础研究和前沿技术实现多点突破、群体性跃升，在载人航天、探月工程、北斗导航、量子通信、深海探测等领域取得一批在世界上叫得响、数得着的重大成果。高速铁路、超级计算、特高压输变电、高端装备等重点产业规模和技术实现量质齐升，新产业、新业态、新动能不断壮大，科技支撑引领能力显著增强，把我国经济实力、国防实力、国际竞争力和综合国力提升到一个新的高度。[2]

创新驱动发展战略不仅推进了我国制造业领域由大变强的重要步伐，而且在其他领域也是如此，以生命科学发展为例，我国率先攻克了体细胞克隆猴的难题，有可能率先建立起有效模拟人类疾病的动物模型。分子设计育种技术被用于水稻育种，有望实现从传统

---

[1] 徐崇温：《创新驱动发展战略推进着我国由大变强的历程》，《中国浦东干部学院学报》2018 年第 1 期。

[2] 王志刚：《以改革驱动创新　以创新驱动发展》，《人民日报》2018 年 5 月 19 日。

经验育种到定向、高效、精准育种的飞跃。另外，基因编辑、干细胞、病毒研究、健康等方面取得的研究成果都可圈可点。[1] 这表明，我国的基础研究服务国家战略需要的能力也得到不断提升。

在战略高科技方面，2017 全年，我国成功完成 17 次宇航发射。首颗高轨道高通量通信卫星实践十三号、首颗大型硬 X 射线空间探测卫星"慧眼"卫星成功发射；北斗导航全球卫星系统组网首发双星成功发射；天舟一号货运飞船成功发射，完成与天宫二号交会对接。"墨子号"量子卫星成功实现预定科学目标，暗物质粒子探测卫星"悟空"发现反常电子信号，C919 大型客机、"鲲龙"AG600 水陆两栖飞机首飞成功。[2]

在农业技术创新为国家粮食安全提供有力保障方面，我国农业科学技术贡献率达到 56%，农作物品种对提高单产的贡献率达到 43%，主要农作物耕种收综合机械率超过 61%。

在新药创制重大专项方面，我国成功研制出治疗癌症的阿帕替尼、西达本胺等新药，减少了长期以来对外国同类药品的依赖；乙脑减毒活疫苗进入联合国采购清单；艾滋病、病毒性肝炎、结核病等"三病"相关科技产出迅速提升，"三病两率"下降初显成效。

在实施创新医疗器械应用示范工程方面，示范应用 10 余万台

---

[1] 朱作言：《深入实施创新驱动发展战略》，《光明日报》2018 年 3 月 19 日。

[2] 中华人民共和国国家统计局：《中华人民共和国 2017 年国民经济和社会发展公报》，中国统计出版社 2018 年版，第 28 页。

（套、件）创新医疗器械产品，覆盖服务人口 9600 万人，直接受益 1161 万人。在污染源识别、污染与健康、雾霾数值预报、污染防治对策等方面，我国强化攻关，开展荒漠化、石漠化、水土流失、湿地治理等生态修复技术攻关，生态修复技术示范推广达 1500 余万亩。2017 年 6 月 15 日，世界知识产权组织、美国康奈尔大学、英士国际商学院联合发布的《2007 年全球创新指数（GII）》报告显示，中国的创新排名已成为中等收入国家中唯一与发达经济体创新差距不断缩小的国家。[1]同时，中国在国内市场体量、知识型员工、提供正规培训的公司占比、知识影响力、高技术出口减去再出口在贸易总额中的占比、创意产品出口在贸易总额中的占比、原创专利、高技术出口、原创工业设计等指标上位列世界第一。根据这个创新指数，我国首次跻身世界最具创新力的经济体前 25 强，在中等收入经济体中排名第一，在 82 项具体评估指标中，我国在高科技出口比例、知识型员工等 10 项指标上居全球之首。习近平指出："我国要建设世界科技强国，关键是要建设一支规模宏大、结构合理、素质优良的创新人才队伍，激发各类人才创新活力和潜力。"[2]在这方面，我国有 8100 万科技工作者，回国人才超过 110 万，是前 30 年回国人数的 3 倍，这是我国创新的"力量之源"。同时，我国科研经费持续

---

[1]《2017 年全球创新指数出炉　中国排名上升》，《经济导刊》2017 年第 7 期。

[2] 习近平：《为建设世界科技强国而奋斗》，《人民日报》2016 年 6 月 1 日。

快速增加，2017 年全年科学研究与试验发展经费支出 1.75 万亿元，比上年增长 11.6%，占国内生产总值的 2.12%，其中基础研究经费 920 亿元。全年国家重点研发计划共安排 42 个重点专项 1115 个科技项目，国家科技重大专项共安排 454 个课题，国家自然科学基金共资助 43935 个项目。截至 2017 年年底，累计建设国家重点实验室 503 个，国家工程研究中心 131 个，国家工程实验室 217 个，国家企业技术中心 1276 家。国家科技成果转化引导基金累计设立 5 支子基金，资金总规模 247.2 亿元。全年境内外专利申请 369.8 万件，授予专利权 183.6 万件；PCT 专利申请受理量为 5.1 万件。截至 2017 年年底，有效专利 714.8 万件，其中境内有效发明专利 135.6 万件，每万人口发明专利拥有量 9.8 件。全年共签订技术合同 36.8 万项，技术合同成交金额 13424 亿元，比上年增长 17.7%。[1]

改革开放 40 多年来，我国在由大变强方面迈出了重要的步伐。这并不意味着，我国已经完成了由大变强的发展历程、已经实现了到现代化强国的转变。恰恰相反，在这个方面，我们还面临着许多问题。比如，我国的自主创新能力还不够强，关键技术自给率低；部分行业产能过剩形势严峻；资源浪费与污染严重，等等。同时，我国的科技创新又面临着大好的机遇。对于这种机遇，有些人从当今世界的一些重要科学问题、关键核心技术呈现出革命性突破的先

[1] 中华人民共和国国家统计局：《中华人民共和国 2017 年国民经济和社会发展统计公报》，《人民日报》2018 年 3 月 1 日。

兆这个角度来进行观察，认为它将带动关键技术交叉融合，群体性跃进，变革突破。在创新驱动发展战略的指引下，我们坚信在以习近平同志为核心的党中央的坚强领导下，只要我们紧紧抓住和用好新一轮科技革命和产业变革的机遇、全面深化改革带来的种种机遇，坚忍不拔，锲而不舍，我们就一定能够顺利实现党的十九大作出的战略安排，从全面建成小康社会一直到全面建成社会主义现代化强国。

四、深刻认识实施创新驱动发展战略的重大意义

创新驱动发展战略是应对国际社会科技创新的重要战略，是提高综合国力和社会生产力的重要支撑。创新驱动发展战略摆在经济领域可以提高社会的生产力，改善生产力和生产矛盾的关系，优化经济发展；创新驱动发展战略在政治领域可有效提高政治制度的优化，充分利用政治制度这一保驾护航的保障作用；创新驱动发展战略摆在生态领域可以有效提高资源利用率，保护环境节约资源，为美丽中国的早日实现作出贡献；创新驱动发展战略在文化领域可以推动文化的交流和发展，使文化相互沟通取长补短，推陈出新，取其精华去其糟粕，促进本国乃至全球文化大融合大发展。因此，我国实施创新驱动发展战略是党中央基于国家发展全局做出的重大战略抉择，具有极其重要的意义。

（一）实施创新驱动发展战略是实现中华民族伟大复兴中国梦的必然要求

习近平同志在 2014 年国际工程科技大会上的主旨演讲中指出，"实现梦想、应对挑战、创造未来，动力从哪里来？只能从发展中来、从改革中来、从创新中来。地球上的物质资源必然越用越少，大量耗费物质资源的传统发展方式显然难以为继。面向未来，世界现代化人口将快速增长，如果大家依照现存资源消耗模式生活的话，那是不可想象的。"[1]

首先，创新驱动是实现梦想的必然要求。近代史证明中国每一次受屈辱，并不是因为经济体量不够大，而是科技不够强大，没有起到支撑作用。人类社会进入崭新的 21 世纪，在国际竞争日趋激烈的当下，创新驱动已然成为国家的重大发展战略选择。面对新的形势和要求，我国科技改革发展仍然存在如何增强科技创新能力特别是原始创新能力，如何强化企业创新主体地位，如何加强创新政策落实，如何进一步完善科技创新管理等问题和难点。与此同时，随着我国经济和科技实力大幅提升，一些领域已接近或达到世界先进水平，某些领域正由"跟跑者"向"并行者""领跑者"转变，完全有能力在新的起点上实现更大跨越。因此必须坚定信心，更具胆识

---

[1] 习近平：《让工程科技造福人类、创造未来》，《人民日报》2014 年 6 月 4 日。

和智慧，切实把握和用好科技发展的战略机遇期，积极应对前进道路上的风险和挑战，深入实施创新驱动发展战略，充分释放科技体制改革红利，不断开创科技事业发展新局面，为实现中华民族两个"百年梦想"提供强大的支撑力量与引领作用。

其次，创新驱动是应对挑战的必然要求。我国以较少的人均资源占有量和脆弱的生态环境，承载着巨大的人口规模和实现持续快速发展的压力，面临着节能减排、应对气候变化等严峻挑战。因此，必须紧紧依靠科技创新，不断提高科技进步对经济发展的贡献率，充分发挥科技创新在提高社会生产力和综合国力中的战略支撑作用，实现创新驱动发展。同时，我国面临着发展中的不平衡、不协调、不可持续，科技创新能力不足，产业结构不合理，发展方式依然粗放等突出问题。[1] 中国共产党对于当前中国特色社会主义事业发展所面临的世界形势作出科学的研判，即"经过长期努力，中国特色社会主义进入了新时代，这是我国发展新的历史方位"[2]，不断深化对"科学技术是生产力"这一马克思主义基本原理的中国化，确立并阐发了创新驱动发展战略及其深刻内涵，且将其上升为国家战略。新的发展时期，我们必须充分认识到，建设创新型国家与全面

---

[1] 中共中央宣传部：《习近平总书记系列重要讲话读本》，学习出版社、人民出版社 2014 年版，第 40 页。

[2] 习近平：《决胜全面建成小康社会　夺取新时代中国特色社会主义伟大胜利》，人民出版社 2017 年版，第 10 页。

建成小康社会是同向同行的关系，创新驱动发展的成效直接影响到我国加快转变经济发展方式、推动经济社会科学发展的成效。习近平同志强调："中国大力实施创新驱动发展战略，推动科技和经济紧密结合，推动科技创新和新兴产业发展。"[1]李克强同志强调："创新是经济结构调整优化的原动力。要把创新摆在国家发展全局的核心位置，促进科技与经济社会发展紧密结合，推动我国产业向全球价值链高端跃升。"[2]创新驱动成为加快转变经济发展方式"最根本、最关键"的力量，必须着力增强创新驱动发展新动力，加快转变经济发展方式，不断提升发展质量和效益，推动经济社会科学发展。

再次，创新驱动是创造未来的必然要求。新的科技革命和产业变革即将到来，我们只有紧紧抓住这次重要的历史机遇，才能更好地应对我国经济社会发展未来面对的严峻挑战。在这个阶段，要突破自身发展瓶颈、解决深层次矛盾和问题，根本出路就在于创新，关键要靠科技力量。保持经济中高速增长，实现经济提质增效升级，要使科技创新和体制创新相互融合、相互激发，不断实施创新驱动发展战略。我们要推动新型工业化、信息化、城镇化、农业现代化同步发展，必须及早转入创新驱动发展轨道，把科技创新潜力更好释放出来，充分发挥科技进步和创新的作用。我们要以全球视

---

[1] 习近平:《深化改革开放 共创美好亚太》,《人民日报》2013 年 10 月 8 日。

[2] 李克强:《政府工作报告》,《人民日报》2014 年 3 月 15 日。

野谋划和推动创新，改善人才发展环境，努力实现优势领域、关键技术的重大突破，尽快形成一批带动产业发展的核心技术。应当加快经济结构战略性调整，不断提高科技进步对于经济社会发展的贡献率，体现科技创新对于"中国制造""美丽中国"和中国未来竞争力的支撑和引领作用。

（二）创新驱动发展战略丰富了马克思主义创新理论

1.马克思主义创新理论指导着我国科技创新的实践。马克思主义创新思想指引我国在科技革命中发挥"后发优势"，取得了历史性成就，这主要得益于创新驱动发展战略思想体系的指引作用。首先，要发挥创新处于生产力发展中的独特作用。这就要求科技创新转换成经济发展动力，将创新驱动发展战略看成一个系统工程，形成对经济体系和经济发展模式的引领和支撑作用。其次，从科技创新到实现生产力的具体途径不断清晰化。从科技改革到建立国家创新体系，就是要发挥各个创新主体要素不断协同互动，形成创新驱动发展战略的实践载体、制度安排和环境保障。建立国家创新体系就是从知识创新体系、技术创新体系、制度创新体系等各个层次的创新来保障实现科技创新成果向现实生产力的转换，解决科技与经济"两张皮"的问题。再次，不断调整那些不适合生产力发展的生产关系和体制机制等因素，使之不断满足生产力发展的需要。此外，创新驱动发展战略思想体系在新发展理念的指导下，强调创新生态系统的构建，揭示出思想体系对创新社会功能的全面化、系统化，指明了创新驱动推动社会全面进步的具体路径。

2. 创新驱动发展战略为中国特色社会主义发展理论提供精神资源。中国特色社会主义实践的新发展，必然要求中国特色社会主义发展理论的及时跟进。创新驱动发展战略思想体系的理论创新在继承毛泽东思想、邓小平理论、"三个代表"重要思想、科学发展观、习近平新时代中国特色社会主义理论的基础上，提出新的观点和新的论断，不断推进我们更好地指导实践工作，为中国特色社会主义创新发展理论注入了新的生机与活力。[1] 首先，它使"解放思想、实事求是"的思想路线不断发展。中国经济发展进入新常态，深刻把握世界科技、经济发展的形势，了解国际竞争力发展的实质，从国家发展的长远目标出发，明确了创新在国家发展全局的核心地位，将其和社会主义现代化建设、中国特色社会建设放到几乎同样的理论高度，是党的解放思想、实事求是思想路线的具体落实、深刻体现和发展拓展。其次，它使中国特色社会主义发展的依靠力量不断拓展和深化。创新驱动就是依靠人的驱动，依靠人就是指"创新驱动"强调通过智力资源去开发丰富的、尚待利用的自然资源，逐步取代自然资源要素，节约并更合理地利用已开发的现有自然资源，实现"要素的新组合"。[2] 由此，人的创新能力是创新的来源，自然

---

[1] 刘海涛:《新时代中国特色社会主义的新发展》,《学习时报》2017 年 10 月 30 日。

[2] 谭志敏:《中国创新驱动发展战略思想体系研究》, 博士学位论文, 华南理工大学 2018 年, 第 100 页。

也成为中国特色社会主义发展的依靠力量。再次，中国特色社会主义发展道路理论因此而发展。发展道路是指靠什么途径发展。创新驱动发展战略坚持走中国特色自主创新道路，改变传统发展模式和旧的经济增长方式，代之以可持续发展和创新要素主导发展，就是从我国之前的比较优势战略，向竞争优势战略转变，是中国特色社会主义发展道路的新发展。

3. 它为世界提供中国式创新特色的智慧与方案。我国的创新驱动发展战略始终从我们自己的实际出发，辩证看待和分析其他国家的发展经验、模式探索，坚持将独立自主的发展道路与对外开放的发展视野的对立统一的联系起来，体现创新驱动发展战略思想体系辩证的哲学智慧：在共性中保持个性、在共存中保留差异；保持民族性、独特性与世界性、普遍性相统一，具有独特的中国特色，具有鲜明的发展中国家特点，具有被世界各国吸收借鉴的普遍真理性。

从历史渊源来看，一个国家想要走在世界前沿，必须靠发达的科技文明，从数次科技革命和产业革命的产生地来看，哪里是科技的中心哪里就是世界强国。创新驱动发展战略从历史发展的演进逻辑，从大国之间的竞争逻辑，从我国当前发展的现实逻辑指引中国走向毅然崛起的大国道路。经济全球化是社会发展不可逆转的总趋势，中国将发展问题提到全人类的高度来认识，中国创新驱动发展的道路选择、制度安排为后进的发展中国家做出榜样，带动其他发展中国家的产业发展，为全人类的发展、世界各国的发展提供了科学的思想方法和实践经验。

总之，中国特色社会主义进入新时代本来就意味着近代以来久经磨难的中华民族迎来了从站起来、富起来到强起来的伟大历史飞跃，而在产业方面推进着这个历史飞跃的，正是创新驱动发展战略。创新驱动发展战略既是我们党关于科技创新理论和战略的接力强调中的重要一环，又是我们党应对当前国内外形势发展新要求的重大举措。在这一战略的引领下，我国在诸多领域迈出了由大变强的重要步伐。只要我们紧紧抓住和用好科技创新的这些机遇，就一定能够全面建成社会主义现代化强国。

第八章

军民融合发展战略

党的十八大以来，军民融合在中国特色社会主义总体布局中的地位日益凸显，理论和实践在不断推进。2017 年召开党的十九大，习近平总书记强调要形成军民融合深度发展格局。我国军民融合进程实施开始全面提速，深度融合的战略格局日益形成。

一、军民融合发展战略的演进历程

军民融合发展战略的提出，并不是一蹴而就的，它凝结了一代代共产党人的艰辛探索，从军民兼顾、军民结合、寓军于民到军民融合思想的演进历程，体现出我们对正确处理经济建设和国防建设关系的认识有了质的提升。

（一）军民兼顾以支撑革命战争胜利的新民主主义革命时期

革命战争是人民的战争，只有依靠人民才能赢得战争。因此，在民主革命时期，中国共产党就如何兼顾军队作战胜利与人民生活需要以及保障能力两个方面进行了艰难探索。人民军队建立于土地革命时期，土地革命为军民兼顾思想的提出奠定了实践基础。在这一时期，中国共产党在进行军事斗争的同时，积极发动和组织群众进行土地革命，以解除农民遭受的封建剥削。保障革命战争的物质支撑和改善根据地人民群众生活水平，是当时根据地工作的重中之重。随着各级苏维埃政权的建立，人民军队所需的经费和物资由"军队自筹"发展为"军地共筹"[1]，极大地减轻了工农红军自筹经费和物资的压力。土地革命使农民在经济上、政治上得到解放，极大地调动了他们的革命积极性，也使人民军队和人民战争的物质需求得以解决。全民族抗日战争爆发后，为进一步加强抗日民主根据地的经济建设和边区经济的健康发展，毛泽东在 1942 年陕甘宁边区高级干部会议上所作的《经济问题与财政问题》报告中，第一次正式提出了"军民兼顾"的指导原则，指出："我们要批驳这样那样的偏见，而提出我们党的正确的口号，这就是'发展经济，保障供给'。在公私关系上，就是'公私兼顾'，或叫'军民兼顾'。我们认为只有这样的口号，才是正确的口号。只有实事求是地发展公营和民营的经济，才能保障财政的供给。虽在困难时期，我们仍要注意赋税的限度，使负担虽重而民不伤。而一经有了办法，就要减轻人民负担，借以休养民力。"[2] 军民兼顾方针为当时我党领导革命，应对敌人的经济封锁，战胜严重的经济困难起到了极大的促进和保障作用。

---

[1] 于川信:《军民融合战略发展论》，军事科学出版社 2014 年版，第 106 页。

[2] 中共中央文献研究室、中央档案馆编:《建党以来重要文献选编（1921—1949）》（第 19 册），中央文献出版社 2011 年版，第 619 页。

同年 12 月在《关于发展军队的生产事业》的讲话中，毛泽东进一步强调："厉行'军民兼顾'的原则，军队、党部、政府的经济活动应与人民的经济活动取得协调，一切损害人民利益引起人民不满的事均不许作。"[1] 随后，在处理军队与人民群众的利益关系上，毛泽东又提出了既要"取之于民"，又要"帮助于民"，减轻人民负担。为了使军队自觉地帮助人民生产，毛泽东要求我军要当好战斗队、工作队和生产队。这些工作的推动，都充分体现了"军民兼顾"的思想。在 1941 年开始的延安大生产运动中，"军民兼顾"思想深得人心。陕甘宁边区农业、工业等各行各业都有较大发展。延安大生产运动既保障了部队的需求，又改善了人民群众的物质生活，使根据地冲破了敌人的经济封锁，战胜了严重的物质困难，增强了持久抗战的物质基础，而且极大地减轻了根据地人民的负担，巩固了抗日根据地。解放战争爆发后，在国民党反动派的大举进攻面前，为了兼顾前方军队作战和后方人民群众生活，1948 年 9 月召开的中央政治局扩大会议指出："在前线注意缴获归公，爱护自己的有生力量，爱护武器，节省弹药，保护俘虏；在后方，减少国家机构的开支，减少不急需的人力和畜力的动员，减少开会时间，注意农业的季节，不违农时，节省工业生产的成本，提高劳动生产率，全党动员学习管理工业生产、农业生产和做生意，尽可能地将各解放区的经

---

[1] 中共中央文献研究室、中国人民解放军军事科学院编：《毛泽东军事文集》第二卷，军事科学出版社、中央文献出版社 1993 年版，第 694 页。

济加以适当的组织，克服市场上的盲目性，并同一切投机操纵的分子进行必要的斗争。"[1]从1946年下半年起，解放区领导机关整顿各级政府支前组织，组建军地联合战勤机构，实行常备民工制，建立和完善根据地内兵站和民站线，逐步形成了一种新的军民兼顾、军政民一体化的保障体制。军民兼顾体现了革命战争的本质属性和内在逻辑，它是依靠人民的战争，也是为了人民的战争，所以军民兼顾是革命战争胜利的基础。

（二）军民结合与现代化积累的社会主义建设初期

1950年，刚刚结束了百余年动荡的新中国面临的是复杂的安全形势和迫切的发展需要。以毛泽东为核心的党的第一代中央领导集体，开始对经济建设和国防建设关系进行初步探索。新中国成立初期，毛泽东提出一手抓经济，一手抓国防的方针。他明确指出："中国必须建立强大的国防军，必须建立强大的经济力量，这是两件大事。"[2]毛泽东对国防建设高度重视，认为国防建设和经济建设都是国家建设的重要内容。在1956年发表的《论十大关系》中，毛泽东总结新中国成立以来我国社会主义建设问题和苏联在建设社会主义过程中的经验教训时，对经济建设和国防建设的辩证关系作出了集

---

[1]《毛泽东选集》第四卷，人民出版社1991年版，第1348—1349页。

[2]《毛泽东文集》第六卷，人民出版社1999年版，第95—96页。

中而精辟的论述："国防不可不有。"但是，"只有经济建设发展得更快了，国防建设才能够有更大的进步"，"我们一定要加强国防，因此，一定要首先加强经济建设"。怎么加强经济建设？"可靠的办法就是把军政费用降到一个适当的比例，增加经济建设费用……以便抽出更多的资金，多开些工厂，多造些机器"。[1] 也就是要把更多的资金投入到发展基础工业上，把基础工业适当搞上去，使基础工业与国防建设相适应。我国初步建立起了独立的、比较完整的工业体系和国民经济体系，为国防和军队建设奠定了坚实的物质基础。减少在国防建设上的投入，如何维持和发展国防力量，这是摆在中国共产党人面前的一个重大课题。1956 年 1 月，毛泽东在最高国务会议上指出："在生产上要注意军民两用，注意学会军用和民用的两套生产技术，要有两套设备，平时为民用生产，一旦有事，就可把民用生产转化为军用生产。"[2] 20 世纪 60 年代初，我国安全环境出现急剧变化：中苏关系恶化，中苏边界冲突持续升级；美国加强在东南亚的军事干涉，在越南不断挑起战事；中印边界爆发武装冲突；国民党企图反攻大陆，台海局势紧张。当时的中国处于四面包围的紧张局势中，对我国的政治经济形势及国防建设都产生了重大影响。再加上对世界大战周期性爆发的判断，我们党作出了"早打、大

---

[1]《毛泽东文集》第七卷，人民出版社 1999 年版，第 27—28 页。

[2] 兵器工业部：《光辉的历程》，兵器工业出版社 1986 年版，第 93 页。

打""打原子战争"的预判，并逐步确立了国防优先的发展战略。于是，毛泽东提出"备战、备荒、为人民"的方针。1966 年 3 月 12 日，毛泽东对此作了具体解释。他说："第一是备战，人民和军队总得先有饭吃有衣穿，才能打仗，否则虽有枪炮，无所用之。第二是备荒，遇了荒年，地方无粮棉油等储蓄，仰赖外省接济，总不是长久之计。一遇战争，困难更大。而局部地区的荒年，无论哪一个省内常常是不可避免的。几个省合起来来看，就更加不可避免。第三是国家积累不可太多，要为一部分人民至今口粮还不够吃、衣被甚少着想；再则要为全体人民分散储备以为备战备荒之用着想；三则更加要为地方积累资金用之于扩大再生产着想。"[1] 关于三线建设，周恩来强调："我们现在一方面备战，一方面还要搞长期规划，要备战和长期结合。"[2] 三线建设体现了这一时期军民结合的战略思想。一方面，着力加强国家的战时经济生存能力和战备应急保障能力；另一方面，努力通过三线建设力求改变我国生产力布局不合理和经济发展不平衡格局，加快建设和发展内地经济。三线建设不仅推动了我国国防工业的发展，而且从宏观上调整了国家总体工业布局，带动了三线地区的各项建设和开发。但另一方面，由于不是按照优化资

---

[1]《毛泽东文集》第八卷，人民出版社 1999 年版，第 428 页；陈夕主编：《中国共产党与三线建设》，中共党史出版社 2014 年版，第 213 页。

[2] 周恩来：《关于基本建设的几个问题（1965 年 04 月 12 日）》，《党的文献》1995 年第 3 期。

源配置的角度展开的投资建设，三线建设也付出了经济效益较低的代价。由此可见，由于国家安全形势面临的严峻挑战，经济发展的逻辑与维护国家安全的逻辑发生尖锐冲突。从 20 世纪 60 年代到 70 年代中期，我国逐步走上了一条国防优先的发展道路，国防建设规模变大，但是在处理经济建设和国防建设关系时党和政府依然努力实施军民结合、平战结合的发展原则。

从新中国成立到 20 世纪 70 年代中期，军民结合主要关注于国防生产能力和技术向民用生产领域的转移，主要目的是利用富余的国防生产能力支援国家经济建设。这与当时我国经济建设和国防建设发展的现实状况是紧密相关的。这致使国防科技工业体系比较独立封闭，割裂了国防科研、生产与民用科研、生产的内在联系，没有真正实现国防建设与经济建设之间的协调发展。

（三）以经济建设为中心主导的军民结合的改革开放初期

十一届三中全会以后，以邓小平为核心的党的第二代领导集体着眼和平与发展这一时代主题，确立了以经济建设为中心的基本路线，对国防建设指导思想作出战略性转变，要求国防和军队建设服从和服务于国家经济建设大局。邓小平认为："国防的现代化，只有建立在国家整个工业以及农业发展的基础上才有可能。"[1] 同时，

---

[1]《邓小平军事文集》第三卷，军事科学出版社、中央文献出版社 2004 年版，第 81 页。

"要在国民经济不断发展的基础上，改善武器装备，加速国防现代化。"[1] 国防和军队建设根据这一思想进行了一系列调整和改革，缩减国防费，优化国防人力规模和结构等。1979 年到 1994 年，我国国防费进入收缩期。1985 年，我国政府决定单方面裁减军队员额 100 万，至 1990 年实际裁减 103.9 万人。1997 年 9 月，我国政府在 80 年代裁减军队员额 100 万的基础上，再裁减军队员额 50 万，将中国人民解放军总规模保持在 250 万人。[2]20 世纪 70 年代末到 80 年代初，随着指令性的军工科研生产任务锐减，我国国防工业企业大量生产设备闲置，人力过剩。针对当时的国防工业发展现状，1978 年 8 月邓小平在听取七机部汇报时指出："外国没有什么专门搞军用的。我们搬的是苏联制度，是浪费，是束缚技术发展的制度。"[3] 因此，他要求军工企业要在确保完成军品科研生产任务前提下积极主动地转向民用生产。1982 年 1 月，邓小平指出："国防工业有四句话：军民结合，平战结合，以军为主，以民养军。其中，以军为主改为军品优先，其他三句话不变。"[4] 由此，我们党进一步确立了国防工业必须走军民结合、平战结合的发展方针。在这一方针的指引下，国防工业企业大规模地开展了"军转民、内转外"活动，军工企业便开始承接各

[1]《邓小平军事文集》第三卷，军事科学出版社、中央文献出版社 2004 年版，第 206 页。

[2]《中国的国防》，《人民日报》1998 年 7 月 28 日。

[3]《邓小平关于新时期军队建设论述选编》，八一出版社 1993 年版，第 107 页。

[4]《邓小平关于新时期军队建设论述选编》，八一出版社 1993 年版，第 108 页。

类民品的生产。通过军转民，搞活国防工业，保住了军品生产线，也留住了国防工业的科技人才，一方面促进了国民经济的发展，另一方面又为国防建设积累了更多的财富。除此之外，邓小平还丰富和拓展了军民结合的内涵和范围。他强调："军队各个方面都和国家建设有关系，都要考虑如何支援和积极参加国家建设。"[1] 党的工作重心在这一时期的转移，促进了军民结合进入新的发展阶段，尤其集中地体现在军转民的单向驱动上，这符合先把经济建设搞上去的国家建设总目标。总的来说，这一时期是国防军队发展的逻辑服从乃至于让位于国家经济发展的逻辑。

（四）政府与市场关系中的寓军于民思想的 90 年代

1992 年 10 月，党的十四大明确提出要建立社会主义市场经济体制，我国开始了市场经济条件下国防军队建设与经济建设新规律的探索。面对信息化和市场化的双重挑战，国防和军队建设面临着新的机遇和挑战。1993 年初，以江泽民为核心的第三代中央领导集体决定将我军的战略方针基点放在打赢现代技术特别是高技术条件下的局部战争，加速人民解放军的质量建设，提高应急作战能力上。1997 年 12 月，江泽民提出了要解决"打得赢""不变质"两大历史性课题，并且制定了到 21 世纪中叶国防和军队现代化建设分"三步

---

[1]《邓小平军事文集》第三卷，军事科学出版社、中央文献出版社 2004 年版，第 261 页。

走"的发展战略，明确国防和军队现代化建设的总体思路。对于国防军队建设与经济建设的关系的定位，党的十五大报告坚持"军队要服从和服务于国家经济建设大局，勤俭建军，积极支持和参加国家经济建设"[1]的基调。实际上，从 20 世纪 90 年代初起，我国国防费开始保持基本稳定并有所增长，结束了 80 年代的急剧下降趋势。21 世纪初，我国进入全面建设小康社会、加快推进社会主义现代化的新的发展阶段。自此，我国加强国防建设已经有了比较深厚的经济基础。十六大报告自改革开放后首次将国防和军队现代化建设单列一部分，强调要"坚持国防建设与经济建设协调发展的方针，在经济发展的基础上推进国防和军队现代化"[2]。这是一个重要的历史性定位，在两者的关系中已经不是仅仅强调后者服从前者，而是开始强调后者的地位和发展速度。2002 年 12 月，江泽民在军委扩大会议上提出："积极推进中国特色军事变革，加快我军由机械化半机械化向信息化的转变，全面提高我军的威慑和实战能力，为国家的安全、统一，为全面建设小康社会，提供坚强有力的保障。"[3]我国国防和军队现代化建设由此开始进入加速发展阶段。如何在市场经济条件下适应新军事革命的步伐，有效地推动国防和军队建设，使"鱼和熊掌"都能兼得，是摆在中国共产党人面前的全新课题。中国共

---

[1]《江泽民文选》第二卷，人民出版社 2006 年版，第 36 页。

[2]《江泽民文选》第三卷，人民出版社 2006 年版，第 562 页。

[3]《江泽民文选》第三卷，人民出版社 2006 年版，第 583 页。

产党开始注重协调运用市场促进经济发展与努力加强国防建设之间的关系，已经意识到无论是"先军后民"之路，还是"先民后军"之路，实际上都是计划经济的套路。2000 年 7 月，江泽民在参观国防军工协作配套成果展示会时强调："把经济建设搞上去和建立强大的国防，是我国现代化建设的两大战略任务"[1]。同时，他指出，"寓军于民，是把这两项战略性任务有机统一起来的重要举措"[2]。寓军于民的提出，是中国共产党探索市场经济条件下经济建设与国防军队建设关系的创造性成果。同年 10 月，党的十五届五中全会通过的《中共中央关于制定国民经济和社会发展的第十个五年计划的建议》，明确提出"坚持军民结合，寓军于民，大力协同，自主创新，建立适应国防建设和市场经济要求的新型国防科技工业体制"[3]。随着计划经济向社会主义市场经济的转型，民营经济和民用技术发展迅速。2003 年 10 月，党的十六届三中全会指出要"建立军民结合、寓军于民的创新机制，实现国防科技和民用科技相互促进和协调发展"。[4] 此外，寓军于民较之军民结合的战略方针，已不局限于国防

---

[1]《江泽民文选》第二卷，人民出版社 2006 年版，第 274 页。

[2] 江泽民：《论科学技术》，中央文献出版社 2001 年版，第 210 页。

[3] 中共中央文献研究室编：《十五大以来重要文献选编》（中），人民出版社 2001 年版，第 1397 页。

[4] 中共中央文献研究室编：《十六大以来重要文献选编》（上），中央文献出版社 2005 年版，第 477 页。

科技工业单一领域，而开始强调国防科技工业、军队后勤保障、军民两用人才等中、微观层次的结合。总的说来，这一时期引导两者关系的是社会主义市场经济的逻辑。

（五）科学发展主导的军民融合式发展路径的新世纪新阶段

进入新世纪新阶段，随着经济体制深刻变革、社会结构深刻变动、利益格局深刻调整、思想观念深刻变化，我国经济社会发展呈现出一系列新的阶段性特征，正如胡锦涛所说，这是一个"既有巨大发展潜力和动力，又有各种困难和风险；既有难得机遇，又有严峻挑战"[1] 的时期。正是立足于这一系列新的挑战，中国共产党逐步形成了坚持以人为本，全面协调可持续的科学发展观。在这样的发展背景下，军队职责使命本着国家安全利益不断拓展的目的，一方面，要跨越"中等收入陷阱"，转变经济发展方式、提升产业结构和自主创新能力刻不容缓；另一方面，要建设一支同我国安全和发展利益相适应的军事力量刻不容缓。着眼于使两大建设真正摆脱"此多彼少"的零和博弈关系，形成"休戚相关"的共赢关系，在科学发展观的引领下，逐步开拓了军民融合式发展路径。2005 年，胡锦涛在一次军队的重要会议上提出："要依托国家经济社会发展，把国防建设融入现代化建设全局之中，统筹国防资源与经济资源，注重

---

[1] 中共中央文献研究室编：《十七大以来重要文献选编》（上），中央文献出版社 2009 年版，第 407 页。

国防经济和社会经济、军用技术和民用技术、军队人才和地方人才的兼容发展，进一步形成国防建设和经济建设相互促进、协调发展的良好局面。"[1] 这就要求国防和军队现代化建设与经济社会发展的结合范围更广、层次更高、程度更深。不仅要积极探索新形势下军民结合、寓军于民的新途径新方法，还要全面推进经济、科技、教育、人才等各个领域的军民融合。特别是对国防和军队发展的战略问题，胡锦涛强调，要从经济社会发展全局通盘考虑，"使国防和军队发展战略与国家发展战略相适应"，"通过科学的发展规划和计划把国家和军队现代化建设融入国家现代化建设的战略全局之中"[2]，在国防和军队现代化进程中实现与国家现代化进程的一致性。正是在这样的认识基础上，中共十七大报告提出要"走出一条中国特色军民融合式发展路子"，推动军民的双向互动，实现富国与强军相统一，强调"必须站在国家安全和发展战略全局的高度，统筹经济建设和国防建设"[3]。在这一思想的引领下，一系列军民融合式发展的重大改革扎实向前推进。到 2011 年国家编制国民经济和社会发展第十二个五年规划纲要时，"统筹经济建设和国防建设"被明确写入其

---

[1] 柳建辉:《十年辉煌——十六大以来中国共产党治国理政纪实》，人民出版社 2012 年版，第 223 页。

[2]《国防和军队建设贯彻落实科学发展观重要论述选编》，解放军出版社 2008 年版，第 15 页。

[3]《胡锦涛文选》第二卷，人民出版社 2016 年版，第 645 页。

中，这是新中国历史上第一次把两大建设从国家战略规划层面上统一起来。"十二五"规划纲要就军民融合问题用专门一章，解释了"军民融合"这个主题，应坚持"国家主导、制度创新、市场运作、军民兼容"[1]十六字方针。在军民融合思想的指导下，军地双方都在积极探索有效的融合方式和途径，建立军民融合的体制机制、法律法规和统一的军地标准规范等。总的来说，军民融合的前提是站在国家安全和发展战略全局的高度，按照深入贯彻落实科学发展观的要求，统筹经济建设和国防建设。要求是在更广范围、更深程度、更高层次上将国防和军队建设融入国家经济社会发展体系，原则是国家主导、制度创新、市场运作、军民兼容，目的是使国防和军队现代化建设从经济建设中获得更加深厚的物质支撑和发展后劲，使经济建设从国防和军队现代化建设中获得更加有力的安全保障和技术支持。军民融合与军民结合、寓军于民是在我国不同的历史发展时期提出的三个重要战略思想。这三个战略思想因不同的经济基础、安全形势、技术条件，各有不同的逻辑主导，各有不同的侧重和相互区别，但三者之间是相互联系、一脉相承的，体现了我们党对经济建设和国防建设规律认识的不断深化。

在不同的历史阶段，军与民的结合具有不同的需求和特点，处理两者的关系也具有不同的内在逻辑，中国共产党在把握其内在逻辑、

---

[1]《中华人民共和国国民经济和社会发展第十二个五年规划纲要》，人民出版社 2011 年版，第 145 页。

协调好两者关系、形成合理科学的发展战略方面进行了不懈的探索。

二、军民融合发展战略的形成与确立

我国"军"与"民"结合起来发展已有一定成果，但是达到军民融合的结果即实现军民一体化还需进一步的发展。军民融合发展战略的出台，经过"进一步做好军民融合发展这篇大文章""把军民融合发展上升为国家战略思想"和"提出军民融合创新体系并成立中央军民融合发展委员会"等几个阶段。

（一）进一步做好军民融合发展这篇大文章

十八大之后，习近平总书记立足世界发展大势和国家安全发展大局，提出要进一步做好军民深度融合发展这篇大文章。

2013年3月，在出席十二届全国人大一次会议解放军代表团全体会议时，习近平强调，"要统筹经济建设和国防建设，努力实现富国和强军的统一。进一步做好军民融合式发展这篇大文章，坚持需求牵引、国家主导，努力形成基础设施和重要领域军民深度融合的发展格局"[1]。在这里，习近平特别提出了一个"军民深度融合"的概

---

[1]《习近平谈治国理政》第一卷，外文出版社2018年版，第221页。

念，强调了军民融合式发展极其重要，特别强调了这种深度融合的基本路径和重点领域，将军民融合从笼统的概念推进到实践操作的层面。

2014 年 3 月，在十二届全国人大二次会议解放军代表团全体会议上，习近平再次强调："实现强军目标，必须同心协力做好军民融合深度发展这篇大文章，……为实现强军目标提供有力保障。"[1] 这个讲话既提出了强军目标，同时以发挥国家主导和市场作用，对军民融合深度发展格局作了"全要素，多领域，高效益"三个维度的设计，阐述了军队工作和地方工作的相互关系和布局组合关系，提出了各级地方党政对军队建设和改革支持的明确要求。特别是把高效益作为一个重要的设计标准，特别符合社会主义市场经济条件下的实际情况，这是一个很突出的亮点。

2014 年 8 月，习近平在中央政治局第十七次集体学习时指出，"我们的国防是全民的国防，推进国防和军队建设改革是全党全国人民的共同事业。要调动全党全国力量，齐心协力做好工作。要坚定不移走军民融合式创新之路，在更广范围、更高层次、更深程度上把军事创新体系纳入国家创新体系之中，实现两个体系相互兼容同步发展，使军事创新得到强力支持和持续推动。地方各级党委和政府在国防和军队建设改革中负有义不容辞的重要责任，都要以

---

[1] 中共中央文献研究室编：《习近平关于全面深化改革论述摘编》，中央文献出版社 2014 年版，第 125 页。

积极主动的精神支持军事创新，为推进国防和军队建设改革作出贡献"。[1]这段讲话，习近平首次提出军民融合式发展也要走创新之路，提出把军事创新体系纳入国家创新体系，提高到整个建立创新型国家战略的高度。

（二）把军民融合发展上升为国家战略思想

2015 年 3 月 12 日，习近平在十二届全国人大三次会议解放军代表团全体会议上强调：把军民融合发展上升为国家战略，加快推进国防和军队建设，并重点就深入实施军民融合发展战略提出要求。他指出，"长期以来，军地各级按照党中央部署要求，在军民融合发展上积极探索实践，取得了丰硕成果，促进了经济实力和国防实力的同步增长。同时要看到，我国军民融合发展刚进入由初步融合向深度融合的过渡阶段，还存在思想观念跟不上、顶层统筹统管体制缺乏、政策法规和运行机制滞后、工作执行力度不够等问题。要坚持问题牵引，拿出思路举措，以强烈的责任担当推动问题的解决，正确把握和处理经济建设和国防建设的关系，使两者协调发展、平衡发展、兼容发展。"[2]这次讲话，习近平对军民融合发展作出了诸多

---

[1]《准确把握世界军事发展新趋势　与时俱进大力推进军事创新》，《人民日报》2014 年 8 月 31 日。

[2]《深入实施军民融合发展战略　努力开创强军兴军新局面》，《人民日报》2015 年 3 月 13 日。

前所未有的新阐述，特别丰富：他首次明确地把军民融合上升到国家战略的至高无上的高度。此后，军民融合发展进入到着眼于整个国家全局的顶层战略设计的体系当中。习近平提出了长期探索国防建设和经济建设规律这一重大理论命题，军民融合发展工作蕴藏着特殊内涵的客观规律，要求我们去探索和遵循。再次，他首次对我国军民融合发展从初步融合发展到深度融合发展的过渡阶段进行了明确的定位，初步和深度两个层次的使用，既对此前我国军民融合水平状况作了肯定和恰当的估计，又对未来这一格局的发展提出了更加复杂、系统、深刻、高标准的要求，这对于今后促进军民融合发展是十分必要的，提供了前后的参照系。还有，第一次明确地指出了我国军民融合发展存在的症结，并且明确地提出解决问题的要求，指出了解决问题的根本路径。我国的军民融合发展战略从一般的工作战略上升为国家发展战略，是以习近平的这次讲话为标志的。

（三）提出军民融合创新体系并成立中央军民融合发展委员会

习近平不仅提出了军民融合发展思想，更重要的是他落实在国家机构组织的设置上。2017 年 1 月 22 日，在中央政治局会议上成立了中央军民融合发展委员会，由习近平担任主任。"中央军民融合发展委员会是中央层面军民融合发展重大问题的决策和议事协调机构，统一领导军民融合深度发展，向中央政治局、中央政治局常务委员会负责。"[1] 在中央成立中央军民融合发展委员会，这在我们党和新中国历史上是第一次，同时也是习近平对国家军民融合发展体系构建的一个重要的组织创造。这标志着习近平军民融合发展国家战略思想落实到了国家最高层面的政治组织载体安排上。

2017 年 3 月 12 日，习近平在出席十二届人大五次会议解放军代表团全体会议时强调，"深入实施军民融合发展战略，开展军民协同创新，推动军民科技基础要素融合，加快建立军民融合创新体系，下更大力气推动科技兴军，坚持向科技创新要战斗力，为我军建设提供强大科技支撑"。[2] 这次讲话，习近平把科技创新作为我国军民融合发展的关键因素，将它视为我国军民融合发展新里程的标志性里程碑，特别强调了发挥科技第一生产力在新阶段新时期我国军民融合发展中的现代引擎作用。党的十九大报告提出，"形成军民融合深度发展格局，构建一体化的国家战略体系和能力"[3]。这次讲话，明确了"军民融合"是国防和军队建设的"五个更加注重"之一；明确了新时代军民融合发展的战略目标，形成军民融合深度发展格局，构建一体化的国家战略体系和能力；特别是，把军民融合发展

---

[1]《中共中央政治局召开会议》，《人民日报》2017 年 1 月 23 日。

[2]《加快建立军民融合创新体系　为我军建设提供强大科技支撑》，《人民日报》2017 年 3 月 13 日。

[3] 习近平:《决胜全面建成小康社会　夺取新时代中国特色社会主义伟大胜利》，人民出版社 2017 年版，第 54 页。

战略和科教兴国战略、创新驱动发展战略等并列，作为国家必须坚定实施的"七大战略"之一。2018 年 3 月 2 日，习主席亲自主持召开十九届中央军民融合发展委员会第一次全体会议并发表重要讲话，强调"要深入贯彻党的十九大精神，增强使命感和责任感，真抓实干，紧抓快干，不断开创新时代军民融合深度发展新局面"[1]。会议审议通过了《军民融合发展战略纲要》《中央军民融合发展委员会2018 年工作要点》《国家军民融合创新示范区建设实施方案》及第一批创新示范区建设名单。2018 年 3 月 12 日上午，习近平在出席十三届全国人大一次会议解放军和武警部队代表团全体会议时强调，实施军民融合发展战略是构建一体化国家战略体系和能力的必然选择，也是实现党在新时代的强军目标的必然选择，要加强战略引领，加强改革创新，加强军地协同，加强任务落实，努力开创新时代军民融合深度发展新局面，为实现中国梦强军梦提供强大动力和战略支撑。[2]10 月 15 日召开的中央军民融合发展委员会第二次会议审议通过了《关于加强军民融合发展法治建设的意见》。习近平在这次会上强调："强化责任担当，狠抓贯彻落实，提高法治化水平，深

---

[1]《真抓实干坚定实施军民融合发展战略 开创新时代军民融合深度发展新局面》，《人民日报》2018 年 3 月 3 日。

[2]《扎扎实实推进军民融合深度发展 为实现中国梦强军梦提供强大动力和战略支撑》，《人民日报》2018 年 3 月 13 日。

化体制改革，推动科技协同创新，加快推动军民融合深度发展。"[1]
会议强调以战略性重大工程作为推动科技创新的有效途径；不断完善法律制度，推进军民融合领域立法，尽快实现重点领域立法全覆盖。这既是十八大以来每次人大会军队代表团强调军民融合战略的延续，更是各地区各部门深入学习贯彻习近平新时代中国特色社会主义思想和党的十九大精神，部署和推动军民融合战略落地的延续。

军民融合既是兴国之举，又是强军之策。党的十八大以来，习近平总书记亲自擘画，把军民融合发展上升为国家战略，对军民融合发展作出了一系列重要论述。习近平在中央军民融合发展委员会第二次会议发表的重要讲话，为提高新时代军民融合深度发展的法治化水平、不断取得军民融合发展新成效指明了方向，提供了行动指南。今天，中国特色社会主义进入新时代，国防和军队建设也进入了新时代，军民融合深度发展站在了新的历史起点，开拓新时代军民融合深度发展新局面令人期待。

三、军民融合发展战略的实施效果

要解决军民融合的协调发展问题，必须站在国家发展的宏观视

---

[1]《强化责任担当狠抓贯彻落实　加快推动军民融合深度发展》，《人民日报》2018 年 10
月 16 日。

角，尽可能地综合分析国家发展与经济建设和国防建设之间的相互联系、相互作用关系，把握经济建设和国防建设本身运行机制和规律，依据两者之间复杂的互动关系，用大系统的思想，统筹谋划国家经济社会发展战略和军事安全战略，坚持把国防建设纳入国家经济和社会发展规划。

第一，把军民融合发展上升为国家战略。我们党历来重视推进经济建设和国防建设协调发展。党的十八大以来，习近平总书记深刻把握世情、国情、军情的变化，在国家总体战略中兼顾发展和安全，把军民融合发展确立为兴国之举、强军之策，作出一系列重要论述和重大决策。党的十八届三中全会把军民融合发展改革纳入全面深化改革总体布局加以推进，军民融合发展体制改革基本到位。党中央成立中央军民融合发展委员会，强化对军民融合发展的集中统一领导。这些重大创举，开辟了中国特色军民融合发展理论和实践的新境界，促进了国家战略体系和能力新发展。

第二，战略指导和规划统筹显著加强。2016 年 5 月 1 日，中共中央、国务院、中央军委印发《关于经济建设和国防建设融合发展的意见》，首次从中央层面明确了军民融合发展的重点。[1] 国务院、中央军委颁布实施《经济建设和国防建设融合发展"十三五"规划》，勾画出"十三五"时期军民融合发展蓝图。《中华人民共和

---

[1] 于川信：《对军民融合国家战略的基本理解》，《中国军转民》2017 年第 2 期。

国国防交通法》《中华人民共和国军人保险法》以及党的十九大之后中央军民融合发展委员会陆续通过的《军民融合发展战略纲要》《中央军民融合发展委员会 2018 年工作要点》《国家军民融合创新示范区建设实施方案》《关于加强军民融合发展法治建设的意见》等颁布实施，综合性法律立法工作加紧推进。军民融合发展相关财政、税收、金融政策进一步完善，资金保障渠道不断拓展。国家主导、需求牵引、市场运作相统一的融合局面加快形成。

第三，重点领域军民融合深化拓展。基础设施建设统筹力度加大，交通、测绘、信息等领域共建共用取得重要进展。"军转民""民参军"步伐加快，军民科技协同创新加速推进，北斗导航系统、国产大型客机C919、华龙一号等研发应用取得重大突破[1]。重大安全领域融合发展全面推进，公共安全和应急能力建设持续加强，海外综合保障能力稳步提升，依托国民教育培养军事人才深入开展。军队保障社会化成效明显，全面停止有偿服务扎实推进。军队出色完成抢险救灾任务，积极参与脱贫攻坚和生态文明建设，军政军民关系进一步巩固发展。

第四，区域性军民融合蓬勃发展。各省（自治区、直辖市）制定推进军民融合发展的具体意见和规划计划，设立各类专项领导小组和专门办事机构，充分挖掘本地区潜力，因地制宜推动国防建

---

[1] 钟新：《深入实施军民融合发展战略》，《光明日报》2017 年 11 月 16 日。

设与区域经济融合发展。省军区系统军民融合协调职能得到拓展。军地科技信息交流、科研资源共享不断深化。地方市政对部队基础设施建设保障力度加大。国家军民融合创新示范区创建活动有序开展，一批信息共享、投资融资、孵化转化平台相继建成。面对军民融合由初步融合向深度融合过渡、进而实现跨越发展的关键期，军工企业应敞开胸怀，充分利用地方优质科研力量，为部队战斗力建设服务，引导优秀民企进入军品科研生产和维修领域，推动武器装备建设快速发展。推行竞争性采购，引导国有军工企业有序开放，将有助于统筹军民融合工作，促进军民两大体系相互兼容、共享共用，推动军民融合深度发展。

第五，以法治建设为军民融合深度发展格局提供法治保障。法律是治国之重器，法治是国家治理体系和治理能力的重要依托。过去有一段时间，我国有关军民融合的法治建设较为薄弱，还没有建立起一套相对完整的法律法规体系，现有法律法规的有些条款已经不适应军民融合深度发展的要求。十九大之后召开的中央军民融合发展委员会第二次会议通过的《关于加强军民融合发展法治建设的意见》，加快推进了军民融合法治化建设，有效解决了军民融合领域法治化程度较低的问题，不断推动军民融合深度发展迈上新台阶。[1] 同时，推进军民融合深度发展，还要善于运用法治思维和法治方式推动工作，把

---

[1]《提高军民融合深度发展的法治化水平》，《解放军报》2018 年 10 月 16 日。

法治精神深深扎根和贯穿于军民融合深度发展各领域、全过程和各环节。需要加快形成依法、用法、守法的良好法治环境，才能在法治轨道上推动军民融合深度发展各项工作稳步实施，切实提高军民融合深度发展的法治化水平。

十八大以来，军民融合发展迈出历史性步伐，取得一批重大理论成果、实践成果、制度成果，逐渐步入提速增效的快车道。

四、深刻认识军民融合发展战略的重大意义

推动国防建设和经济建设良性互动，确保在全面建成小康社会进程中实现富国和强军的统一，是实现强国梦强军梦的必由之路，对于提高我军能打仗、打胜仗，有效维护国家主权、安全、发展利益，具有极其重要的现实意义。

（一）军民融合战略思想是对习近平治国理政新思想的丰富和发展

党的十八人以来，以习近平同志为核心的党中央，从国家和发展战略全局出发，围绕军民融合深度发展提出了一系列新思想、新观点、新论断和新要求，开辟了军民融合式发展的新境界，系统解决了加快推进军民融合深度发展中的一系列根本性方向性全局性的重大问题。推进军民融合发展，要全面贯彻十八大、十九大和十九

届三中全会精神，以邓小平理论、"三个代表"重要思想、科学发展观为指导，深入贯彻习近平总书记系列重要讲话精神，按照"四个全面"的战略布局，坚持创新、协调、绿色、开放、共享的发展理念，坚持发展和安全兼顾、富国和强军统一，不断创新发展模式，提升融合水平，为实现强国梦强军梦提供强有力的战略支撑。

（二）推进中国特色军民融合是新形势下的兴国之举和强军之道

推进中国特色军民融合，实现富国与强军的统一，是建设强大国家、实现中华民族复兴的伟大梦想的战略举措，有利于整合优化国家军地双方资源。当代国防和军队建设以及经济社会的发展，对资源的需求越来越大，依赖性越来越强，各国都面临着资源匮乏的压力，如何合理配置和有效利用各种资源显得越来越重要。推进中国特色军民融合，实现国防建设和经济建设良性互动，可以有效地避免军民重复建设、分散建设，最大限度地节约资源，提高国家整体建设效益。比如，在国家基础设施建设中，既考虑到地方经济社会的需要，也要考虑到国防和军队建设以及军事斗争准备的需要。创建军民融合的人才基础教育和培养体系，也有利于避免军地院校的重复设置，充分发挥国民教育体系的作用，大大节约国家财政开支。构建军民统一的社会服务保障体系，可以精简大量后勤保障人员，节约大量后勤服务保障经费，大大提高保障效益。推进中国特色军民融合，有利于实现国家相关领域协调进步，共同发展。通过把军队和地方相对独立的科研生产队伍融合起来，有利于打破军民分割、自成体系的格局，降低资源重复配置所造成的资源严重浪费，大大提高科研和生产的效率和效益。推进中国特色军民融合，有利于科学调节军民关系，使之相互促进，达到最佳相融，形成同驱力、倍增力，进而增强军政军民团结。当代科学技术飞速发展，民用技术和军用技术的通用性越来越强，结合面越来越广，军队广泛运用民用技术优势，才能掌握打赢信息化战争的主动权。在建设信息化军队、打赢信息化战争的今天，积极推进军民融合，让民用高科技企业，特别是从事信息技术的民用企业进入军品市场，有利于加快国防和军队的现代化建设，有利于加速我军装备的信息化，尽早实现军队现代化建设的跨越式发展。当前，我国国家安全形势错综复杂，对军事斗争准备提出了很高的要求，特别是军队现代化水平与打赢信息化战争的要求不相适应，军事能力与履行新世纪新阶段我军历史使命的要求不相适应，这迫切需要加快推进中国特色军民融合，全面提高部队信息化条件下的作战能力。

（三）军民融合战略思想是经济建设和国防建设协调发展规律的重大成果

习近平指出："军队要遵循国防经济规律和信息化条件下战斗力建设规律，自觉将国防和军队建设融入经济社会发展体系。地方要注重在经济建设中贯彻国防需求，自觉把经济布局调整同国防布局完善有机结合起来。"[1]任何一个大国、一个执政党，在治国实践中都要面对如何处理经济与国防的关系，这是一个事关国之兴衰、民之福祉的战略问题。从我国国防建设实际看，转变军队建设发展方式，更好把军队建设融入国家经济社会发展体系也是大势所趋。大量事实说明，一个大国要在激烈的国际竞争和剧烈的权力格局变动中赢得主动，关键是实现经济系统和军事系统相互融合、相互促进的良性互动，进而实现新质生产力和新质战斗力的双向跃升。

（四）军民融合战略思想是从国家安全和发展战略全局出发作出的重大决策

当前，我国正处在由大向强发展的关键阶段，各种可以预见和难以预见的风险与挑战不断增多，我国周边安全环境更趋复杂，捍卫国家主权、安全和领土完整的任务更加艰巨，迫切要求建设与我国国际地位相称、与国家安全和发展利益相适应的巩固国防和强大军队。军民融合发展作为一项国家战略，关乎国家安全和发展全局，既是兴国之举，又是强军之策[2]。把军民融合发展上升为国家战略，为在国家安全发展全局中筹划国防建设指明了方向。站在改

---

[1] 中共中央文献研究室编：《习近平关于全面深化改革论述摘编》，中央文献出版社 2014 年版，第 125 页。

[2]《习近平谈军民融合：是国家战略　关乎国家安全和发展全局》，《中国经济信息》2017 年第 20 期。

革的关口，只有深入实施军民融合发展战略，才能有效解决我军现代化建设面临的矛盾问题，加快构建中国特色现代军事力量体系，最终用融合之力锻造国家安全之盾。推进中国特色军民融合，是夺取未来战争胜利的关键因素。现代战争突发性强、作战周期短、消耗量大，要求在很短的时间内把战争潜力转化为作战实力，必须举全国之力，才能取得战争的胜利。可以说，未来的高技术战争特别是信息化战争，其根基已深深植入国家经济社会的全部。这种情况下，只有科学运筹使用国家、社会的全部经济、技术、信息、人才等资源，才能真正提升作战能力，打赢未来战争。

军民融合的号角已经吹响，但实现军民融合深度发展格局和构建一体化的国家战略体系和能力还任重而道远，军地各方要切实把思想和行动统一到党中央决策部署上来，牢固树立"一盘棋"思想，强化"四个意识"、强化改革创新、强化战略规划、强化法治保障，自觉站在党和国家事业发展全局的高度思考问题、推动工作，把军民融合的理念和要求贯穿于经济建设和国家社会全过程，为实现中国梦强军梦撸起袖子加油干！

第九章

乡村振兴战略

十八大以来，中国特色社会主义进入新时代，我国社会的主要矛盾已经转化为人民日益增长的美好生活需要和不平衡不充分的发展之间的矛盾。而我国发展不平衡不充分问题在乡村尤为突出。40多年来的改革开放进程中，我国乡村发展取得了很大成绩，但与此同时，城乡资源配置不均、乡村整体发展水平不高、乡村治理体系和治理能力不强、农村环境和生态污染等问题日益凸显，成为影响农村经济和农业现代化的制约因素。"中国要强，农业必须强；中国要美，农村必须美；中国要富，农民必须富"。党的十九大报告提出以乡村振兴战略作为解决"三农"问题总抓手，大力推进农业、农村、农民现代化，这是我们党在全面认识和把握我国发展阶段性特征基础上，对当前和今后"三农"工作作出的重大战略部署，是指导新时代"三农"工作的行动纲领。

一、乡村振兴战略的提出背景

回顾我国农村改革的光辉历程，有助于更加深入地理解我国现阶段实施乡村振兴战略的重大意义。同时，我国现阶段的基本国情和乡村发展存在的突出问题也决定了必须实施乡村振兴战略。

（一）我国农村改革的光辉历程

党的十一届三中全会以来，我国农村改革走过了光辉历程。农村改革是从调整农民与土地的关系开启的，发端于 1978 年末安徽省凤阳县小岗村的"大包干"，打破了集体土地只能由集体统一经营的僵化认识和体制。1978 年 12 月 22 日，党的十一届三中全会原则通过的《中共中央关于加快农业发展若干问题的决定（草案）》明确提出："可以按定额记工分，可以按时记工分加评议，也可以在生产队统一核算和分配的前提下，包工到作业组，联系产量计算劳动报酬，实行超产奖励。不许包产到户，不许分田单干。"1979 年 9 月十一届四中全会正式通过《决定（草案）》时，删除了"不许包产到户"这句话。[1]1982 年，改革开放后第一个关于"三农"工作的中央一号文件《全国农村工作会议纪要》正式出台，明确指出"目前实行的各种责任制，包括小段包工定额计酬，专业承包联产计酬，联产到劳，包产到户、到组，包干到户、到组，等等，都是社会主义集体经济的生产责任制。"建立以家庭联产承包责任制为主要形式的农业生产方式，开启了公有制为主体、多种所有制经济共同发展的新格局。到 1983 年底，全国农村基本上实行了以家庭承包经营为基

---

[1] 中共中央文献研究室编：《三中全会以来重要文献选编》（上），中央文献出版社 2011 年版，第 162 页。

础、统分结合的双层经营体制。中国农村改革取得重大突破。家庭联产承包制是党的领导下我国农民的伟大创造，是马克思主义农业合作化理论在我国实践中的新发展。

农村改革发展的伟大实践，极大调动了亿万农民积极性，极大解放和发展了农村社会生产力，极大改善了广大农民物质文化生活。更为重要的是，农村改革发展的伟大实践，为建立和完善我国社会主义初级阶段基本经济制度和社会主义市场经济体制进行了创造性探索，为实现人民生活从温饱不足到总体小康的历史性跨越、推进社会主义现代化作出了巨大贡献，为战胜各种困难和风险、保持社会大局稳定奠定了坚实基础，为成功开辟中国特色社会主义道路、形成中国特色社会主义理论体系积累了宝贵经验。

在农村改革取得重大突破之后，党中央一直在思考如何将改革进一步引向深化和拓展。1992 年，邓小平同志发表南方谈话。同年底，党的十四大明确了建立和完善社会主义市场经济体制的改革方向，农村改革的重点开始转向建立社会主义市场经济体制。改革农产品流通体制、培育农产品市场、调整农村产业结构和促进非农企业发展等方面成为农业改革的重点。在这一时期，我国初步建立起了农产品市场体系，乡镇企业得到大发展，进一步稳定了农村基本经营制度；我国农业综合生产能力全面提高，农产品供给实现了由短缺向供求基本平衡、丰年有余的历史性转变，为我国农业和农村经济发展步入新阶段奠定了坚实基础。

1999 年以后，农村改革向纵深推进，农业政策以保护农业生产、促进农业发展、支持农民增收、减轻农民负担为主要特征。2000 年开始实行农村税费改革。2004 年，中央关于"三农"工作的一号文件要求稳定、完善和强化各项支农政策，力争实现农民收入较快增长。2006 年，在全国范围全面取消农业税。2007 年，党的十七大报告提出"统筹城乡发展，推进社会主义新农村建设"的总体思路。2008 年，党的十七届三中全会出台《中共中央关于推进农村改革发展若干重大问题的决定》。这些改革举措推动农业产业结构进一步优化，农村社会保持稳定，农民收入大幅增长，农产品供给日益充足，为全面建成小康社会奠定了坚实基础。

党的十八大以来，以习近平同志为核心的党中央始终把解决好"三农"问题作为全党工作重中之重，连年出台一号文件，重点聚焦发展现代农业和深化农村改革，制定出台一系列重大举措。习近平同志发表关于"三农"问题的系列重要讲话，就全面深化农村改革、实施精准扶贫方略、全面建成小康社会等重大问题提出一系列新思想新观点新论断，在实践中彰显巨大思想威力。在党的十八大以来一系列农村改革措施推动下，诸多"三农"问题得到有效破解，开创了农业生产连年丰收、农民生活显著改善、农村社会和谐稳定的新局面，为全面推进乡村振兴战略奠定了坚实基础。然而，农村改革仍然任重道远。正如习近平总书记所指出："农业还是'四化同步'的短腿，农村还是全面建成小康社会的短板。中国要强，农业必须强；中国要美，农村必须美；中国要富，农民必须富。农业基础巩固，农村和谐稳定，农民安居乐业，整个大局就有保障，各项工作都会比较主动。"[1]

（二）我国的基本国情决定了乡村不能衰败

城镇化是国家实现现代化的必由之路和强大动力，这是已被各国实践证明了的规律。但是，世界各国的资源禀赋、人口规模、发展水平、社会制度等各不相同，在现代化过程中人口城乡分布的格局和变化必然有很大差别，不能简单对别国的经验照抄照搬。提出振兴乡村，绝不是不要城镇化，也不是要把城乡发展对立起来，而是要从我国的实际出发，科学引领我国现代化进程中的城乡格局及其变化。

2016年年底世界上超过1亿人口的国家有13个，其中亚洲7个：中国、印度、印度尼西亚、巴基斯坦、孟加拉国、日本、菲律宾；非洲2个：尼日利亚、埃塞俄比亚；北美洲2个：美国、墨西哥；南美洲1个：巴西；欧洲1个：俄罗斯。这些国家中已经成为经济发达国家的只有美国和日本。然而，美国总人口才3.2亿，日本总人口才1.2亿。人口超过10亿的国家如何实现现代化在世界上还没有先例，也没有现成的经验。随着城镇化的推进，我国农村人口必然逐步减少，有些村庄也会因各种原因而逐步消失，但这是一个渐进的历史过程。由于城乡之间在经济、社会、文化、生态等方面具有不同的

---

[1] 中共中央文献研究室编：《十八大以来重要文献选编》（上），中央文献出版社2014年版，第658页。

功能，只有城乡之间形成不同功能的互补，才能使整个国家的现代化进程健康推进。因此不管城镇化发展到什么程度，乡村都不可能被消灭。我国的特殊性则在于人口总规模巨大，即使乡村人口的比重降到 30% 以下，但总量仍将达到几亿人。必须把这几亿人生活的地方建设好。如果城乡差距过大，就不可能建成惠及全体人民的全面小康社会和现代化国家。因此，实现乡村振兴是由我国国情所决定的必然要求。

2013 年 12 月 12 日，习近平总书记在中央城镇化工作会议上指出：在人口城镇化问题上，我们要有足够的历史耐心。12 月 23 日，习近平总书记在中央农村工作会议的讲话中再次强调："必须看到，我国幅员辽阔，人口众多，大部分国土面积是农村，即使将来城镇化水平到了百分之七十，还会有四五亿人生活在农村。为此，要继续推进社会主义新农村建设，为农民建设幸福家园和美丽乡村。"[1]2017 年 12 月 28 日，习近平总书记就实施乡村振兴战略作重要讲话时再次阐述了这一观点。

一个国家的国土面积和人口规模，往往对它的城镇化道路和人口的城乡分布会有很大影响。早在 1937 年，我国学者吴景超在《第四种国家的出路》一书中把世界各国分为四大类，一是人多地少，农业人口比重低，如西欧国家；二是人少地多，农业人口比重低，

---

[1] 中共中央文献研究室编：《十八大以来重要文献选编》（上），中央文献出版社 2014 年版，第 682 页。

如美国、加拿大、澳洲等；三是人少地多，农业人口比重较高，如苏联；四是人多地少，但农业人口比重很高，如中国、印度及大多数亚洲国家。他认为，第四类国家要实行现代化，难度最大，必须要走自己独特的道路。

此外，在对城镇化问题进行国际比较时，还有三个问题值得注意。一是各国的城镇化具有不同的具体形式。既有大集中、小分散的，如日本，东京地区居住着约占全国四分之一的人口；韩国的首尔地区居住着约占全国一半的人口。也有大分散、小集中的，如德国，有60%的人口是居住在两万人以下的小镇上。二是各国城镇化的统计口径各不相同。如按世界银行的统计，2016年日本人口城镇化率为92%。但日本认为这是按"市"的行政区域作的人口统计，而日本自身的统计中没有"城镇化率"这个指标，它使用的是"人口密度"的指标：每平方公里人口密度达到4000人以上、集聚的总人口超过5000人即为"人口集聚区"。2017年日本全国居住在"人口集聚区"范围内的人口约占70%。三是在人口城镇化率不断提高的过程中，很多国家和地区都在关注如何保持乡村的活力。韩国实行了"新村运动"，日本出台了"乡村重建"计划，我国台湾地区也在2010年制定了"乡村重生条例"，并且目前仍在实行。所以，习近平总书记在2017年年底的中央农村工作会议上指出：我国实施乡村振兴战略也是为全球解决乡村问题贡献中国智慧和中国方案。

（三）我国农村发展的突出问题要求乡村必须振兴

中国特色社会主义进入了新时代，现阶段我国社会的主要矛盾已经转化为人民日益增长的美好生活需要和不平衡不充分发展之间的矛盾，而这种发展的不平衡不充分，突出反映在农业和乡村发展的滞后上。随着工业化和城镇化的迅速发展，"农村空心化""农业边缘化""农民老龄化"以及"环境超载化"等问题日益突出，这些问题不但影响和削弱了农业农村自身的发展能力，而且还将不可避免地产生不利的全局性影响，危及我国经济社会的整体性稳定。乡村振兴战略势在必行。

一是农村空心化问题突出。农村空心化是城镇化过程中因农村人口空间分布变迁而衍生出的乡村聚落"空心化"和住宅"空心化"等一系列现象的统称。其典型表现形式是农村人口急剧减少，农村住房大量空置，农村公共服务有效需求显著降低，乡村社会治理水平同步下降，部分自然村落出现总体性衰败甚至消亡现象。近些年农村人口的外流数量非常庞大。2015 年《中国统计年鉴》人口数据统计显示，1995 年农村人口数峰值达到 85947 万，2015 年农村人口数为 60346 万，农村人口净减少 25601 万。据 2010 年和 2015 年《中国城乡建设统计年鉴》的统计数据，中国农村自然村数由 2010 年的 2729820 个减少到 2015 年的 2644620 个，平均每年约有 1.4 万个自然村消失，200 人以下自然村从 2010 年的 1311448 个减少到 2015 年的 1212396 个，平均每年减少约 2 万个。除了城镇近郊推动的"村改居"工程导致自然村数减少，许多远离城镇的自然村因为人口的大量外流而"自然"消失。2020年中国常住人口城镇化率将达到60%左右，未来几年将有1亿左右农村人口迁移进城，农村空心化现象将更加突出。假如任由空心化无限制地恶性扩展，必然产生不利于农业和农村稳定发展的负面影响。农村人口特别是青壮年劳动力的过度流失，将直接导致土地经营粗放化，进而不仅造成农业产业升级受阻，甚至还会产生向自给性农业的倒退。此外，在人口非均衡流动的背景之下，空心化带来的并非单纯只是农民数量减少的问题，而是同时伴随着农村内部社会结构失衡矛盾的加剧。老龄化、妇孺化与空心化相互交织，造成农村普遍的家庭撕裂，社区邻里互助传统削弱、优秀乡村文明衰减，农村社会结构稳定性遭受破坏，社会治理面临较大挑战。

二是农业边缘化问题突出。近年来我国持续推进城乡统筹发展，长期失衡的城乡关系有了显著改善，但总体上农村土地、劳动力、资金等基本生产要素大规模由乡村到城市单向流动的态势仍未改变。一方面，粗放的土地城镇化虽有所遏制但矛盾仍然突出，耕地大规模减少的矛盾不仅表现在数量上，而且表现在质量上。高速工业化、城镇化推进中所吞噬的主要是最肥沃的良田沃土，对农业现实生产能力的损害较为严重。随着工业化和城镇化的发展，我国农业在整个国民经济体系中的地位持续下降，农民日益兼业化，农村土地出现"抛荒"现象。据统计，1978年农业占国内生产总值的比重为28.2%，到2015年农业产值仅占国内生产总值的8.9%。近年来农业产值年平均增长速度维持在 4% 左右，明显滞后于第二、三产业的增长速度。从世界主要工业发达国家的经验来看，工业化过程中农业产值比重下降不可避免。这些国家农业产值在整个国民经济中所占的比重目前大多维持在 1% 左右，如日本 2011 年农业产值占整个 GDP 比重为 1.2%，世界主要农业产品大宗出口国之一美国的农业产值仅占 GDP 的 1%。由此观之，随着工业化的推进，中国农业产值占 GDP 的比重会进一步下降。另一方面，农业劳动力特别是素质相对较高的青壮年仍然选择离开乡村进入城市就业工作，不均衡的农村劳动力流动方式依然未能逆转，这一发展态势正在损伤现代农业的发展根基。此外，当前农村资金总体短缺，金融抑制的矛盾依然尖锐，农民获得金融服务仍然较为困难。农村稀缺资金仍在大规模流失。

三是农民老龄化问题突出。据统计数据，2015 年中国 65 岁以上老年人口所占比重为 10.5%，远远超过联合国提出的一个国家或地区 65 岁以上人口占总人口比重超过 7% 的人口老龄化衡量标准。在快速城镇化过程中，大量农村青壮年人口进城务工，导致农村地区老龄化问题更加突出。目前大多数农村区域实际务农的劳动力平均年龄接近 60 岁，有的地方务农劳动力甚至出现从老龄化向高龄化发展的趋势。根据 2015 年《中国人口与就业统计年鉴》中相关数据推算，2015 年农村地区 65 岁以上老年人口所占比率为 11.52%，城镇 65 岁以上老年人口所占比率为 8.88%，城市 65 岁以上老年人口所占比率为 8.91%。劳动力老龄化矛盾加剧不仅直接带来因供给不足而不断推高农业人工成本，而且促使老龄化的农村家庭由多种经营向单一经营转变，为自食而种地引致商品经济向自给经济倒退。在许多传统农村腹地，老农民、老品种、老技术、自给自足、粗放经营互为交织，结果是农业的低水平兼业化和粗放化不断发展，"谁来种地"成为普遍性的突出矛盾。还值得关注的是，农业劳动力老龄化进一步拉低了农业劳动力的教育水平，对农业技能培训产生不良影响。而自给性的农业生产取向使老龄劳动力缺乏有效技术需求，对采用新技术、新品种持保守态度，"如何种地"同样成为普遍面临的严峻挑战。此外，城镇化的发展不仅让农民老龄化问题迅速凸显，也使传统农村"养儿防老"的家庭养老模式受到严峻挑战。现阶段农村地区的社会化养老服务机制非常薄弱，根本无法满足养老社会化服务的需要，而基层地方政府普遍面临财政困难，难以大规模投入公共服务型养老事业。大量农民进城务工最后回到家乡，事实上成为农村社会和政府的"负担"，需要农村社会和地方政府投入更多的资源来解决他们的就业、医疗以及养老问题。这进一步加重了基层政府的财政压力，使农村社会保障不堪重负。

四是农村环境超载化问题突出。必须清醒地认识到，过去我国快速的经济增长是付出了生态代价的，而且对农业和农村领域的影响同样严重。我国农村不仅水土流失面积仍然在扩大，而且土地荒漠化的矛盾较为尖锐。特别是环境污染已经成为最为严重的问题：一是废弃物的污染。我国农膜的回收率和秸秆还田率都较低，农膜不能降解直接危害土壤结构，秸秆大规模焚烧则造成严重的大气污染。同时，目前规模化养殖业的快速扩张使农村面临的面源污染比过去任何时候都更为严重，而且治理难度不断加大。二是生活污染。过去很多农村的生活用水排放后可以自然消解，但是现在大量使用的洗衣粉、消毒液等不加任何处理而进入沟渠、耕地，造成日趋严重的水体和耕地污染。生活方式的改变使农村生活垃圾数量激增，其中绝大部分仍未加任何处理，成为导致农村环境恶化的又一重要根源。三是投入品的污染。我国农业增长过度依赖化肥、农药的格局总体上仍未扭转，投入量大、利用率低，大量直接进入水体和土壤，致使农村环境污染矛盾日趋加重。农村生态环境的破坏，不仅在一定程度上危及农民自身的基本生存，而且使农产品质量安全的矛盾持续加剧，这一现实问题已十分突出。

二、乡村振兴战略的出台过程

乡村振兴战略的出台是一个不断积累、不断丰富的过程。农业农村发展取得的重大成就和"三农"工作积累的丰富经验，为实施乡村振兴战略奠定了良好基础。习近平新时代中国特色社会主义思想中饱含了乡村振兴的诸多思想，为乡村振兴战略正式提出作了理论上的准备。

（一）前期酝酿

一是大力推进"美丽乡村"建设。2005 年 10 月，党的十六届五中全会提出建设社会主义新农村的重大历史任务，提出"生产发展、生活宽裕、乡风文明、村容整洁、管理民主"[1] 的具体要求。党的十六届六中全会又把"建设社会主义新农村"作为构建社会主义和谐社会的重要内容。

二是社会主义新农村建设。2007 年 10 月，党的十七大提出"要统筹城乡发展，推进社会主义新农村建设"。强调"解决好农业、农村、农民问题，事关全面建设小康社会大局，必须始终作为全党工作的重中之重"，并就"统筹城乡发展，推进社会主义新农村建设"问题作了深入的阐述。总的要求是"加强农业基础地位，走中国特色农业现代化道路，建立以工促农、以城带乡长效机制，形成城乡经济社会发展一体化新格局。"[2] 为了贯彻十七大精神，2008 年 10 月 9 日，党的十七届三中全会通过的《中共中央关于推进农村改革发展若干重大问题的决定》，把建设社会主义新农村、全面建设小康社会作为重要战略任务，把走中国特色农业现代化道路作为农村改革发

---

[1]《〈中共中央关于制定国民经济和社会发展第十一个五年规划的建议〉辅导读本》，人民出版社 2005 年版，第 8 页。

[2] 中共中央文献研究室编：《十七大以来重要文献选编》（上），中央文献出版社 2009 年版，第 18 页。

展的基本方向，把加快形成城乡经济社会发展一体化新格局作为农村改革发展的根本要求，对推进农村改革发展、建设社会主义新农村作了全面系统的部署。

三是特色小镇建设。2016 年 2 月，《国务院关于深入推进新型城镇化建设的若干意见》明确提出：充分发挥市场主体作用，推动小城镇发展与疏解大城市中心城区功能相结合、与特色产业发展相结合、与服务"三农"相结合。发展具有特色优势的休闲旅游、商贸物流、信息产业、先进制造、民俗文化传承、科技教育等魅力小镇。[1] 此后，住建部、国家发改委、财政部等中央部委出台系列文件对特色小镇建设提出了许多指导性意见和工作要求。

四是大力推进"田园综合体"试点工作。2017 年 2 月 5 日，中共中央一号文件中指出：支持有条件的乡村建设以农民合作社为主要载体，让农民充分参与和受益，集循环农业、创业农业、农事体验于一体的田园综合体，通过农业综合开发、农村综合改革转移支付等渠道开展试点示范。2017 年 6 月 5 日，财政部下发《关于开展田园综合体建设试点工作的通知》，决定在河北、山西、内蒙古、江苏、浙江、福建、江西、山东、河南、湖南、广东、广西、海南、重庆、四川、云南、陕西、甘肃 18 个省（区、市）开展试点工作。每个试点安排 1 个试点项目，按 3 年规划，共安排中央财政资金 1.5

---

[1]《国务院关于深入推进新型城镇化建设的若干意见》，人民出版社 2016 年版，第 12 页。

亿元，地方财政资金按 50% 投入，3 年共投入 2.25 亿元，最终实现"村庄美、产业兴、农民富、环境优"的目的。

（二）政策准备

一是"两山理论"的提出。2005 年 8 月 15 日，时任中共浙江省委书记的习近平同志在安吉县余村调研时提出："余村人下决心关停矿山就是高明之举，我们过去讲既要绿水青山，又要金山银山，其实绿水青山就是金山银山！"[1]这便是如何正确处理生态保护与发展经济相互关系的著名的"两山理论"。

二是"记住乡愁"的呼唤。2013 年 12 月 12—13 日，中央城镇化工作会议在北京召开，习近平总书记到会并作重要讲话。会议指出："依托现有山水脉络等独特风光，让城市融入大自然，让居民望得见山、看得见水、记得住乡愁。""要注意保留村庄原始风貌，慎砍树、不填湖、少拆房，尽可能在原有村庄形态上改善居民生活条件。""要传承文化，发展有历史记忆、地域特色、民族特点的美丽城镇。"[2]

三是明确"新农村建设原则"。2015 年 1 月，习近平总书记在云南考察时提出："新农村建设一定要走符合农村实际的路子，遵循

---

[1]《山水变奏"美"浙江》，《人民日报》2015 年 8 月 12 日。

[2]《中央城镇化工作会议在北京举行》，《人民日报》2013 年 12 月 15 日。

乡村自身发展规律，充分体现农村特点，注意乡土味道，保留乡村风貌，留得住青山绿水，记得住乡愁。"[1]

四是寻找脱贫攻坚的新路子——大力发展乡村旅游。2017 年 10 月 19 日，习近平总书记参加贵州省代表团审议报告讨论时说："脱贫攻坚，发展乡村旅游是一个重要渠道。要抓住乡村旅游兴起的时机，把资源变资产，实践好绿水青山就是金山银山的理念。同时，要对乡村旅游作分析和预测。如果市场趋于饱和，要提前采取措施，推动乡村旅游可持续发展。"[2]

五是要把厕所革命这项工作作为乡村振兴战略的一项具体工作来推进。2017 年 11 月，习近平总书记对旅游系统推进"厕所革命"工作取得的成效作出重要指示："两年多来，旅游系统坚持不懈推进'厕所革命'，体现了真抓实干、努力解决实际问题的工作态度和作风……厕所问题不是小事情，是城乡文明建设的重要方面，不但景区、城市要抓，农村也要抓，要把这项工作作为乡村振兴战略的一项具体工作来推进，努力补齐这块群众生活品质的短板。"[3]

---

[1]《坚决打好扶贫开发攻坚战　加快民族地区经济社会发展》，《人民日报》2015 年 1 月 22 日。

[2]《拥抱新时代　担当新使命》，《人民日报》2017 年 10 月 20 日。

[3]《坚持不懈推进"厕所革命"　努力补齐影响群众生活品质短板》，《人民日报》2017 年 11 月 28 日。

三、乡村振兴战略的实施路径

2018 年是实施乡村振兴战略的开局之年。中央一号文件对乡村振兴从农业发展质量提升、乡村绿色发展、农村文化、乡村治理新体系、民生保障、精准脱贫、制度性供给、人才、投入保障和党对"三农"工作的领导等 10 个方面进行了具体部署；同时制定了实施乡村振兴战略"三个阶段"的具体时间表，这就表明，实施乡村振兴战略是一个关乎全局、关乎长远的宏伟擘画和长期任务，需要我们科学谋划、合力推进、不懈奋斗。

（一）总体要求

党的十九大报告指出，实施乡村振兴战略，要坚持农业农村优先发展，按照产业兴旺、生态宜居、乡风文明、治理有效、生活富裕的总要求，建立健全城乡融合发展体制机制和政策体系，加快推进农业农村现代化。同社会主义新农村建设相比，乡村振兴战略的内容更加充实，逻辑递进关系更加清晰，为在新时代实现农业全面升级、农村全面进步、农民全面发展指明了方向和重点。只有深入理解乡村振兴战略的总要求，才能科学制定战略规划，走好中国特色社会主义乡村振兴道路。

产业兴旺是实现乡村振兴的基石。发展现代农业是产业兴旺最重要的内容，其重点是通过产品、技术、制度、组织和管理创新，提高良种化、机械化、科技化、信息化、标准化、制度化和组织化水平，推动农业、林业、牧业、渔业和农产品加工业转型升级。一方面，大力发展以新型职业农民、适度经营规模、作业外包服务和绿色农业为主要内容的现代农业；另一方面，推进农村一、二、三产业融合发展，促进农业产业链延伸，为农民创造更多就业和增收机会。

生态宜居是提高乡村发展质量的保证。其内容涵盖村容整洁，村内水、电、路等基础设施完善，以保护自然、顺应自然、敬畏自然的生态文明理念纠正单纯以人工生态系统替代自然生态系统的错误做法，等等。它提倡保留乡土气息、保存乡村风貌、保护乡村生态系统、治理乡村环境污染，实现人与自然和谐共生，让乡村人居环境绿起来、美起来。

乡风文明是乡村建设的灵魂。乡风文明建设既包括促进农村文化教育、医疗卫生等事业发展，改善农村基本公共服务；又包括大力弘扬社会主义核心价值观，传承遵规守约、尊老爱幼、邻里互助、诚实守信等乡村良好习俗，努力实现乡村传统文化与现代文明的融合；还包括充分借鉴国内外乡村文明的优秀成果，实现乡风文明与时俱进。

治理有效是乡村善治的核心。治理越有效，乡村振兴战略的实施效果就越好。为此，应建立健全党委领导、政府负责、社会协同、公众参与、法治保障的现代乡村社会治理体制，健全自治、法治、德治相结合的乡村治理体系，加强农村基层基础工作，加强农村基层党组织建设，深化村民自治实践，建设平安乡村。进一步密切党群、干群关系，有效协调农户利益与集体利益、短期利益与长期利益，确保乡村社会充满活力、和谐有序。

生活富裕是乡村振兴的目标。乡村振兴战略的实施效果要用农民生活富裕程度来评价。为此，要努力保持农民收入较快增长，持续降低农村居民的恩格尔系数，不断缩小城乡居民收入差距，让广大农民群众和全国人民一道进入全面小康社会，向着共同富裕目标稳步前进。

（二）基本原则

坚持党管农村工作。毫不动摇地坚持和加强党对农村工作的领导，健全党管农村工作领导体制机制和党内法规，确保党在农村工作中始终总揽全局、协调各方，为乡村振兴提供坚强有力的政治保障。

坚持农业农村优先发展。把实现乡村振兴作为全党的共同意志、共同行动，做到认识统一、步调一致，在干部配备上优先考虑，在要素配置上优先满足，在资金投入上优先保障，在公共服务上优先安排，加快补齐农业农村短板。

坚持农民主体地位。充分尊重农民意愿，切实发挥农民在乡村振兴中的主体作用，调动亿万农民的积极性、主动性、创造性，把维护农民群众根本利益、促进农民共同富裕作为出发点和落脚点，促进农民持续增收，不断提升农民的获得感、幸福感、安全感。

坚持乡村全面振兴。准确把握乡村振兴的科学内涵，挖掘乡村多种功能和价值，统筹谋划农村经济建设、政治建设、文化建设、社会建设、生态文明建设和党的建设，注重协同性、关联性，整体部署，协调推进。

坚持城乡融合发展。坚决破除体制机制弊端，使市场在资源配置中起决定性作用，更好发挥政府作用，推动城乡要素自由流动、平等交换，推动新型工业化、信息化、城镇化、农业现代化同步发展，加快形成工农互促、城乡互补、全面融合、共同繁荣的新型工农城乡关系。

坚持人与自然和谐共生。牢固树立和践行绿水青山就是金山银山的理念，落实节约优先、保护优先、自然恢复为主的方针，统筹山水林田湖草系统治理，严守生态保护红线，以绿色发展引领乡村振兴。

坚持因地制宜、循序渐进。科学把握乡村的差异性和发展走势分化特征，做好顶层设计，注重规划先行、突出重点、分类施策、典型引路。既尽力而为，又量力而行，不搞层层加码，不搞一刀切，不搞形式主义，久久为功，扎实推进。

（三）实施步骤

继党的十九大首次提出实施乡村振兴战略后，中央农村工作会议又立足当前、面向长远，就如何实施乡村振兴战略作出了具体部署。2018 年 9 月 26 日，中共中央、国务院印发了《乡村振兴战略规划（2018—2022 年）》，按照分三个阶段对乡村振兴战略实施了部署，并设定了阶段性目标。这是指导各地区各部门分类有序推进乡村振兴的重要依据，是统筹谋划和科学推进乡村振兴战略这篇大文章的行动纲领和工作指南。实施乡村振兴战略的目标和任务为：到 2020 年，乡村振兴取得重要进展，制度框架和政策体系基本形成；到 2035 年，乡村振兴取得决定性进展，农业农村现代化基本实现；到 2050 年，乡村全面振兴，农业强、农村美、农民富全面实现。[1]

第一步：2018—2020 年，构架制度稳基础，打赢脱贫攻坚战

2018 年是实施乡村振兴战略的开局之年。到 2020 年，乡村振兴取得重要进展，制度框架和政策体系基本形成。农业综合生产能力稳步提升，农业供给体系质量明显提高，农村一二三产业融合发展水平进一步提升；农民增收渠道进一步拓宽，城乡居民生活水平差距持续缩小；现行标准下农村贫困人口实现脱贫，贫困县全部摘帽，解决区域性整体贫困；农村基础设施建设深入推进，农村人居环境明显改善，美丽宜居乡村建设扎实推进；城乡基本公共服务均等化水平进一步提高，城乡融合发展体制机制初步建立；农村对人才吸引力逐步增强；农村生态环境明显好转，农业生态服务能力进一步提高；以党组织为核心的农村基层组织建设进一步加强，乡村

---

[1]《中共中央国务院印发〈乡村振兴战略规划（2018—2022 年）〉》，《人民日报》2018 年 9 月 27 日。

治理体系进一步完善；党的农村工作领导体制机制进一步健全；各地区各部门推进乡村振兴的思路举措得以确立。

第一，大力推进制度创新机制和政策平台的建设，为形成全方位的制度供给提供沃土。乡村振兴需要对农村的经济建设、政治建设、文化建设、社会建设、生态文明建设等进行制度上的规划和安排。从总体来看，这些制度既是系统而丰富的，也是庞大而复杂的。因此，如何在乡村振兴中统筹协调好农业农村发展的各方面制度，充分调动这些制度所形成的合力，使得乡村在逐渐振兴的过程中能够源源不断地得到制度供给的"滋养"，是乡村振兴战略在开局之年必须做好的基础性工作。持续的制度供给需要有能够孕育制度的沃土，为此在 2020 年之前，需要对现有的支持农业农村发展的各项制度进行系统性诊断和整体框架性构建，让原本一些"各自为政"的制度措施围绕乡村振兴形成相互联动的制度整体。对于已经成熟定型的制度，未来应毫不动摇地长期坚持；对于还不够健全的制度，应与时俱进地完善；而对于尚属空白的领域，则应大胆进行探索和创新。

第二，坚决打赢精准脱贫攻坚战。党领导下的脱贫攻坚战在过去 5 年取得了决定性进展。尽管如此，中国仍然是一个发展中大国，人均收入水平不高，区域发展不平衡的问题还比较突出，制约贫困地区发展的深层次矛盾依然存在；扶贫对象规模仍然很大，返贫现象时有发生，特别是集中连片特殊困难地区发展相对滞后，脱贫攻坚任务依然艰巨，需要继续打好精准脱贫攻坚战。打赢脱贫攻坚战是实施乡村振兴战略第一步的底线要求，不能让贫困问题给乡村振兴的开门红泼冷水，更不能让贫困问题给未来的乡村振兴拖后腿。在具体问题的解决上，需要及时矫正和防范在脱贫管理、扶贫领导以及政策实施等方面存在的问题，总结反思精准扶贫的经验，科学谋划攻坚克难的方略，为夺取脱贫攻坚战决定性胜利而奋斗。

第二步：2021—2035 年，坚持特色振兴路，系统攻克大难题

当乡村振兴进入系统推进的战略阶段时，农业农村建设的全面开展，意味着乡村振兴也将面临更加综合与全方位的考验。实施好乡村振兴的第二步战略，关键要在已经确立的制度框架下坚持走好中国特色社会主义乡村振兴道路，充分运用好 15 年的时间，系统解决城乡关系的重塑、集体经济的实现、小农户与现代农业的衔接、生态宜居村庄的发展、乡村文化的重振、乡村治理体系的健全等重大问题。

第一，全面推动城乡融合发展，重塑城乡关系。在城镇化快速推进和城市不断繁荣的同时，如何让城乡居民共享经济社会发展成果，不断促进城市与农村在人口流动、公共政策、资源开发、环境共享等方面形成水乳交融、双向互动、互为依存的态势，是新时代城乡融合发展的迫切要求，需要通过重塑城乡关系来实现。重塑城乡关系，要统筹城乡发展，建立城乡融合发展的体制机制，最终实现城乡发展一体化。其中，通过交通革命重塑城乡经济地理格局，是重塑城乡关系的重要内容之一。交通革命不仅使农民能够参与到范围更加宽广、结构更为丰富的社会分工中，为其打开多样化的就业渠道；而且使农民能够分享到更大的市场收益、增加经济收入。

第二，探索集体经济的实现形式，巩固和完善农村基本经营制度。在社会主义市场经济不断推进的过程中，如何在以家庭承包经营为基础、统分结合的双层经营体制的基础上，探索符合市场经济要求的集体经济实现形式，是未来实现共同富裕的基本要求。巩固和完善农村基本经营制度，要在坚持农村土地集体所有、坚持家庭经营的基础性地位、坚持稳定土地承包关系的基础上创新土地经营方式，打通制约农村集体经济进一步发展的瓶颈，以确保实现保护农民财产权益、壮大集体经济的目的。

第三，繁荣农村经济，深入推进农业供给侧结构性改革。在未来一段时期内，人多地少依然是中国最基本的国情和农情；农业发展质量效益不高、农业竞争力较弱、农民增收后劲不足将依然是农业发展面临的压力和挑战，需要通过继续深入推进农业供给侧结构性改革来予以应对。要在保障粮食安全、优化农业结构、培育农业农村发展新动能的基础上，大力发展适度规模经营与农业社会化服务相结合的现代农业经营体系，为小农户在大市场中开拓广阔天地，助其大展作为。为此，需要努力为农民开拓第三就业空间，探索乡村综合发展模式，让乡村的绿水青山不再是"养在深闺人不识"，让农村一二三产业融合发展由"盆景"转变为"风景"。尤其在支持"互联网＋农村"建设方面，应全方位促进新型农业经营主体与互联网产业深度融合，让农民都有机会过上"在家上网开店铺，家庭事业两不误"的幸福生活。

第四，全要素、全系统地推进绿色发展，坚持人与自然和谐共生。在过去重量而轻质的发展时代，农业活动给农村的生态环境带来了严重的破坏，而城乡发展的不平衡更是进一步使得垃圾、污水、畜禽粪便、秸秆焚烧等问题影响了农村的宜居程度。未来的发展模式必须由数量扩张转向质量导向，坚持人与自然和谐共生，要在环境治理方面全要素、全系统地推进美丽乡村建设，统筹农村山林田湖草的协同发展。同时，在人居环境方面要加强乡村基础设施建设、公共服务提供和社会秩序维护，全方位促进农业空间与生态空间的融合，努力把乡村打造为一个"城里人愿意住进去、本地人愿意留下来"的宜人居所。

第五，以传统农耕文化的继承和农民精神风貌的提升为重点，重振乡村文化。当前，在生活上逐渐实现小康、物质生活条件逐步改善的同时，一些农村的优秀农耕文化在逐渐消逝，原本文明的乡风在逐渐衰败，本来良好的家风在逐渐褪色，先前淳朴的民风在不断流失，这给农业农村现代化建设带来了严重的阻碍。重振乡村文化，要坚持物质文明和精神文明一起抓，让优秀的传统文化重新活起来，让农民的精神面貌重新亮起来，让人们的思想道德重新立起来，让乡村社会的文明程度重新站起来。

第六，应对农村治理危机，创新乡村治理体系。在农村经济发展、农民收入增长、硬件设施不断改善的同时，当前许多农村地区的村容环境、农田水利、人文环境、生态环境等却呈现普遍衰败的景象。中国农业与农村发展多个领域面临治理危机的困扰，需要通过创新乡村治理体系来解决。创新乡村治理体系，要注重将现代治理理念与传统治理资源相结合，以自治化解矛盾，以法治定纷止争，以德治春风化雨，并在积极吸收和实践现代治理理念的同时，努力探索政府负责、社会协同、公众参与、法治保障与村民自治的良性互动机制，以实现农村社会的善治。

第三步：2036—2050 年，文化重振促发展，决胜攻坚得振兴

经过前两步的建设和发展，中国农业农村将基本实现现代化，乡村振兴将进入最后的决胜阶段。在此战略阶段，乡村振兴将面临之前两个战略阶段中依然没有解决的农业农村发展中的顽疾问题，也将面对一些需要根据实际发展情况作出策略调整的局面。作为迈向乡村振兴的最后一大步，第三步必须针对重点难题，开展决胜攻坚。

在此阶段，需要在乡村文化、生态环境和社会治理方面进行决胜攻坚。尤其是乡村文化的重振不是一朝一夕就能完成的任务，需要从人才培育、基础设施建设、思想道德引导和文化素质教育等方面进行长期和综合的培养，因此实现文化的最终振兴是乡村振兴决胜阶段的关键内容。在乡村文化得以重整旗鼓的基础上，乡村的生态环境和社会治理将会得到极大的补充和完善，由此，人、自然、社会的良性互动与循环就能在乡村中得以形成，最终使乡村实现从物质到精神的全面振兴。

四、实施乡村振兴战略的重大意义

实施乡村振兴战略，是党的十九大作出的重大决策部署，是决胜全面建成小康社会、全面建设社会主义现代化强国的重大历史任务，是新时代"三农"工作的总抓手。习近平总书记强调："各地区各部门要充分认识实施乡村振兴战略的重大意义，把实施乡村振兴战略摆在优先位置，坚持五级书记抓乡村振兴，让乡村振兴成为全党全社会的共同行动。"[1]认识是行动的先导，只有深刻认识实施乡村振兴战略的重大现实意义，才能真正提升贯彻落实的自觉性。

（一）为决胜全面建成小康社会补齐短板

农业农村农民问题是关系国计民生的根本性问题，必须始终把解决好"三农"问题作为全党工作重中之重。只有实施乡村振兴战略，把"三农"问题彻底解决好，才能为全面建成小康社会补齐短板。全面建成小康社会，广大农村地区尤其是经济社会发展比较滞后的中西部地区农村是重中之重、难中之难。正如习近平总书记所言："全面建成小康社会，最艰巨最繁重的任务在农村、特别是在贫

---

[1]《把实施乡村振兴战略摆在优先位置　让乡村振兴成为全党全社会的共同行动》，《人民日报》2018年7月6日。

困地区。没有农村的小康，特别是没有贫困地区的小康，就没有全面建成小康社会。"[1] 只有让包括广大农村地区特别是贫苦落后地区农村的所有人共享经济社会发展的繁荣成果，实现城乡协同发展，才是真正意义上的实现小康。乡村振兴战略适应我国发展的阶段性特征和中国特色社会主义进入新时代的历史方位要求，推动建立以城带乡、整体推进、城乡一体、均衡发展的义务教育发展机制，健全覆盖城乡的公共就业服务体系，推动城乡基础设施互联互通，完善统一的城乡居民基本医疗保险制度和大病保险制度等，不断提高城乡基本公共服务均等化水平，不断增强乡村居民的幸福感和获得感。《中共中央国务院关于实施乡村振兴战略的意见》提出，"到2020年，乡村振兴取得重要进展，制度框架和政策体系基本形成"[2]，这为补齐发展短板、全面建成小康社会提供了重要保证。

（二）为全面建设社会主义现代化国家提供保障

当前，我们正处在"两个一百年"奋斗目标的历史交汇期，我们既要全面建成小康社会、实现第一个百年奋斗目标，又要乘势而上开启全面建设社会主义现代化国家新征程，向第二个百年奋斗目标进军。党的十九大在科学审视国内外形势尤其是国内经济社会发

---

[1] 习近平:《做焦裕禄式的县委书记》，中央文献出版社 2015 年版，第 16 页。

[2] 王兴国主编:《惠农富农强农之策——改革开放以来涉农中央一号文件政策梳理与理论分析》，人民出版社 2018 年版，第 141 页。

展状况的基础上，提出分两步走在本世纪中叶建成社会主义现代化强国的战略安排，即"第一个阶段，从二〇二〇年到二〇三五年，在全面建成小康社会的基础上，再奋斗十五年，基本实现社会主义现代化"，"第二个阶段，从二〇三五年到本世纪中叶，在基本实现现代化的基础上，再奋斗十五年，把我国建成富强民主文明和谐美丽的社会主义现代化强国"。[1]实现社会主义现代化，是全国各族人民期盼已久的美好愿望，而农业农村现代化作为现代化的有机组成部分，在整个社会主义现代化中具有至关重要的作用。我国要实现农业农村现代化，不仅基础较为薄弱，而且涉及人口多，实现难度大。可以说，农业农村现代化能否如期实现，直接关系到社会主义现代化的整体实现。在这个意义上，乡村振兴战略关乎农业农村现代化和整个社会主义现代化建设大局。实施乡村振兴战略，推进乡村经济快速发展，推动乡村社会治理和生态环境全面进步，提升广大农民综合素质，不仅能够为农业农村现代化的顺利实现提供坚实物质基础，而且为全面建设社会主义现代化国家提供保障。

（三）为解决新时代我国社会主要矛盾提供路径选择

党的十八大以来，我国经济社会不断发展、各项事业不断进步，中国特色社会主义进入了新时代。党的十九大报告指出："中国

---

[1]《习近平谈治国理政》第三卷，外文出版社 2020 年版，第 22—23 页。

特色社会主义进入新时代，我国社会主要矛盾已经转化为人民日益增长的美好生活需要和不平衡不充分的发展之间的矛盾。"[1]在此背景下，人民对美好生活的需要日益广泛，不仅对物质文化生活提出了较高要求，而且在民主、法治、公正、安全、生态等方面有更高期盼，发展不平衡不充分的问题更加凸显。值得注意的是，发展不平衡不充分的问题在"三农"领域表现突出，既突出表现为城市和乡村之间发展的不平衡，又明显体现在不同地区之间农村发展的不平衡。一方面，同城市相比，广大农村地区的发展差距较为明显，除了经济发展滞后、农民收入偏低、农业基础不牢固之外，社会事业发展同城市的差距也较为突出，一些优质的教育、医疗资源尤其是公共服务设施，集中分布在城市，很多农村地区尤其是西部地区农村几乎体验不到。另一方面，在东部、中部和西部的乡村之间，也存在着很大差距。为此，《中共中央国务院关于实施乡村振兴战略的意见》将"坚持城乡融合发展"作为新时代实施乡村振兴战略的基本原则之一，明确提出："坚决破除体制机制弊端，使市场在资源配置中起决定性作用，更好发挥政府作用，推动城乡要素自由流动、平等交换，推动新型工业化、信息化、城镇化、农业现代化同步发展，加快形成工农互促、城乡互补、全面融合、共同繁荣的新

---

[1]《习近平谈治国理政》第三卷，外文出版社 2020 年版，第 9 页。

型工农城乡关系。"[1] 由此可见，实施乡村振兴战略，为破解发展不平衡不充分难题，进而化解新时代我国社会主要矛盾提供了路径选择。

---

[1]《中共中央国务院关于实施乡村振兴战略的意见》，人民出版社 2018 年版，第 7 页。

第十章

健康中国战略

　　健康，是幸福的起点，也是成长的前提；是立身之本，也是立国之基；是全面建成小康社会的重要内涵，也是人类社会发展福祉的永续追求。一个人的健康，关系一个家庭的命运；14亿人的健康，决定一个国家和民族的前途。保护人民的卫生健康权益是中国共产党的光荣传统。经过70多年的医疗卫生事业建设，我国基本构建起了覆盖城乡的医疗保险制度。近年来，人民不断增长的医疗健康需要与医疗健康事业发展不均衡不充分之间的矛盾日益凸显，我国公民健康问题日益增多，看病难、看病贵成为老百姓的共识，医患矛盾已经成为影响人民幸福安康、医疗行业有序发展和社会和谐稳定的重要障碍。提出健康中国战略成为中国共产党人的必然选择。党的十九大作出"实施健康中国战略"的重大决策，将维护人民健康提升到国家战略的高度。健康中国战略不但立意高远、目标清晰，而且实施路线明确、政策措施科学有效，全体国人为之振奋。健康中国战略闪烁着卫生健康领域贯彻落实以人民为中心执政理念的熠熠光辉。

一、健康中国战略的提出背景

党的十八大以来，我国卫生健康事业得到快速发展，深化医疗卫生体制改革取得突破性进展和明显成就，医疗卫生资源总量继续增长，基本公共卫生服务均等化程度显著提高，基本医疗服务设施条件明显改善，服务的质量、效率和满意度持续提升，居民疾病经济负担进一步减轻，国民健康水平基本上处于中高收入国家水平。但是也应理性看到，由于工业化、城镇化、人口老龄化，由于疾病谱、生态环境、生活方式不断变化，我们既面对着发达国家面临的卫生与健康问题，也面对着发展中国家面临的卫生与健康问题。加快推进健康中国建设，是时代发展的迫切要求，也是老百姓的共同期盼。十九大报告高瞻远瞩，果断而响亮地提出了"实施健康中国战略"号召，回应了人民的健康需要和对疾病医疗、食品安全、环境污染等方面后顾之忧的关切，充分彰显了党中央、国务院对人民健康的高度关注和责任担当。

（一）健康事业发展现状

1. 人均预期寿命稳步提高，主要健康指标显著改善

人是经济社会发展的主体，提高人民健康水平是建设健康中国的出发点和落脚点。随着国民经济的发展以及人民生活水平的提

高，我国健康卫生事业快速发展，国民健康水平显著提升。

从人均预期寿命看，1949年前我国居民的平均寿命仅为35岁，而2019年我国人均预期寿命已经达到77.3岁，比新中国成立初期提高了42.3岁，比世纪之初的2000年提高了5.9岁，人均预期寿命的提高速度和增长幅度均远远高于世界平均水平。根据世界卫生组织发布的相关报告，尽管目前我国的人均预期寿命与部分发达国家相比还有一定差距，如低于日本、瑞士、新加坡、澳大利亚、西班牙等国家五六岁，但已高出世界平均水平近5岁，也高于巴西、俄罗斯、印度、南非等"金砖国家"，在发展中国家中位于前列。

从主要健康指标看，20世纪90年代以来，我国政府相继制定并实施了一系列国民健康发展计划，把国民健康纳入国家经济社会发展规划，卫生制度和政策不断完善，卫生服务体系逐步健全，健康服务的公平性和可及性明显提高，国民主要健康指标显著改善。根据《卫生和计划生育事业发展统计公报》的数据，2015年，我国孕产妇产前检查率达到96.5%，住院分娩率达到99.7%，3岁以下儿童系统管理率和孕产妇系统管理率分别达到90.7%和91.5%，婴儿死亡率从1995年的36.4‰下降为2015年的8.1‰，孕产妇死亡率从1995年的61.9/100000下降为2015年的20.1/100000，分别于2007年和2014年提前实现了联合国千年发展目标。

2. 健康投入逐年增加，服务能力不断提升

良好的健康服务水平是保障健康中国发展的重要内容和基础。根据相关年份《卫生和计划生育事业发展统计公报》的数据，从健

康服务投入力度看，2000 年至 2015 年，中国卫生总费用即投入医疗卫生服务的资金总额从 0.46 万亿元增加到 4.06 万亿元，增加了近 8 倍，占 GDP 的比重从 4.6% 上升到 6%。其中，用于基本公共卫生服务的财政卫生投入由 2010 年的人均 15 元提高到 2015 年的人均 40 元，政府和社会的卫生支出占卫生总费用的比重从 41.1% 提高到 70.1%，个人卫生支出占卫生总费用的比重从 59% 下降到 29%。我国在健康卫生服务领域的投入力度正在不断加大，支出结构逐步趋向合理，主要表现为政府和社会支付比重逐年增加，个人支付比重明显下降。

从健康服务能力看，2000 年至 2015 年，中国医疗卫生资源供给和服务能力明显提升，医疗卫生机构总数由 32.5 万个增加到 98.4 万个，卫生技术人员由 449.1 万人增加到 800.8 万人，每万人拥有卫生技术人员从 2000 年的 36 人增加到 2015 年的 58 人，城市每万人医疗机构床位数从 2007 年的 49.0 张增加到 2014 年的 78.4 张，基本公共卫生服务涵盖儿童保健、孕产妇保健、老年人保健、传染病防治、慢性病管理等 12 大类、45 项服务，基本覆盖了居民的生命全过程。根据国家卫生统计和相关卫生服务调查，2015 年我国城市地区已基本建成"15 分钟医疗卫生服务圈"，93.8% 的城市居民到达最近医疗点的距离在 3 公里以内，87.8% 的城市居民能够在 15 分钟内抵达最近的医疗机构，77% 的家庭认为医疗卫生服务的方便程度有改善。

3. 健康教育深入人心，全民健康意识明显提高

为帮助全国人民养成科学健康的生活习惯，我国制定了《全国

健康教育与健康促进工作规划》，建立了健康教育工作体系，在社区、学校、单位广泛开展了健康宣传和教育活动。截至 2015 年，全国已有 98% 的学校将健康教育纳入教学计划，80% 的学校建立了学生健康档案。城市中普遍加强了对职业病、慢性病的监控和管理，超过一半的县级以上城市制定了控烟或禁烟条例。

同时，我国还陆续颁布实施了《全民健身计划纲要》《全民健身条例》和《全民健身计划（2011—2015）》等，鼓励开展全民健身运动，增强国民体质，提高人民健康水平。从 2004 年起，国家体育总局开始推行利用彩票公益金创建国家级社区体育健身俱乐部，目前该项工作已经成为全民健身和社区体育组织建设的一项重要内容，在推进体育进社区，满足广大社区居民日益增长的体育健身需求等方面发挥了积极的作用。

在健康教育和相关政策推动下，我国居民的健康意识和卫生文明素质明显提升，合理膳食、适量运动等健康生活方式日益普及。根据全民健身活动状况调查，2014 年我国 20 岁及以上的人群中经常参加体育锻炼的人数为 14.7%，其中城镇居民为 19.5%，全民健康素养显著提升，健康素养水平指标由 2008 年的 6.48% 提高到 2015 年的 10.25%。

4. 基础设施逐步完善，社会事业快速发展

完善的基础设施和健全的社会保障是维护国家健康发展的重要保障，也是社会文明进步的必要条件。随着城镇化的不断推进，我国城乡基础设施建设逐步完善，清洁用水、燃气普及率和垃圾清

运处理能力等不断提高，园林绿地面积不断扩大，人居环境更加清洁、健康和舒适。2015 年，我国城市用水普及率达到 98.1%，燃气普及率达到 95.3%，分别比 2005 年提高 7 个和 13.2 个百分点；城镇污水处理率达到 91.0%，生活垃圾无害化处理率达到 94.1%，分别比 2005 年提高 13.6 个和 42.4 个百分点；建成区绿化覆盖率由 2006 年的 35.1% 提高到 2015 年的 40.1%，提高了 5 个百分点；人均公园绿地面积由 2005 年的 7.89 平方米 / 人，增加到 2015 年的 13.16 平方米 / 人，平均每年增加 0.48 平方米 / 人。

在基础设施不断提升的同时，我国社会保障事业也取得了突飞猛进的发展。2014 年国务院发布《关于建立统一的城乡居民基本养老保险制度的意见》，对城乡居民养老保险进行整合。2015 年，我国参加城乡居民社会养老保险的人数达到 5.05 亿人，参加城镇职工基本养老保险的人数达到 3.54 亿人，参保人数分别是 1995 年的 3.2 倍、2005 年的 2 倍。截至 2019 年年底，我国基本养老参保人数达到 9.67 亿人。从 2006 年以后，我国基本养老保险基金累计结存开始大于养老保险基金的总支出，并逐年上升，到 2019 年年末，基本养老保险基金累计结存已经达到 62873 亿元。截至 2019 年年末，我国城镇基本医疗保险参保人数已经达到 10.2 亿人，失业保险参保人数达到 2.05 亿人，工伤保险参保人数达到 2.55 亿人。2020 年实现城乡居民基本生活保障全覆盖。目前，我国已建立了世界上最庞大的社会保障体系，为推进健康中国建设奠定了坚实的基础。

5. 污染治理力度进一步加大，城乡生态环境总体改善

建设健康中国首先要有健康的生态环境。改革开放以来，随着工业化、城镇化的快速推进，环境问题日益突出，逐渐成为制约城乡健康发展的重要桎梏。为应对不断凸显的环境问题，我国不断加强污染防治和环境建设力度。

在大气污染防治方面，我国建立了发展中国家最大的环境空气质量检测网，全国 338 个地级以上城市全部具备 PM2.5 等 6 项指标检测能力。制定实施《大气污染防治行动计划》，针对大气污染的突出问题进行重点治理，使全国空气质量总体改善，重污染天数逐渐减少，SO_2 排放量从 2005 年的 2549 吨降低到 2015 年的 1859 万吨，减量 27.1%；氮氧化物排放量从 2011 年的 2404 吨减少到 2015 年的 1851 万吨，减量 23%；2015 年，全国首批实施新环境空气质量标准的 74 个城市 PM2.5 的平均浓度比上年下降 14.1%。

（二）健康事业面临挑战

总体来看，近年来我国健康事业取得长足发展，但离真正建成"健康中国"仍有相当大距离。医疗卫生事业发展滞后于社会需求，城乡居民生命质量仍有待提升；社会贫富差距突出、二元结构显著；各类天灾人祸频发、安全风险加大；各种"城市病"凸显等，"健康中国"建设面临着严峻挑战。

1. 医疗卫生事业发展滞后于社会需求

近年来，中国城市卫生健康事业虽然取得了长足进步，但总体

上仍滞后于社会发展的需求，主要表现在三个方面。（1）健康需求快速增长，服务资源相对不足。我国已进入快速老龄化时期，根据2015年全国人口抽样调查，中国60岁及以上人口为2.2亿人，占总人口的16.15%。与2010年相比提高了2.9个百分点。预计到2050年中国60岁及以上人口将达到4.5亿人，届时每3人中就有一位老年人。随着老年人口的快速增加以及居民健康意识的不断提高，全社会对卫生健康服务的需求呈现快速增长趋势。从近年来看，虽然我国医疗卫生服务投入逐年增加，但人均资源仍然不足，2015年每千人口执业（助理）医师仅有2.21人，每万人口全科医生仅有1.38人，其中每千儿童人口执业（助理）医师仅有0.6人，各大医院人满为患、"一号难求""一床难求"的现象非常普遍。（2）医卫服务体系结构倒置，资源配置严重失衡。目前，我国医疗卫生服务体系表现为"倒金字塔"结构。绝大多数优质资源集中在城市大医院，而城市社区和农村地区基层医疗服务机构的力量却非常薄弱。以2015年为例，全国医疗卫生机构的床位数为701.5万张，其中一、二、三级医院占76%，基层医疗卫生机构仅占20.2%。全国有卫生技术人员800.8万人，其中一、二、三级医院占63.3%，基层医疗卫生机构仅占28.2%，此外还有67.9万名卫生技术人员在各专业公共卫生机构或其他机构就职，约占全国卫生技术人员的8.5%。这种不均衡的资源配置使得群众生病后很难在基层医疗卫生机构得到有效治疗，不得不涌向城市大医院求诊。而大量患者涌到城市大医院就诊不仅使医院人满为患、不堪重负，也使基层医疗卫生服务机构使用效率低下，进一步加剧了医疗卫生资源的供需矛盾。如 2015 年，我国仅三级医院的诊疗人次就达到了 15 亿人次，相当于全国乡镇卫生院和所有社区卫生服务中心诊疗人次的总和。三级医院的病床使用率高达 98.8%，而乡镇卫生院和社区卫生服务中心的病床使用率仅分别为 59.9% 和 54.7%，可见我国医疗资源浪费非常严重。（3）健康服务类型单一，难以满足居民多元化需求。目前，我国医疗卫生机构提供的服务仍以医疗服务为主，而提供护理、康复、心理咨询、健康管理等其他健康服务的机构极少。作为一个拥有 14 亿人口的大国，截至 2014 年年底，全国仅有康复医院 265 所、护理机构 103 所、疗养院 113 所、精神病医院 446 所，满足居民多样化健康服务需求的能力严重不足。

2. 居民健康素质和生命质量仍有待提升

2017 年，我国总体人均预期寿命 76.7 岁，其中城镇居民人均预期寿命已经达到 80 岁。但与发达国家相比，我国居民的健康素质和生命质量仍有待提升。（1）居民患病率和慢性病死亡率呈现增长趋势。根据第 5 次国家卫生服务调查，2013 年我国调查人口两周患病率为 24.1%，与 2008 年相比上升了 5.2 个百分点，其中城市居民两周患病率高达 28.2%。2013 年我国 15 岁及以上人口的慢性病患病率为 33.1%，与 2008 年相比上升了 9 个百分点，其中城市地区 15 岁及以上居民慢性病患病率高达 36.7%。冠心病、脑卒中、糖尿病、肝癌、肺癌等主要慢性病的标化死亡率均呈现增长趋势。（2）居民健康期望寿命明显低于发达国家。2014 年北京在国内首次公布了居民健康期望寿命，测算显示，北京居民的平均健康期望寿命为 58.17 岁，明显低于大多数发达国家。而同期北京居民的平均预期寿命为 81.51 岁，这也就意味着北京居民平均有 23.34 年将在病痛中度过。根据 2015 年国际顶级权威医学期刊《柳叶刀》发表的论文，2013 年中国地区男性健康期望寿命为 65.89 岁，女性健康期望寿命为 70.28 岁，分别比日本男性、女性低 5.22 岁和 5.28 岁。上述数据说明，提升我国居民的健康素质和生命质量已经成为当务之急。

3. 社会贫富差距突出、二元结构显著

近年来，随着经济社会的发展和城镇化的推进，中国城乡之间的相对差距不断缩小，但城乡之间和城市内部的绝对差距依然巨大、二元结构突出，对健康中国建设构成严重威胁。（1）贫富差距严重、二元结构突出。根据 2005—2015 年国家统计局相关统计数据，2005—2015 年，中国城乡居民的人均可支配收入比由 3.22 ：1 降低到 2.73 ：1，但绝对差距由 7238 元扩大到 19773 元；城镇居民最高收入组与最低收入组的人均可支配收入比由 2005 年的 9.2 ：1 下降到 2012 年的 7.8 ：1，但收入绝对差距由 25638 元扩大到 55609 元。由于贫富分化严重，近年来我国基尼系数一直处于高位，2015 年为 0.462，是近 10 年以来的最低值，但仍超过国际公认的 0.4 警戒线，严重的贫富差距和双重二元结构对社会的和谐稳定发展产生了巨大威胁。（2）农业转移人口难以融入城市，城市贫困现象突出。随着城镇化进程的推进，大量农业转移人口进入城市。但受城乡二元制度的制约，这些农业转移人口在为城市发展做出巨大贡献的同时，却无法公平享有和当地市民同等的就业、子女教育、医疗卫生、社会保障等权益，并与城市转型过程中的下岗失业人员共同形成了城市贫困人群。根据世界银行的测算，1981—1990年中国城市贫困人口为50万—390万，贫困发生率约为0.5%。但从近年来官方公布的城市低保人口规模来看，我国享受城市低保的人口规模自2002年以来一直在2000万左右，2009年开始逐渐降低，至2015年为1708万。国内学者利用不同方法测算了中国的城市贫困人口规模，按照收入标准或者联合国"日收入2美元以下"的贫困标准，城市贫困发生率在8%—10%。据此估算，2014年中国城市贫困人口为6000万—7500万，其中户籍贫困人口为2000万左右，外来贫困人口为4000万—5500万。这些城市贫困人群在空间分布上呈现出整体非均衡性和与老城区、工业区耦合的特征，在类型上主要有衰败内城、职工大院和城中村三种，在发展态势上有逐步增长和阶层固化的趋势，引发了一系列社会矛盾，阻碍了国家健康发展。

4.天灾人祸频发、安全风险加大

中国经济经过近40年的高速发展，已经进入三期叠加的新时期，多年来积累的深层次矛盾急需化解。更为复杂的国情是，中国有50%以上的人口居住在气象、地震、地质、海洋等自然灾害严重的地区。特殊的自然条件以及转型发展期的阶段性特点，使得中国城乡发展呈现出高度的多样性和复杂性，各种自然的、工程的、生产的、社会的风险交织并存，城乡安全风险加大。（1）天灾频发。我国是世界上自然灾害最频繁的国家之一，我国三分之二以上的国土面积受到洪涝灾害威胁，约占国土面积 69% 的山地、高原区域滑坡、泥石流、山体崩塌等地质灾害频繁发生，灾害种类多、分布地域广、发生频率高、损失程度严重。2010 年西南旱灾及青海玉树 7.1 级地震、2012 年 "7·21" 北京特大暴雨、2015 年新疆暴雪、2020 年南方多省市水灾等灾害事件均给城乡发展带来严重危害。"十二五" 期间我国各类自然灾害年均造成 3.1 亿人次受灾，因灾死亡和失踪 1500 余人，农作物受灾 2700 多万公顷，房屋倒塌近 70 万间，直接经济损失达 3800 多亿元。（2）人祸不断。与此同时，由于人为因素引起的重大安全事故也时有发生。如 2015 年的天津港 8·12 危险品仓库特大火灾爆炸事故、广东惠州义乌小商品批发城火灾事故，2016 年的深圳光明新区渣土受纳场 12·20 特大滑坡事故、云南红河重大交通事故等。其中，2015 年全国仅火灾就发生 33.8 万起，造成 1742 人死亡、1112 人受伤，直接经济损失达到 39.5 亿元。

5. 环境污染问题成为健康发展瓶颈

随着工业化和城镇化的推进，城乡居民在享受经济社会快速发展成果的同时，也受到空气污染、水污染、垃圾围城等环境问题的影响和困扰。（1）空气污染问题凸显。目前我国经济增长方式依然粗放，2013 年每万美元国内生产总值能耗为 6.5 吨标准油，是世界平均水平的 2.7 倍，美国的 3.9 倍，英国的 8.2 倍，日本的 6.5 倍，中国香港的 10 倍，高能耗带来高排放和高污染。再加上日益严重的城市交通拥堵，大气污染问题尤为突出。2015 年我国城市空气质量虽然总体上有所改善，但在开展空气质量新标准监测的 338 个地级以上城市中，只有 73 个城市的环境空气质量达标，而空气质量不达标的城市占地级以上城市的 78.4%。（2）地下水环境质量堪忧。近年来，随着江河湖泊污染治理力度的加大，我国地表水环境质量有所改善，但地下水环境质量依然堪忧。2015 年，国土部门对全国 31 个省（区、市）202 个地级行政区的 5118 个监测井（点）开展的地下水水质监测结果显示，水质较差和极差级的监测井点仍然占六成以上，超标指标包括总硬度、溶解性总固体、pH 值、COD、"三氮"、氯离子、硫酸盐、氟化物、锰、砷、铁等，部分水质监测点还存在铅、六价铬、镉等重金属超标现象。

二、健康中国战略的出台过程

没有全民健康，就没有全面小康。当中国向着全面建成小康社会的奋斗目标越走越近，全民健康成为保障和改善民生的一道新课题。一个全民健康，人人享有基本卫生保健的中国是建成社会主义小康社会的重要保障，同时也是实现社会主义小康社会的必然要求。"健康中国"战略已酝酿多年。

（一）"健康护小康，小康看健康"战略

"健康护小康，小康看健康"是国家卫生部门制定、实施卫生科技中长期发展规划的内容之一。2007 年 9 月 8 日召开的中国科协年

会上，时任卫生部部长陈竺公布了"健康护小康，小康看健康"的三步走战略。第一步是到 2010 年，初步建立覆盖城乡居民的基本卫生保健制度框架，使我国进入实施全民基本卫生保健的国家行列；第二步是到 2015 年，使我国医疗卫生服务和保健水平进入发展中国家的前列；第三步是到 2020 年，保持我国在发展中国家前列的地位，东部地区的城乡和中西部的部分城乡接近或达到中等发达国家的水平。[1]

国家卫生部门根据我国居民的主要健康问题、主要危害因素以及相关国际承诺，确定卫生科技中长期规划的重点领域，进一步研究确定了各个领域的关键目标和发展方向。重点领域主要包括：重大传染性疾病领域、主要慢性病领域、妇幼卫生领域、心理健康领域、环境健康领域、行为健康领域等。同时，充分考虑未来气候、生态环境、资源、经济、社会、国际贸易、旅行等多种因素对健康与疾病控制的影响及要求，制订和修订相应的政策措施、法律法规和标准体系。此外，卫生部还制定了肝病防治行动计划及艾滋病和结核病控制行动计划、代谢综合征防治行动计划、国民常见癌症防控行动计划、心理健康行动计划、亚健康干预计划、应对人口老龄化行动计划等一系列计划。

---

[1] 孙自法：《陈竺："健康中国"目标要分三步走》，《科学新闻》2007 年第 18 期。

（二）"健康中国 2020" 战略研究

2008 年，为积极应对我国主要健康问题和挑战，推动卫生事业全面协调可持续发展，在科学总结新中国成立 60 年来我国卫生改革发展历史经验的基础上，卫生部启动了"健康中国 2020"战略研究。该研究历时 3 年多，由全国人大常委会韩启德和桑国卫副委员长（时任）领衔，公共政策、药物政策、公共卫生、科技支撑、医学模式转换以及中医学等 6 个研究组 400 多位专家学者参与，系统深入研究了对推动卫生改革发展和改善人民健康具有战略性、全局性、前瞻性的重大问题，取得了一批富有理论创见和实践价值的研究成果，在深化医药卫生体制改革、研究编制卫生事业发展规划方面发挥了重要的作用，不仅极大地丰富和发展了中国特色卫生改革发展理论体系，更有力推动了卫生改革发展实践。

《"健康中国 2020"战略研究报告》包括总报告以及六个分报告。总报告主要阐述了我国卫生事业发展所面临的机遇与挑战，明确了发展的指导思想与目标，提出了发展的战略重点和行动计划以及政策措施等。六个分报告分别为：《促进健康的公共政策研究》《药物政策研究》《公共卫生研究》《科技支撑与领域前沿研究》《医学模式转换与医药体系完善研究》《中医学研究》。该战略研究是以提高人民群众健康为目标，以解决危害城乡居民健康的主要问题为重点，坚持预防为主、中西医并重、防治结合的原则，采用适宜技术，以政府为主导，动员全社会参与，切实加强对影响国民健康的重大和长远卫生问题的有效干预，确保到 2020 年实现人人享有基本医疗卫生服务的重大战略目标。

（三）"健康中国"概念正式提出

党的十八大以来，以习近平同志为核心的党中央统揽全局、系统谋划，从党和国家事业全局出发，作出推进健康中国建设的重大决策部署，从民生关切着手，实施一系列利当前、惠长远的重大举措，推动医药卫生体制改革由易到难渐次突破，为人民群众的共同追求、为民族复兴的光荣梦想不断夯实健康之基。2013 年 8 月 31 日，第十二届全国运动会在沈阳举行，习近平在会见参加全国群众体育先进单位和先进个人、全国体育系统先进集体和先进工作者表彰会的代表时指出，人民身体健康是全面建成小康社会的重要内涵，是每一个人成长和实现幸福生活的重要基础。[1]2014 年，习近平在江苏调研时指出，"没有全民健康，就没有全面小康"[2]。满足人们对于健康的新期盼，推进健康中国建设成为习近平治国理政的重大战略，也是党和国家实现全面建成小康社会目标的重大方针。2015 年 3 月，国务院总理李克强在十二届全国人大三次会议上所作的政

---

[1]《发展体育运动增强人民体质　促进群众体育和竞技体育全面发展》，《人民日报》2013年 9 月 1 日。

[2]《主动把握和积极适应经济发展新常态　推动改革开放和现代化建设迈上新台阶》，《人民日报》2014 年 12 月 15 日。

府工作报告中首次提出"健康中国"概念，报告提出："健康是群众的基本需求，我们要不断提高医疗卫生水平，打造健康中国。"[1] "健康中国"的提出，表明党和国家把人民健康提到新的高度。2015 年10 月，党的十八届五中全会明确提出了推进健康中国建设任务。会议公报指出，推进健康中国建设，深化医药卫生体制改革，理顺药品价格，实行医疗、医保、医药联动，建立覆盖城乡的基本医疗卫生制度和现代医院管理制度，实施食品安全战略。公报还提出，建立更加公平更可持续的社会保障制度，全面实施城乡居民大病保险制度。

（四）《"健康中国 2030"规划纲要》发布

2016 年 8 月 19 日，全国卫生与健康大会在北京召开，这是继1996 年全国性卫生工作会议之后，第一次由中共中央和国务院召开的高规格卫生工作会议。习近平总书记在会上指出，没有全民健康，就没有全面小康。要把人民健康放在优先发展的战略地位，以普及健康生活、优化健康服务、完善健康保障、建设健康环境、发展健康产业为重点，加快推进健康中国建设，努力全方位、全周期保障人民健康，为实现"两个一百年"奋斗目标、实现中华民族伟

---

[1] 李克强：《政府工作报告：2015 年 3 月 5 日在第十二届全国人民代表大会第三次会议上》，人民出版社 2015 年版，第 31 页。

大复兴的中国梦打下坚实健康基础。[1] 这些重要论断从战略和全局高度把人民身体健康提到国家优先发展的战略上，为全面推进健康中国建设提供了重要指导。2016 年 8 月 26 日中共中央政治局召开会议，审议通过《"健康中国 2030"规划纲要》，为保障人民健康作出制度性安排，为未来十五年推进健康中国建设提供了行动指南。会议强调，《"健康中国 2030"规划纲要》要坚持以人民为中心的发展思想，牢固树立和贯彻落实创新、协调、绿色、开放、共享的发展理念，坚持正确的卫生与健康工作方针，坚持健康优先、改革创新、科学发展、公平公正的原则，以提高人民健康水平为核心，以体制机制改革创新为动力，从广泛的健康影响因素入手，以普及健康生活、优化健康服务、完善健康保障、建设健康环境、发展健康产业为重点，把健康融入所有政策，全方位、全周期保障人民健康，大幅提高健康水平，显著改善健康公平。会议指出，推进健康中国建设，要坚持预防为主，推行健康文明的生活方式，营造绿色安全的健康环境，减少疾病发生。要调整优化健康服务体系，强化早诊断、早治疗、早康复，坚持保基本、强基层、建机制，更好满足人民群众健康需求。要坚持共建共享、全民健康，坚持政府主导，动员全社会参与，突出解决好妇女儿童、老年人、残疾人、流动人口、低收入人群等重点人群的健康问题。要强化组织实施，加

---

[1]《把人民健康放在优先发展战略地位　努力全方位全周期保障人民健康》，《人民日报》2016 年 8 月 21 日。

大政府投入，深化体制机制改革，加快健康人力资源建设，推动健康科技创新，建设健康信息化服务体系，加强健康法治建设，扩大健康国际交流合作。[1]2016年10月25日，国务院正式印发了《"健康中国2030"规划纲要》。这是国内首个且最高规格的健康产业规划，也意味着"健康中国"的正式落地和实施。

（五）"健康中国"正式成为国家战略

2017年10月18日，中国共产党第十九次全国代表大会在北京隆重开幕。习近平总书记在十九大报告中提出"人民健康是民族昌盛和国家富强的重要标志"的论断，提出"实施健康中国战略"，强调"要完善国民健康政策，为人民群众提供全方位全周期健康服务"。[2]由此，"健康中国"正式上升为国家战略。报告明确提出，要深化医药卫生体制改革，全面建立中国特色基本医疗卫生制度、医疗保障制度和优质高效的医疗卫生服务体系，健全现代医院管理制度，加强基层医疗卫生服务体系和全科医生队伍建设。同时，新一轮党和国家机构改革决定组建国家卫生健康委员会，"健康"二字第一次出现在国家部委名称中。这是以习近平同志为核心的党中央从长远发展和时代前沿出发，坚持和发展新时代中国特色社会主义的一项重要战略安

[1]《审议"健康中国2030"规划纲要》，《人民日报》2016年8月27日。

[2]《习近平谈治国理政》第三卷，外文出版社2020年版，第38页。

排，必将为把我国建成富强民主文明和谐美丽的社会主义现代化强国打下坚实健康根基。

三、健康中国战略的实施路径

党的十九大报告明确了新时代健康中国战略的宏伟蓝图，中国正在铺设一条以人民为中心的健康之路。要坚持以习近平新时代中国特色社会主义思想为指导，坚持稳中求进工作总基调，落实新时代卫生与健康工作方针，更加精准对接群众健康需求，完善国民健康政策，深化医药卫生体制改革，切实提升医疗卫生服务质量，全面实施健康中国战略。

（一）基本原则

一是全面加强党的领导，为健康中国建设提供强大政治保证。全国卫生健康系统坚决维护以习近平同志为核心的党中央权威和集中统一领导，认真贯彻落实新时代党的建设总要求，推动各级党委政府在经济社会发展规划中突出健康目标，公共政策制定实施中向健康倾斜，财政投入上着力保障健康需求。推动建立国家层面协调推进机制，探索建立监测与评价常态化机制，争取纳入对党政领导干部的政绩考核体系。

二是坚持以人民为中心，把人民健康放在优先发展的战略位置。一人之健康是立身之本，人民之健康是立国之基。把人民健康放在优先发展的战略位置，就是把健康优先体现在社会生活全过程，经济社会发展规划中突出健康目标，公共政策制定实施中向健康倾斜，财政投入上保障健康需求，切实维护人民健康权益。

三是贯彻新发展理念，坚持新时代卫生与健康工作方针。坚持预防为主、中西医并重等实践证明行之有效的指导思想；强调以基层为重点，推动工作重心下移、资源下沉到农村和城市社区，突出以改革创新为动力，以自我革命的精神，用中国办法破解医改世界性难题；特别倡导把健康融入所有政策，人民共建共享，推动政府、全社会、人民群众共同行动，激发积极性和创造力，实现"人人参与、人人尽力、人人享有"。

四是完善国民健康政策，全方位、全周期维护人民健康。以提高人民健康水平为核心，从健康影响因素的广泛性出发，转变卫生与健康发展方式，加快基本医疗卫生与健康促进法立法进程，把健康融入所有政策，将维护人民健康的范畴从传统的疾病防治拓展到生态环境保护、体育健身、职业安全、意外伤害、食品药品安全等领域，普及健康生活、优化健康服务、完善健康保障、建设健康环境、发展健康产业，实现对生命全程的健康服务和健康保障。

五是促进社会公平正义，坚持基本医疗卫生事业的公益性。毫不动摇把公益性写在医疗卫生事业的旗帜上，正确处理政府与市场、基本与非基本的关系，绝不走全盘市场化、商业化的路子。政府承担好公共卫生和基本医疗服务等组织管理职责，切实履行好领导、保障、管理和监督的办医责任，同时注重发挥竞争机制作用。在非基本医疗卫生服务领域，充分发挥市场配置资源作用，鼓励社会力量增加服务供给、优化结构。

（二）制度建设

党的十九大报告对"实施健康中国战略"作出了全面部署。结合习近平同志在全国卫生与健康大会上的重要讲话要求，要进一步完善制度建设，采取针对性更强、覆盖面更大、作用更直接、效果更明显的举措，确保健康中国战略落到实处。

一是深化医药卫生体制改革，全面建立中国特色基本医疗卫生制度。更加注重改革的整体性、系统性、协调性，更加注重医疗、医保、医药"三医"联动，以建机制为重点，加快五项基本医疗卫生制度建设，努力用中国办法破解医改世界性难题。

二是全面建立分级诊疗制度。优化医疗资源结构和布局，明确各级各类医疗卫生机构的功能定位，建立管理紧密型城市医疗集团、县域医疗共同体、区域专科联盟、远程医疗协作等多种形式的医疗联合体，提高医疗资源利用效率和整体效益，加快构建优质高效的整合型医疗卫生服务体系，形成科学合理的就医秩序，为居民提供一体化、连续性的健康管理和基本医疗服务。2020 年，在一些地区已搭建形成"基层首诊、双向转诊、急慢分治、上下联动"的分级诊疗制度框架。

三是健全现代医院管理制度。巩固公立医院全面取消"以药补医"成果。明确政府办医职责，落实公立医院经营管理自主权。科学调整医疗服务价格，体现医务人员劳动价值。各级各类医院要制定章程，健全决策、管理等制度，提升医疗质量和医疗安全，开展便民惠民服务，持续改善医疗服务。落实"两个允许"，建立符合行业特点的人事薪酬制度。强化医院党的建设，加强医德医风建设，弘扬崇高职业精神。2020 年已基本建立"权责清晰、管理科学、治理完善、运行高效、监督有力"的现代医院管理制度。

四是健全全民医疗保障制度。完善医保筹资和待遇调整机制，实施好城乡居民基本医保"六统一"政策，完善统一的城乡居民基本医疗保险制度和大病保险制度，加强制度间衔接。实现群众异地就医基本医保直接结算。逐步在公立医院推行按病种付费为主的复合型付费方式改革，同步推进临床路径管理，严控医疗费用不合理增长。落实商业保险机构承办大病保险，支持其参与基本医保经办服务。

五是健全药品供应保障制度。完善并落实药品生产、流通、使用各环节政策，鼓励新药研发，加快推进已上市仿制药质量和疗效一致性评价，采取定点生产、市场撮合等措施健全短缺药品供应保障机制。完善药品、耗材集中采购机制，推进国家药品价格谈判，推行药品采购"两票制"，降低虚高价格。完善基本药物制度，加强药品特别是抗菌药物使用管理，规范用药行为。

六是建立健全综合监管制度。构建集中、专业、高效的监管体系，实现全行业覆盖。强化事中事后监管，推进"双随机、一公开"，提高依法执业水平，主动接受社会监督。健全行业法规标准体系，强化医务人员依法执业、患者依法就医、医患纠纷依法处理，坚决打击涉医违法犯罪活动，形成全社会尊医重卫的氛围。

（三）重点任务

一是以加强基层为重点，促进医疗卫生工作重心下移、资源下沉。加强基层医疗卫生服务体系建设，多措并举把更多的人才技术引向基层、财力物力投向基层、优惠政策倾斜基层，促进基层"软件"和"硬件"双提升。深化医教协同，制定实施卫生人才培育培训规划，加强全科医生队伍建设，做实做好家庭医生（团队）签约服务，为群众提供综合、连续、协同的基本医疗卫生服务。

二是坚持预防为主，全面提升公共卫生服务水平。大力抓好健康促进，广泛开展"三减三健"行动和全民健身运动，倡导健康文明生活方式，塑造自主自律健康行为。坚持防治结合，因病施策，实施扩大国家免疫规划，有效防控各类重大疾病。深入实施基本和重大公共卫生服务项目。加强老年人、妇幼、残疾人、流动人口等重点人群健康工作。深入开展爱国卫生运动，综合整治城乡环境卫生，推进健康城市、村镇、社区、学校、家庭等建设。加强大气、水、土壤、工业污染等治理，建设有利于健康的生态环境。实施食品安全战略，让人民吃得放心。深入实施健康扶贫工程，不让一名群众因健康问题在奔小康的征程中掉队。

三是坚持中西医并重，传承发展中医药事业。落实中医药法律法规，建立健全适合中医药发展的政策体系、管理体系、标准体系和评价体系，发挥中医药在健康养生、治未病中的主导作用，在疾病治疗、康复中的独特作用。实施中医药传承创新工程，加强古籍、传统知识和诊疗技术保护、抢救及整理。发展中医保健服务，加快中医药走出去步伐。

四是发展健康产业，满足人民群众多样化健康需求。按照"放管服"改革要求，消除政策障碍，鼓励社会力量提供卫生与健康服务。推动医疗服务与旅游、互联网、体育、食品行业等深度融合。深化"互联网＋健康医疗"服务，促进和规范健康医疗大数据应用。深化"医科协同""医工协同"，加快医学与健康科技成果转化，打造核心竞争力强的医药工业。

五是完善人口政策，促进人口均衡发展与家庭和谐幸福。继续实施好全面两孩政策，充分发挥政策效应。健全完善税收、住房、就业、家庭发展、托幼服务等社会经济政策与生育政策配套衔接，加强生育全程基本医疗保健服务。加强人口发展战略研究，开展生育意愿调查和全面两孩政策评估工作，科学研判人口形势。从实际情况出发，营造有利于经济社会协调发展和人的全面发展的人口环境，进一步提高人口素质，强化人力资本优势。实施健康老龄化工程，健全医疗卫生机构与养老机构合作机制，支持社会力量兴办医养结合机构，提供康复、护理、安宁疗护等多种形式的健康养老服务。

四、实施健康中国战略的重大意义

人民健康不仅是民生问题，也是重大的政治、经济和社会问题。健康中国建设不仅直接关乎民生福祉，而且关乎国家全局与长远发展、社会稳定和经济可持续发展，从而具有重大的战略意义。

（一）实现"两个一百年"奋斗目标的重要保障

当今世界，健康已经处于世界发展议程的中心位置，成为衡量经济社会发展和人民幸福的综合尺度。很多国家和地区主动研究制定健康战略，系统规划实施，取得明显成效。党的十八大以来，以习近平同志为核心的党中央高度重视维护人民健康，健康中国建设驶上"快车道"。十八届五中全会作出推进健康中国建设的决策部署。2016 年 8 月，党中央、国务院隆重召开新世纪第一次全国卫生与健康大会，明确了建设健康中国的大政方针；同年 10 月，发布实施《"健康中国 2030"规划纲要》，明确了行动纲领。党的十九大将"实施健康中国战略"提升到国家整体战略层面统筹谋划。从全面建成小康社会到基本实现现代化，再到全面建成社会主义现代化强国，健康中国战略将在每一个阶段与整体战略紧密衔接，发挥重要支撑作用。

（二）满足人民对美好生活需要的重要支撑

当前，健康越来越成为影响人民获得感、幸福感、安全感的重要因素。经济增长并不必然带来国民健康水平的提升，而是需要以民为本的领导决心和全局性、前瞻性的健康规划，以实现健康与经济社会良性协调发展。一个人民健康水平不断提高的社会，才是充满生机活力而又和谐有序的社会。随着经济社会发展，人民群众对健康安全的要求日益提高，保障和改善人民健康对于维护社会和谐稳定、保障国家长治久安具有重要意义。同时，我国面临多重疾病威胁并存、多种影响因素交织的复杂局面，医疗卫生发展不平衡不充分与人民日益增长的健康需求之间的矛盾比较突出。这就需要大力实施健康中国战略，最大限度降低健康危险因素，全面提升医疗卫生发展水平，更好满足人民健康需要，全方位全周期维护人民健康，促进人的全面发展和社会全面进步。健康中国建设体现着国家以人民为中心的发展理念和满足人民对美好生活需要的发展取向，指明了未来政策和资源的倾斜方向，是国家治理理念与国家发展目标的升华。

（三）有利于促进经济转向高质量发展

健康的、高素质的劳动人口是社会生产力的重要组成部分。改善劳动者健康状况，可以有效延长劳动力工作年限、提高劳动生产率和经济增长率。我国改革开放40多年经济能够保持中高速增长，一个重要原因是大量健康的、受过较好教育的劳动力人口提供了源源不断的动力。实施健康中国战略，持续提高劳动者健康素质，有利于新时代中国特色社会主义经济发展实现从劳动力要素驱动向人力资本驱动的转变，释放更多"健康红利"。微观层面，对于企业而言，维护员工的职业安全和健康也是有效的人力资本投资手段，有助于提升企业生产率和核心竞争力。同时，培育发展健康产业还可以拉动投资、吸纳就业、带动产业升级，促进经济协调健康发展。按照《"健康中国 2030"规划纲要》确定的目标，2020 年健康服务业总规模将超过 8 万亿元人民币，2030 年达到 16 万亿元。作为规模相当可观、覆盖范围广、产业链长且在不断扩张的民生产业，健康产业培育了民生经济新增长点，有助于推进供给侧结构性改革、优化服务业供给结构、创造就业并拉动经济的健康可持续增长。

（四）我国现阶段经济社会发展的必然要求

放眼国外，一些欧美发达国家在 20 世纪 70 年代就启动实施国民健康提升计划，作为提升综合国力和劳动力竞争力的重要着力点。随着国民生活水平的提高以及人口老龄化的到来，人们对于就医、健身、养老、旅游、环保等与健康相关的需求要求越来越多，实施健康中国战略正当其时。此外，当前我国正处于脱贫攻坚的关键时期，因病返贫成为其间一大障碍。据国务院扶贫办建档立卡统计，因病致贫、因病返贫贫困户占建档立卡贫困户总数的 42.2%。改善贫困地区的卫生与健康状况，加大医疗扶贫力度，对健康中国战略的实施提出了要求。

第十一章

区域协调发展战略

区域协调发展是指相关区域之间在经济、政治、文化、生态发展上相互联系、关联互动、正向促进，区域利益同向增长，区域差异趋于缩小的过程和状态。区域协调发展的核心是实现区域经济发展效率、经济发展水平和人民生活水平的共同提高、社会的共同进步。[1] 中国作为一个区域发展不平衡的发展中大国，统筹区域发展，促进地区协调发展，缩小区域间的发展差距，是我国经济社会发展的一个重要原则。改革开放 40 多年来，我国区域发展战略举措发生了重大转变，区域协调发展战略的地位逐渐凸显，路径逐渐明晰。党的十九大报告明确提出"实施区域协调发展战略"，第一次将区域协调发展上升到党和国家的重大战略。实施区域协调发展战略，是在中国特色社会主义进入新时代，以习近平同志为核心的党中央紧扣我国社会主要矛盾变化，按照高质量发展的要求提出的重要战略举措，对于促进我国经济社会持续健康发展具有重要而深远的意义。

---

[1] 李晓蕙:《中国区域经济协调发展研究》，知识产权出版社 2009 年版，第 53 页。

一、改革开放以来
我国区域协调发展战略的历史演进

纵观中华几千年的文明发展历史，区域经济发展不平衡古已有之。近代以来，由于资本主义势力入侵和外国商品的冲击，中国自给自足的自然经济基础受到破坏，城乡商品经济得到发展，东西部区域经济发展差异迅速拉大。新中国成立后，党和政府高度重视经济的合理布局和区域经济的发展。中共八大召开前夕，毛泽东发表《论十大关系》讲话，深入地论述了发展沿海与内地的辩证关系，强调在把工业重点合理地移向内地的同时，要利用和发展沿海工业。这种向内陆倾斜的均衡区域发展战略的实施，初步改变了我国历史上形成的经济重心过分偏重于沿海的格局，启动和推动内地走上工业化之路，对社会主义现代化建设事业具有重要的战略意义，对后来区域协调发展战略的形成和发展产生深远影响。

改革开放以来，我国区域协调发展的战略和政策体系不断完善，内涵不断丰富。主要经历了四个阶段：

第一阶段（1979 年至 1991 年）：向沿海地区倾斜的非均衡区域发展战略

改革开放初期，我国区域经济的基础较为薄弱，不同区域所拥有的自然资源、社会资源和发展能力存在明显差异。选择何种方式迅速增强各区域的生存、发展和创新能力，推进区域经济发展和现代化进程，提高社会生产力水平，改善人民生活条件，是以邓小平为核心的党的第二代中央领导集体所要作出的重要战略抉择。邓小平冷静分析国内外形势，在对新中国成立以来经济建设的实践进行深刻总结和反思的基础上，提出"先富带动后富，最终实现共同富裕"和"沿海地区发展与内地发展两个大局"等一系列促进区域经济发展的战略设想。

在这些重要思想的指导下，党的十二大明确了以"重点发展""优先发展"和"带动发展"相协调的区域发展战略。十二大报告指出，"必须由国家集中必要的资金，分清轻重缓急，进行重点建设"，强调"要改变资金过于分散的现象"，"要根据不同地区、不同行业的实际情况，适当调整中央、地方财政收入的分配比例和企业利润留成的比例，还要鼓励地方、部门、企业把资金用到国家急需的建设项目上来"。[1] 由于当时的发展需要，这次党代会侧重解决的是经济发展的速度和效率问题，报告在区域发展战略上鼓励有条件的区域优先发展的战略意图较为明显。1985 年 9 月召开的党的全国代表会议通过的《中共中央关于制定国民经济和社会发展第七个五年计划的建议》，对"重点发展、优先发展和带动发展相协调的区

---

[1] 中共中央文献研究室编：《十二大以来重要文献选编》（上），人民出版社 1986 年版，第 18—19 页。

域协调发展战略"作了更明确的阐述：正确处理地区经济发展的关系，促进地区经济布局合理化；正确处理我国东部、中部、西部三个经济地带的关系，逐步建立以大城市为中心的、不同层次、规模不等、各有特色的经济区网络；把东部地区的发展和中、西部地区的开发很好地结合起来，使它们相互支持，互相促进，使全国经济振兴，人民共同富裕，这应当成为地区经济布局的基本指导思想；东部地区在发展中要主动考虑如何帮助中部和西部的发展，中部和西部吸收东部的资金、技术和管理经验，更好地发挥自己的优势，也可以支持和促进东部经济的发展；对边远地区、后进地区放宽政策，在国家的扶持下，主要依靠本地区的力量，加快经济和文化建设的发展。[1] 十二大报告及中央关于制定"七五"计划的建议中有关区域发展战略的初步构想，构建了此后历次党代会关于区域发展战略的基本框架。

党的十三大报告在坚持十二大以来的区域发展战略基本思想的同时，更加注重突出区域间、产业间和部门间的相互协调，提出"必须坚定不移地贯彻执行注重效益、提高质量、协调发展、稳定增长的战略"。这是第一次提出社会各行业、各部门、各领域在发展过程中的相互协调问题。对于协调发展的政策措施，十三大报告作出规定：在产业发展的地区布局上，既要重点发挥经济比较发达

---

[1] 中共中央文献研究室编：《十二大以来重要文献选编》（中），人民出版社 1986 年版，第 809—810 页。

的东部沿海地区的重要作用，又要逐步加快中部地区和西部地区的开发，使不同地区都能各展所长，并通过相互开放和平等交换，形成合理的区域分工和地区经济结构；促进区域间横向经济联合和企业群体、企业集团的兴起；充分发挥城市作用，把城市首先是大中城市建设成为多功能的、现代化经济中心。[1]同十二大相比，十三大关于区域协调发展的策略作了两点新的调整：一是突出城市在区域经济发展中的带动作用和城乡协调发展问题，要求城市要实行全方位开放，不仅为本城市服务，还要为周围的农村和它所联系的整个经济区服务；二是引入市场机制，强调地区间相互开放和平等交换。

第二阶段（1992 年至 1998 年）：区域协调发展战略的初步形成

第一阶段非均衡发展战略的实施，极大地激发东部沿海地区的经济活力，促使国民经济快速发展，但是，区域经济发展的不平衡性日益显著，地区差距问题逐渐成为影响中国社会经济发展的重要因素之一。例如：东部和中西部地区间发展差距进一步拉大，重复建设、市场封锁、地方保护日益盛行等。如何解决这些问题，真正减少地区差距、实现区域协调发展，就成为党的十四大关注的重大

---

[1] 中共中央文献研究室编：《十三大以来重要文献选编》（上），人民出版社 1991 年版，第 21、29 页。

课题。

　　党的十四大报告总结了改革开放以来区域发展的实践经验，提出区域协调发展的基本原则，报告强调，"在国家统一规划指导下，按照因地制宜、合理分工、各展所长、优势互补、共同发展的原则，促进地区经济合理布局和健康发展"。与十三大相比，十四大关于推进区域协调发展的具体部署上有三点变化：一是强调发达地区的区域带动作用，指出"继续办好经济特区、沿海开放城市和沿海经济开发区"，通过这些地区和城市的经济发展来带动整个区域经济的发展；二是强调国家在区域协调发展中的"统筹规划"作用，对中、西部地区给予政策支持，对少数民族地区以及老革命根据地、边疆地区和贫困地区，采取有效政策加以扶持；三是强调区域间相互协作的重要性，积极促进地区间合理交换和联合协作，形成地区之间互惠互利的经济循环新格局。[1] 十四大报告虽然没有明确提出区域协调发展的概念，但从所确立的发展原则和所采取的具体策略看，对区域经济发展的相互协调问题给予了较大关注。随后，十四届二中全会通过的《中共中央关于调整"八五"计划若干指标的建议》，其中专有一个独立部分"充分发挥各地优势，促进地区经济合理布局和协调发展"，详细阐述区域经济协调发展的基本战略和策略，提出"要突破行政区划界限"，"开展多领域、多层次、多形式

---

[1] 中共中央文献研究室编：《十四大以来重要文献选编》（上），人民出版社 1996 年版，第 22、27 页。

的联合与协作，促进生产要素的优化组合"等实施策略。[1] 十四届五中全会通过的《中共中央关于制定国民经济和社会发展"九五"计划和 2010 年远景目标的建议》，把"坚持区域经济协调发展，逐步缩小地区发展差距"，作为此后十五年的经济和社会发展必须贯彻的"九条重要方针"之一。可以说，十四大以后，促进区域经济协调发展，成为全党加快社会主义现代化建设、进行国民经济和社会发展的一条重要方针。

由于"地区发展差距还明显存在"，党的十五大报告正式将"促进地区经济合理布局和协调发展"纳入未来经济体制改革和经济发展的战略规划，对区域协调发展的策略作出具体安排：打破地区封锁、部门垄断，尽快建成统一开放、竞争有序的市场体系；发挥各地优势，推动区域经济协调发展；加大对中、西部地区的支持力度，优先安排基础设施和资源开发项目，逐步实行规范的财政转移支付制度，鼓励国内外投资者到中、西部投资；进一步发展东部地区同中、西部地区多种形式的联合和合作；更加重视和积极帮助少数民族地区发展经济；发挥中心城市的作用，进一步引导形成跨地区的经济区域和重点产业带。与十四大相比，十五大报告关于区域协调发展的部署有三点变化：第一，在"经济体制改革和经济发展战略"部分，首次提出"促进地区经济合理布局和协调发展"，从经

---

[1] 中共中央文献研究室编：《十四大以来重要文献选编》（上），人民出版社 1996 年版，第 110—111 页。

济发展战略层面对区域协调发展方面作出具体部署；第二，明确提出要打破地区之间的封锁，尽快建成统一开放、竞争有序的市场体系，促进资本、劳动力、技术等生产要素的区域流通；第三，明确提出对中、西部地区和少数民族地区的政策支持，加强东部地区同中、西部地区多种形式的联合和合作。至十五大，区域协调发展作为一项经济发展战略，已正式成为国家经济和社会发展重要战略体系的组成部分。[1]

第三阶段（1999年至2012年）：区域协调发展战略的全面实施

20世纪末，我国区域经济发展中一些隐性问题逐步显现出来，例如，东部一些大城市的膨胀问题、中部六省经济地位的日益边缘化问题、东北老工业基地的衰退以及西部地区的严重落后等问题，地区经济发展差距较大以及中、西部贫困地区、边远民族地区亟待加快发展等问题。因此，如何加强国内经济联合，促进生产力的合理布局，使东、中、西部地区形成各具特色、优势互补的经济，成为一项十分紧迫而重大的现实课题。

1999年，党中央和国务院提出西部大开发战略，标志着我国区域协调发展战略开始进入具体实施阶段。2000年10月，中共十五届

---

[1] 中共中央文献研究室编：《十五大以来重要文献选编》（上），人民出版社2000年版，第26—27页。

五中全会通过的《中共中央关于制定国民经济和社会发展第十个五年计划的建议》，把实施西部大开发、促进地区协调发展作为一项战略任务，把地区协调发展提到了前所未有的高度，强调："实施西部大开发战略、加快中西部地区发展，关系经济发展、民族团结、社会稳定，关系地区协调发展和最终实现共同富裕，是实现第三步战略目标的重大举措。"

党的十六大报告，对十五大以来有关区域协调发展的策略措施进行了全面系统总结，将"促进区域经济协调发展"作为经济建设的一项战略任务和发展目标，作了具体部署：实施统筹城乡经济社会发展；坚持大中小城市和小城镇协调发展；实施西部大开发战略；推进重点地带开发；加强东、中、西部经济交流和合作，实现优势互补和共同发展；形成若干各具特色的经济区和经济带等促进区域协调发展的策略。为把"促进区域经济协调发展"贯彻落实，2003年9月和2004年3月国家又先后实施振兴东北老工业基地和促进中部地区崛起的发展战略。此后，在2005年党的十六届五中全会上通过的《中共中央关于制定"十一五"规划的建议》中提出，要实施区域发展的总体战略，逐步形成主体功能定位清晰，东、中、西部良性互动，公共服务和人民生活水平差距趋向缩小的区域协调发展格局。

十六大以后，以胡锦涛为总书记的党中央，适应新的发展要求提出了科学发展观。十七大报告明确在科学发展观指导下的"全面协调可持续发展"的区域协调发展战略。报告认为，进入新世纪新阶段，"缩小城乡、区域发展差距和促进经济社会协调发展任务艰巨"。为缩小区域发展差距，实现小康社会与和谐社会的目标，十七大报告在继续坚持十六大以来的促进区域发展总体战略的同时，在促进区域协调发展的战略部署方面，提出四点新内容：注重实现基本公共服务均等化，引导生产要素跨区域合理流动；加强国土规划，按照形成主体功能区的要求，完善区域政策，调整经济布局；遵循市场经济规律，突破行政区划界限，形成若干带动力强、联系紧密的经济圈和经济带；以特大城市为依托，形成辐射作用大的城市群，培育新的经济增长极。[1]

第四阶段（2012年至今）：区域协调发展战略的系统深化

进入21世纪后，我国持续实施西部大开发、东北振兴、中部崛起和东部率先发展的区域发展总体战略，逐步形成"四大板块"格局。但是，区域发展中不平衡、不协调问题依然突出，不仅表现为东中西、南北方的不平衡，而且表现在发达地区与欠发达地区、不发达地区，城市与农村，发达富裕地区与深度贫困地区的不平衡，也包括发达地区内部、城市内部、农村内部发展的不平衡等。

党的十八大报告在强调继续实施区域发展总体战略的基础上，指出要"充分发挥各地区比较优势，优先推进西部大开发，全面振

---

[1] 中共中央文献研究室编：《十七大以来重要文献选编》（上），中央文献出版社2009年版，第19—20页。

兴东北地区等老工业基地，大力促进中部地区崛起，积极支持东部地区率先发展"，"采取对口支援等多种形式，加大对革命老区、民族地区、边疆地区、贫困地区扶持力度"。[1]党的十八大报告关于继续实施区域发展总体战略体现四个特点。一是战略目标十分明确。发挥各地区优势、缩小区域发展差距，是继续实施区域发展总体战略的重要目标。二是区域定位更加清晰。针对各个区域不同的发展条件、基础和潜力，加强分类指导，分别提出不同的要求，有利于促进区域优势互补和良性互动，也使区域发展总体战略的内容更加具体、更具操作性。三是工作重点更为突出。把推进西部大开发放在区域发展总体战略的优先位置，充分体现中央对西部地区发展的高度重视。四是政策力度进一步加大。十八大报告优化调整东、中、西、东北四大地区发展战略的重点任务。同时，加大对革命老区、民族地区、边疆地区、贫困地区的扶持力度，体现中央对特殊地区的特别关怀。

党的十八大以来，以习近平同志为核心的党中央与时俱进、科学决策，在区域协调发展方面作出一系列重要论述、采取一系列重大创新性举措，推动我国区域协调发展战略不断系统深化，我国区域发展总体态势呈现由不平衡向趋于平衡、由不协调向日益协调转变的良好态势。主要体现六个方面。第一，把协调发展作为治国理

---

[1] 中共中央文献研究室编：《十八大以来重要文献选编》（上），中央文献出版社 2014 年版，第 18 页。

政的基本发展理念之一。党的十八届五中全会上首次提出"创新、协调、绿色、开放、共享"五大发展理念。新发展理念注重解决发展不平衡问题，它既是治国理政的基本发展理念之一，又是推进各项工作的一个具体要求。十八届五中全会还强调，推动区域协调发展，塑造要素有序自由流动、主体功能约束有效、基本公共服务均等、资源环境可承载的区域协调发展新格局；积极探索抑制地区差距扩大、解决区域发展不平衡的制度举措，通过市场和政府的有机协同，形成动态促进区域协调发展的体制机制。第二，形成"三大战略＋四大板块"的区域发展战略体系。党中央先后提出并实施"一带一路"建设、京津冀协同发展和长江经济带发展"三大战略"，跨越行政区划，把国内区域发展与周边国家发展相统一，全面提升区域发展水平。在"三大战略"的引领下，统筹推进西部大开发、东北振兴、中部崛起和东部率先"四大板块"联动发展，全面形成以沿海沿江沿线经济带为主的纵向横向经济轴带，实现一体联动和重点突破相统一，促进区域协调发展。第三，大力实施脱贫攻坚战略。把坚决打赢脱贫攻坚战提升到事关全面建成小康社会奋斗目标的新高度，出台一系列重大政策措施，举全党全国之力实施脱贫攻坚，强化总体部署，明确工作责任，优化脱贫路径，推动扶贫开发取得显著成就。第四，扎实推进城乡发展一体化。党中央遵循规律、顺势而为，大力推进新型城镇化建设，确立以人的城镇化为核心、以城市群为主体形态、以城市综合承载能力为支撑、以体制机制创新为保障的建设思路，有效发挥对区域和农村的辐射带动作用，有效缩小城乡发展差距、推进城乡发展一体化。第五，充分发挥重大功能平台试验探索、引领促进和辐射带动作用。把重大功能平台建设放在促进区域协调发展的突出位置，通过建立自由贸易试验区，有序推进国家级新区建设，设立统一规范的国家生态文明试验区，进一步拓展领域、挖掘深度，充分发挥其试验探索、引领促进和辐射带动作用。第六，扶持特殊类型困难地区转型发展。党中央进一步加大政策支持力度，推动革命老区、民族地区、边疆地区、贫困地区等特殊类型困难地区跨越发展、转型提升，着力补齐区域发展短板。

十八大后的五年，区域协调发展战略不断系统深化，各地区特别是中西部地区经济发展迅速。2013 年到 2017 年，西部地区生产总值从 12.7 万亿元增加到 17.1 万亿元，年均增长 8.7%，占全国的比重从 19.8% 提高到 20.0%。[1] 尤其是"脱贫攻坚战取得决定性进展，六千多万贫困人口稳定脱贫，贫困发生率从百分之十点二下降到百分之四以下"。[2] "三大战略＋四大板块"的区域发展战略体系叠加效应的显现，是不断创新区域发展政策、深化区域合作的崭新成果，更是深入贯彻新发展理念的必然结果，标志着区域发展进入新时代。

---

[1]《西部这盘棋，越走越活了！》，《人民日报》2018 年 8 月 31 日。

[2] 习近平：《决胜全面建成小康社会　夺取新时代中国特色社会主义伟大胜利》，《人民日报》2017 年 10 月 28 日。

　　站在新的历史起点上，党的十九大报告从我国区域发展新形势和决胜全面建成小康社会、开启全面建设社会主义现代化国家新征程的新要求出发，在全面总结十八大以来有关区域协调发展策略措施的基础上，首次明确提出"实施区域协调发展战略"。2017 年 12 月召开的中央经济工作会议，全面贯彻党的十九大精神，围绕推动高质量发展，提出做好 8 项重点工作，其中之一就是"实施区域协调发展战略"。同十八大相比，党的十九大报告对区域协调发展战略的部署有五点变化：一是第一次提出并用专门部分论述"实施区域协调发展战略"，首次将区域协调发展上升到党和国家的重大战略。这是在全面总结新中国成立以来我国区域经济发展历程基础上，结合新时代我国社会主要矛盾，对区域发展总体战略的完善和升华。二是把老少边穷地区的发展放在区域协调发展战略部分的第一位置，体现了党中央加快发展我国特殊类型困难地区、决胜全面建成小康社会的坚强意志。三是提出"建立更加有效的区域协调发展新机制"，从深化改革和机制体制创新基础上来考量区域协调发展战略，增强区域发展的协同性、联动性、整体性。四是明确实施新型城镇化战略的重点任务，推进形成新型城镇化发展新格局，要求"以城市群为主体构建大中小城市和小城镇协调发展的城镇格局，加快农业转移人口市民化"。五是明确提出区域协调发展的主要任务和战略取向。在加快推进"四大板块"的基础上，优化调整地区发展战略，强调要"以疏解北京非首都功能为'牛鼻子'推动京津冀协同发展"，"以共抓大保护、不搞大开发为导向推动长江经济带发展"，"加快边疆发展"，"坚持陆海统筹"等，突出国家重大区域发展战略的引领带动，促进形成重点区域内外开放的良性互动。

二、改革开放以来
我国实施区域协调发展战略的举措和成效

改革开放 40 多年来，党中央始终高度重视区域发展，作出一系列重要决策部署，统筹推进西部大开发、东北振兴、中部崛起和东部率先发展的区域发展总体战略，引领发挥各地区比较优势，区域发展的协调性不断增强。尤其是党的十八大以来，在以习近平同志为核心的党中央坚强领导下，又提出"一带一路"建设、京津冀协同发展、长江经济带发展三大战略，促进区域协调发展、协同发展、共同发展，推动形成区域发展新格局。

（一）实施西部大开发

改革开放以来，各地区经济都有很大发展，但由丁发展速度不同，地区差距总体上呈扩大趋势，东部沿海地区经济社会发展都取得长足进展，西部地区由于受历史、自然和区位等诸多因素的影响，总体发展水平相对滞后。为加快西部地区发展，1999 年 9 月召开的党的十五届四中全会明确提出国家要实施西部大开发战略[1]，通过优先安排基础设施建设、增加财政转移支付等措施，支持中西部地区和少数民族地区加快发展。2000年1月16日，国务院成立由总理任组长的国务院西部地区开发领导小组。2000年10月，党的十五届五中全会进一步强调：实施西部大开发战略，加快中西部地区发展，是实现现代化建设第三步战略目标的重大举措，是一项艰巨的历史任务。会后，国务院就西部大开发中的资金投入、投资环境、对外对内开放、吸引人才和发展科技教育等制定了若干具体政策措施，明确规定当前和今后一个时期的重点任务和目标是：力争用五到十年时间，使西部地区基础设施和生态环境建设取得突破性进展，西部开发有一个良好开局；到21世纪中叶，要建成一个经济繁荣、社会进步、生活安定、民族团结、山川秀美的新西部。[2]随后，国务院相继制定、实施西部大开发"十一五"规划、"十二五"规划、"十三五"规划以及一系列政策规定，有力推动西部地区的经济发展和社会进步。

西部大开发实施以来，发展成效显著：一是经济实力稳步提

---

[1] 西部开发的政策适用范围包括四川、云南、贵州、西藏、重庆、陕西、甘肃、青海、新疆、宁夏、内蒙古、广西12个省（自治区、直辖市），湖南省湘西土家族苗族自治州、湖北省恩施土家族苗族自治州和吉林省延边朝鲜族自治州经国务院批准也享受西部大开发的相关政策。

[2] 中共中央党史研究室：《中国共产党的九十年：改革开放和社会主义现代化建设新时期》，中共党史出版社、党建读物出版社2016年版，第830—831页。

升。2000 年—2016 年，西部地区生产总值从 16655 亿元增加到
156531 亿元，工业增加值由 5946 亿元增加到 53977 亿元左右。二
是基础设施保障能力全面增强。铁路运营里程达到 5.4 万公里，其中
高速铁路 7618 公里。兰新铁路第二双线、兰渝铁路、西成高铁等一
批重要交通干线相继投入运营。高速公路通车里程突破 5 万公里。
民用运输机场数量达 114 个，占全国比重近 50%。三是特色优势产
业发展壮大。西部地区产业体系和市场体系建设取得明显成效，一
批特色产业基地逐步成形，特别是建成一批国家重要的能源基地、
资源深加工基地、装备制造业基地和战略性新兴产业基地等四大基
地，成为国民经济的重要支撑。四是生态文明建设成效显著。5 年
来，西部地区退耕还林还草面积累计达 1.26 亿亩，森林覆盖率进一
步提高。草原、湿地等重要生态系统得到有效保护和恢复，地区生
态环境明显改善，国家生态安全屏障得到巩固。五是人民生活水平
持续提高。2017 年城镇和农村居民人均可支配收入分别达到 3.1 万
元和 1.1 万元，近 5 年来年均增长超过 10%。农村贫困人口大幅减
少，2018 年西部地区贫困发生率全部下降到 10% 以下。覆盖城乡的
社会保障体系初步建立，社会保障覆盖面不断扩大。六是开放型经
济水平不断提高。西部地区积极参与和融入"一带一路"建设。中
欧班列快速发展，截至 2018 年 8 月，西部地区累计开行 4579 列，
占全国开行总列数的 47%，一些重点开发开放试验区建设稳步推

进。[1] 可以看出，西部地区与东部地区发展差距扩大的趋势得到有力遏制，我国区域发展的协调性不断增强，为决胜全面建成小康社会目标奠定了坚实基础，也大大拓展了国家发展的战略空间。

（二）振兴东北老工业基地

东北老工业基地是新中国工业的摇篮，为我国形成独立、完整的工业体系和国民经济体系作出了历史性重大贡献。随着改革开放的不断深入，老工业基地的体制性、结构性矛盾日益显现，进一步发展面临着许多困难和问题。有鉴于此，2002 年党的十六大指出，"支持东北等老工业基地的调整和改造，支持资源为主的城市和地区发展接续产业"。随后，中共中央、国务院于 2003 年 10 月发布《关于实施东北地区等老工业基地振兴战略的若干意见》，明确实施振兴战略的指导思想、方针任务和政策措施。随着振兴战略的实施，东北地区加快了发展步伐，以国有企业改革为重点的体制机制创新取得重大突破，多种所有制经济蓬勃发展，经济结构进一步优化。自主创新能力显著提升，对外开放水平明显提高，基础设施条件得到改善，重点民生问题逐步解决，城乡面貌发生很大变化。2009 年 9 月，国务院又发布《关于进一步实施东北地区等老工业基地振兴战略的若干意见》，总结 5 年多来振兴工作取得的成绩和经验，立足于

---

[1]《西部这盘棋，越走越活了！》，《人民日报》2018 年 8 月 31 日。

应对国际金融危机、推动全面振兴，进一步充实振兴战略的内涵。2016 年 4 月，中央发布《中共中央国务院关于全面振兴东北地区等老工业基地的若干意见》，提出到 2020 年，东北地区在重要领域和关键环节改革上取得重大成果，在此基础上再用 10 年左右时间，实现全面振兴。2018 年 9 月 28 日，习近平在东北三省考察期间，在辽宁沈阳主持召开深入推进东北振兴座谈会，强调"新时代东北振兴，是全面振兴、全方位振兴"，并就深入推进东北振兴提出六点要求：一是以优化营商环境为基础，全面深化改革；二是以培育壮大新动能为重点，激发创新驱动内生动力；三是科学统筹精准施策，构建协调发展新格局；四是更好支持生态建设和粮食生产，巩固提升绿色发展优势；五是深度融入共建"一带一路"，建设开放合作高地；六是更加关注补齐民生领域短板，让人民群众共享东北振兴成果。[1] 这些新要求，确立了全面振兴东北的重点任务，具有很强的科学性、指导性，是推进新时代东北全面振兴的重要方法论，为东北地区破解矛盾、扬长避短、发挥优势指明了努力方向。

实施振兴战略 10 多年，东北老工业基地尽管还面临一些困难和问题，但总体来说各方面发展取得明显成效和阶段性成果：经济总量迈上新台阶，结构调整扎实推进，国有企业竞争力增强，重大装备研制走在全国前列，粮食综合生产能力显著提高，社会事业蓬勃

---

[1]《解放思想锐意进取深化改革破解矛盾　以新气象新担当新作为推进东北振兴》，《人民日报》2018 年 9 月 29 日。

发展，民生有了明显改善。实践证明，党中央、国务院关于实施东北地区等老工业基地振兴战略重大决策是正确的，东北老工业基地实现全面振兴的前景是广阔的。[1]

（三）促进中部地区崛起

中部地区的山西、安徽、河南、江西、湖南、湖北六省位于我国内陆腹地，具有承东启西、连南通北的区位优势，既是全国重要的粮食主产区，又是国家综合运输网络的中心区域和重要的能源、原材料基地。自改革开放以来，东部沿海地区已率先发展，西部地区、东北老工业基地的经济社会也因政策支持加快发展。在这一背景下，中部地区的经济增长、结构转型所面临的压力增大，发展速度相对趋缓。为加快中部地区发展，2004 年 3 月总理政府工作报告中，首次明确提出促进中部地区崛起；同年 12 月，中央经济工作会议也提到促进中部地区崛起；2006 年 4 月 15 日，中共中央、国务院发出《关于促进中部地区崛起的若干意见》，明确促进中部地区崛起的总体要求、基本原则和相关政策，要求把中部地区建设成全国重要的粮食生产基地、能源原材料基地、现代装备制造及高技术产业基地和综合交通运输枢纽，使中部地区在发挥承东启西和产业发展的优势中崛起。2009 年 10 月 26 日，国务院又印发《关于促进中部

---

[1]《中共中央国务院关于全面振兴东北地区等老工业基地的若干意见》，《人民日报》2016年 4 月 27 日。

地区崛起规划的批复》，正式批准实施《促进中部地区崛起规划》。

这些年来，中部崛起战略实施成效显著：一是经济实力明显增强，中部地区经济总量占全国比重由 2005 年的 18.8% 提高到 2015 年的 20.3%，综合实力和竞争力迈上新台阶；二是结构调整成效突出，中部地区在提升自身经济实力的同时，也带动了产业结构的优化升级，经济结构调整成效显著，工业结构明显优化，现代农业规模壮大，现代服务业发展迅速；三是城镇化进程快速推进，中原城市群、武汉城市圈、长株潭城市群、皖江城市带、太原城市群等中部城市群加速崛起，中心城市规模不断扩大，大中城市发展迅速，小城市和小城镇功能不断提升，城镇体系日趋完善；四是人民生活水平持续提高，城乡居民收入水平大幅提高，增速明显高于东部地区，与全国平均水平的差距在逐渐缩小；五是生态环境日益改善，湖南长株潭城市群全面启动"两型社会"示范区建设，大河西、云龙、昭山、天易、滨湖 5 大示范区 18 个示范片区进展顺利，湘江流域综合治理取得巨大成效，大力发展低碳经济、节能减排成效显著。[1] 可以看出，促进中部地区崛起战略，是落实区域协调发展总体战略的重大举措，对于形成东、中、西互动、优势互补、相互促进、共同发展的新格局，具有重大而深远的意义。

---

[1] 国家发展和改革委员会：《促进中部地区崛起"十三五"规划》，《中国矿业报》2016 年 12 月 27 日。

（四）鼓励东部地区率先发展

东部地区包括北京、天津、河北、上海、江苏、浙江、福建、山东、广东和海南 10 个省（市）。改革开放之初，中国实施的是向以东部沿海地区倾斜的非均衡区域经济发展战略，东部沿海地区经济获得快速发展，并带动中国整体经济的快速发展。为充分发挥东部地区优势，使东部地区率先提高自主创新能力，率先实现经济结构优化升级和增长方式转变，率先完善社会主义市场经济体制，在率先发展和改革中带动帮助中西部地区发展。2005 年 10 月中共十六届五中全会审议通过的《中共中央关于制定国民经济和社会发展第十一个五年规划的建议》明确提出，"鼓励东部地区率先发展"。在政策支持方面，国务院于 2006 年 5 月发布《推进天津滨海新区开发开放有关问题的意见》，批准天津滨海新区为全国综合配套改革试验区，先行试验一些重大的改革开放措施，同时设立天津东疆保税港区。随后，国务院相继批准设立海口、宁波、厦门、深圳、青岛、广州、张家港、烟台、福州保税港区。2008 年以后，国务院又相继发布、批准一系列规划与政策，如《国务院关于进一步推进长江三角洲地区改革开放和经济社会发展的指导意见》《珠江三角洲地区改革发展规划纲要》《国务院关于推进上海加快发展现代服务业和先进制造业、建设国际金融中心和国际航运中心的意见》《江苏沿海地区发展规划》《横琴总体发展规划》《国务院关于推进海南国际旅游岛建设发展的若干意见》《黄河三角洲高效生态经济区发展规划》等。

这些年来，东部地区作为中国改革开放的先行地区和前沿地带，率先发展的脚步尤为扎实，转型升级、开放创新均走在前列，区域发展新动能新亮点不断涌现，建立全方位开放型经济体系、更高层次参与国际合作与竞争，创造了许多各具特色的经济发展模式和宝贵经验，在全国继续发挥重要增长引擎和辐射带动作用。

（五）京津冀协同发展战略

近年来，我国城市建设、经济发展和创新能力都取得重大历史性成就，京津冀区域作为中国经济第三极，发展成效明显，但是仍然面临许多矛盾和问题，区域发展不平衡尤为凸显。2014 年 2 月 26 日，习近平总书记视察北京并发表重要讲话，指出"京津冀地缘相接、人缘相亲，地域一体、文化一脉，历史渊源深厚、交往半径相宜，完全能够相互融合、协同发展"，强调京津冀协同发展是一个重大国家战略，并全面系统阐述其重大意义、推进思路和重点任务。2015 年 2 月和 4 月，习近平总书记先后主持召开中央财经领导小组会议、中央政治局常委会会议和中央政治局会议，研究审议《京津冀协同发展规划纲要》（以下简称《纲要》）并发表重要讲话，进一步明确有序疏解北京非首都功能、推动京津冀协同发展的目标、思路和方法。《纲要》指出，推动京津冀协同发展的核心是有序疏解北京非首都功能，要在京津冀交通一体化、生态环境保护、产业升级转移等重点领域率先取得突破。

2014 年以来，京津冀协同发展成效显著，三地目标同向、措施一体、优势互补、互利共赢的新格局逐步显现：经济结构不断优化调整，北京市"瘦身提质"，"高精尖"经济结构逐步构建，天津市"强身聚核"，先进制造业和现代服务业快速发展，河北省"健身增效"，产业结构调整步伐加快；有序疏解北京非首都功能，强化北京城市副中心和雄安新区两翼联动；京津冀交通一体化深入推进，打造"轨道上的京津冀"，实现京津冀主要机场一体化运营管理；环保联防联控联治和生态建设力度持续加大，基本公共服务共建共享；生态环境保持向好态势，2017 年京津冀区域内 PM2.5 浓度同比下降近 10%；资源要素配置范围扩大，2014 年至 2017 年，三省市互派400 多名干部挂职工作，河北省引进京津资金约 1.4 万亿元，中关村企业在津冀设立分支机构超 6100 家。[1]

（六）长江经济带发展战略

长江经济带覆盖上海、江苏、浙江、安徽、江西、湖北、湖南、重庆、四川、云南、贵州等 11 省市，面积约 205 万平方公里，占全国的 21%，人口和经济总量均超过全国的 40%。长江经济带生态地位重要、综合实力较强、发展潜力巨大，同时也面临诸多亟待解决的困难和问题，主要是生态环境状况形势严峻、长江水道存在瓶颈制约、区域发展不平衡问题突出、产业转型升级任务艰巨、区

---

[1]《携手行进在春天里——写在京津冀协同发展战略实施四周年之际》，《人民日报》2018年 2 月 26 日。

域合作机制尚不健全等。针对于此，2016年1月5日，习近平总书记在重庆召开推动长江经济带发展座谈会指出，当前和今后相当长一个时期，要把修复长江生态环境摆在压倒性位置，共抓大保护，不搞大开发。把推动新型城镇化作为重要抓手，加强与"一带一路"倡议衔接互动，培育长江经济带全方位对外开放新优势。3月25日，中共中央政治局召开会议，审议通过《长江经济带发展规划纲要》（简称《纲要》）。《纲要》从规划背景、总体要求、大力保护长江生态环境、加快构建综合立体交通走廊、创新驱动产业转型升级、积极推进新型城镇化、努力构建全方位开放新格局、创新区域协调发展体制机制、保障措施等方面描绘了长江经济带发展的宏伟蓝图。

推动长江经济带发展两年多时间，尽管还面临一些困难和挑战，但在强化顶层设计、改善生态环境、促进转型发展、探索体制机制改革等方面取得了积极进展：一是规划政策体系不断完善，《纲要》及10个专项规划印发实施，超过10个各领域政策文件出台实施；二是共抓大保护格局基本确立，开展系列专项整治行动，饮用水源地、入河排污口、化工污染、固体废物等专项整治行动扎实开展，长江水质优良比例由2015年底的74.3%提高到2017年三季度的77.3%；三是综合立体交通走廊建设加快推进，产业转型升级取得积极进展，新型城镇化持续推进，对外开放水平明显提升，经济保持稳定增长势头，长江沿线11省市的地区生产总值占全国比重超过了45%；四是聚焦民生改善重点问题，扎实推进基本公共服务均等化，人民生活水平明显提高。[1]

三、改革开放以来
我国实施区域协调发展战略的重大意义

改革开放 40 多年来，我国区域协调发展战略从形成到发展，路径不断清晰，内涵不断丰富，成效不断显现。实施这一重大战略，对于增强区域发展协同性、建设现代化经济体系，实现全体人民共同富裕、体现社会主义优越性，实现"两个一百年"奋斗目标、实现中华民族伟大复兴的中国梦，都具有重要而深远的意义。

第一，实施区域协调发展战略，是增强区域发展协同性、建设现代化经济体系的重要举措。在我国，区域经济发展不平衡现象由来已久。新中国成立后特别是改革开放以来，党中央始终高度重视解决区域经济发展不平衡的问题，从 1999 年开始，我国逐步形成西部开发、东北振兴、中部崛起、东部率先的区域发展总体战略。党的十八大以来，以习近平同志为核心的党中央统筹内外、着眼全局，提出建设"一带一路"倡议和京津冀协同发展、长江经济带发展战略，推动形成东西南北纵横联动发展新格局。党的十九大报告

---

[1] 习近平：《在深入推动长江经济带发展座谈会上的讲话》，《人民日报》2018 年 6 月 14 日。

根据我国社会主要矛盾的变化，立足于解决发展不平衡不充分问题，提出今后一个时期实施区域协调发展战略的主要任务，强调要"建立更加有效的区域协调发展新机制"，增强区域发展的协同性、联动性、整体性，强调把实施区域协调发展战略作为建设现代化经济体系的重要举措之一。2018 年 1 月 30 日，习近平总书记在中央政治局围绕建设现代化经济体系进行集体学习时，进一步指出："要积极推动城乡区域协调发展，优化现代化经济体系的空间布局，实施好区域协调发展战略，推动京津冀协同发展和长江经济带发展，同时协调推进粤港澳大湾区发展。"这些都充分阐述了实施区域协调发展战略与增强区域发展协同性、建设现代化经济体系之间的内在逻辑。改革开放以来，我国经济高速增长在一定程度上是以高耗能为代价的，随着经济发展进入新常态，高耗能等落后产能逐渐被淘汰，绿色低碳、创新引领成为现代化经济体系的重要标志。通过实施区域协调发展战略，促进人口、经济和资源、环境的空间均衡，进而实现各区域更高质量、更有效率、更加公平、更可持续的发展，有助于构建现代化经济体系的战略空间。另外，我国现阶段各地区面临着产业老化、同化等问题，建立现代化经济体系必须不断促进传统产业优化升级，淘汰转型落后产业，寻找经济发展新动能，科学统筹整个产业布局优化，这就需要各地区依据主体功能定位发展、充分发挥各区域优势。因此，实施区域协调发展战略，对于增强区域发展协同性，提高我国经济发展质量和效益、建设现代化经济体系将发挥重要支撑作用。

第二，实施区域协调发展战略，是实现全体人民共同富裕、体现社会主义优越性的必然要求。社会主义的本质是解放生产力，发展生产力，消灭剥削，消除两极分化，最终达到共同富裕。实现全体人民共同富裕既是社会主义的本质要求，也是社会主义优越性的重要体现。早在 20 世纪 80 年代，当改革开放和社会主义现代化建设全面展开以后，邓小平就对全国经济的协调发展状况进行过深刻的考虑，他提出了"两个大局"的思想。一个大局，就是东部沿海地区加快对外开放，使之较快地发展起来，中西部地区要顾全这个大局；另一个大局，就是当发展到一定时期，就要使出更多的力量帮助中西部地区加快发展，东部沿海地区也要服从这个大局。这一战略设想根据生产力发展水平和各方面条件，让东部地区先加快发展，然后带动和支持西部地区发展，最终实现全国各地区共同繁荣和共同富裕。因此，改革开放初期，我国把原来的内陆地区与东部沿海地区均衡发展战略改变为向东部沿海地区倾斜的非均衡发展战略，从而加速了资源的优化配置和区域经济的形成。但是区域经济的发展又加剧了我国经济在地区之间、区域之间的分化，拉大了沿海和内地的经济发展差距，地区经济出现不平衡不协调的发展特征，特别是革命老区、民族地区、边疆地区、贫困地区等基础设施和公共服务设施依然较为薄弱，脱贫压力较大。习近平总书记在党的十九大报告中强调："确保到二〇二〇年我国现行标准下农村贫困人口实现脱贫，贫困县全部摘帽，解决区域性整体贫困。"因此，我国贫困问题的区域性特征，决定了要打赢精准扶贫攻坚战，必须与区域协调发展战略结合起来。通过实施区域协调发展战略，可以健全地区间帮扶机制，加大促进贫困地区脱贫力度，保证这些地区与全国人民一道实现全面小康。

第三，实施区域协调发展战略，是实现"两个一百年"奋斗目标的内在要求。中共十五大报告首次提出"两个一百年"奋斗目标：第一个一百年，是到中国共产党成立100年（2021年）时全面建成小康社会；第二个一百年，是到新中国成立100年（2049年）时建成富强、民主、文明、和谐的社会主义现代化国家。今后一个时期，是实现第一个百年目标并向第二个百年目标迈进的关键期。实现第一个百年目标的过程中，突出抓重点、补短板、强弱项。实施区域协调发展战略，紧紧抓住集中连片特殊困难地区这个重点，农村贫困人口脱贫这个短板，坚决打好精准脱贫攻坚战，2020年我国现行标准下农村贫困人口实现脱贫、贫困县全部摘帽、解决区域性整体贫困，这是让贫困人口和贫困地区人民同全国人民一道进入全面小康社会的重大战略举措。党的十九大综合分析国际国内形势和我国发展条件，着眼实现社会主义现代化和中华民族伟大复兴，在全面建成小康社会的基础上，提出分"两步走"在本世纪中叶实现第二个百年目标即建成富强、民主、文明、和谐、美丽的社会主义现代化强国。其中，第一阶段即从2020年到2035年的发展目标之一是实现"城乡区域发展差距和居民生活水平差距显著缩小"，第二阶段即从2035年到本世纪中叶的发展目标之一是"全体人民共同富裕基本实现"，这就从国家战略层面明确了区域协调发展战略在关键阶段的关键任务。这是对"两个一百年"奋斗目标历史交汇期我国区域发展的新部署，是今后一个时期推进区域协调发展的行动指南。

第十二章

从新时期"三步走"
到新时代"两步走"发展战略

党的十八大以来，我国经济社会不断发展，各项事业不断进步，中国特色社会主义进入了新时代。党的十九大报告明确了新时代中国发展的战略安排。报告指出，我国社会主义现代化建设从2020年到本世纪中叶可以分两个阶段来安排：第一个阶段从2020年到2035年，在全面建成小康社会的基础上，再奋斗15年，基本实现社会主义现代化；第二个阶段从2035年到本世纪中叶，在基本实现现代化的基础上，再奋斗15年，把我国建成富强民主文明和谐美丽的社会主义现代化强国。这一重大战略，把从全面建成小康社会到基本实现社会主义现代化再到全面建成社会主义现代化强国分为"两步走"，因此被称为新时代"两步走"发展战略。新战略清晰、具体地描绘了在2020年全面建成小康社会之后向第二个百年奋斗目标进军的宏伟蓝图，开启了全面建设社会主义现代化国家的新征程。这一重大战略，为实现我国现代化建设提供了坚强有力保证，彰显了中国共产党的战略谋划和使命担当，也向世界表明了中国共产党人在社会主义现代化建设上的薪火相传和继往开来。

一、中国共产党探索社会主义现代化建设战略目标和分阶段实现目标的历史脉络

现代化是人类社会发展进程中的历史现象，是很多发展中国家所面临的共同课题。在二战后兴起的第三次现代化浪潮中，许多发展中国家都把"现代化"作为追求的目标，提出了各种各样的现代化理论与路径。中国共产党从执政之初，就认识到现代化建设的重要性，并为之进行努力探索。中国共产党对现代化建设战略目标和分阶段实现目标的认识历程，是一个不断丰富发展和循序推进的过程。新中国成立以后，我们党就提出建设工业化现代化国家、建设"四个现代化"强国的奋斗目标。改革开放之后，我们党提出社会主义现代化建设的"三步走"战略、"新三步走"战略。在提前实现解决人民温饱问题、人民生活总体上达到小康水平这两个目标的基础上，我们党又提出"两个一百年"奋斗目标。党的十八大以来，党和国家事业发生历史性变革，面对新的形势，党的十九大提出新时代"两步走"发展战略。党中央这一系列战略部署，都是站在我国社会主义现代化建设的基点上，对以往提出的战略目标既一脉相承又与时俱进地深化和推进。

（一）从工业化到"四个现代化"的战略目标演进和"两步走"战略设想

新中国成立之初，以毛泽东同志为核心的党的第一代中央领导集体，认识到工业化是社会现代化的重要内容和重要标志，把实现工业化放在重要位置，并在此基础上提出"四个现代化"的战略目标。

1954 年，毛泽东在第一届全国人大一次会议的开幕词中指出：准备在几个五年计划之内，将我们现在这样一个经济上文化上落后的国家，建设成为一个工业化的、具有高度现代化程度的伟大的国家。周恩来在这次会议上所作的政府工作报告中，进一步提出建设起强大的现代化的工业、现代化的农业、现代化的交通运输业和现代化的国防。这是"四个现代化"的最初表述。1957 年毛泽东又提出："我们一定要建设一个具有现代工业、现代农业和现代科学文化的社会主义国家。"首次地将科学文化纳入社会主义建设的战略目标之内，对现代化的认识和理解更加全面和完整。1960 年初，毛泽东在《读苏联〈政治经济学教科书〉的谈话》中提出：建设社会主义，原来要求是工业现代化、农业现代化、科学文化现代化，现在要加上国防现代化。这是关于"四个现代化"的第一次完整表述。20 世纪 60 年代初，在毛泽东提出的"农业是基础，工业是主导"思想的指导下，农业现代化从原来的第二位上升到第一位，更加符合我国的国情。1964 年 12 月，周恩来在三届全国人大一次会议上所作的政府工作报告中，代表中共中央正式向全党和全国人民庄严宣告："总的说来，就是要在不太长的历史时期内，把我国建设成为一个具有现代农业、现代工业、现代国防和现代科学技术的社会主义强国，赶上和超过世界先进水平。"[1] 至此，"四个现代化"的规范表述，被作为中国现代化战略目标正式写入党和国家文件中，为全党全国人民所接受。

中国共产党在提出、完善现代化战略目标的同时，在分阶段实现目标方面也获得了成功实践。1963年夏，毛泽东根据当时国民经济从严重困难中逐渐走出来的情况，提出分两步走，在20世纪内实现"四个现代化"的设想。他提出："把一九六三年到一九六五年这三年作为一个过渡阶段，仍然以调整、巩固、充实、提高的八字方针为这一时期国民经济计划的方针。三年过渡之后，搞一个十五年的设想，就是基本上搞一个初步的独立的国民经济体系，或者说工业体系；然后再有十五年左右，建成一个具有现代化农业、现代化工业、现代化国防和现代化科学技术的社会主义强国。"[2] 毛泽东这个设想，是用两个"十五年"的时间实现"四个现代化"。其后，中共中央曾经在《关于工业发展问题》这个没有正式下发的文件中，把"两步走"思想吸收到工业化发展规划："在三年过渡阶段之后，我们

---

[1]《周恩来选集》下卷，人民出版社1984年版，第439页。

[2] 中共中央文献研究室编:《毛泽东传》第六卷，中央文献出版社2011年版，第2325页。

的工业发展可以按两步来考虑：第一步，搞十五年，建立一个独立的完整的工业体系，使我国工业大体赶上世界先进水平；第二步，再用十五年，使我国工业接近世界的先进水平。"[1] 经过反复酝酿，三届全国人大一次会议在提出"四个现代化"战略目标时，明确指出分"两步走"来实现目标："第一步，建立一个独立的比较完整的工业体系和国民经济体系；第二步，全面实现农业、工业、国防和科学技术的现代化，使我国经济走在世界的前列。"[2] 这个宏伟的目标，全面体现了毛泽东分两步走实现中国现代化的战略设想，为全国各族人民绘制了一幅未来发展的美好蓝图。

这个"两步走"的战略设想，在全党和全国各族人民心中产生强烈反响。周恩来在 1975 年 1 月 13 日召开的四届全国人大一次会议上重申了这个"两步走"战略设想，再次宣布："第一步，用十五年时间，即在一九八〇年以前，建成一个独立的比较完整的工业体系和国民经济体系；第二步，在本世纪内，全面实现农业、工业、国防和科学技术的现代化，使我国国民经济走在世界的前列。"[3] 分两步走实现"四个现代化"这一战略设想，不仅是当时整个政府工作报告最为引人注目的亮点，还是党的十一届三中全会实现全党工作重点转移的重要依据，也是邓小平后来提出分三步走基本实现现代化

---

[1] 中共中央文献研究室编：《毛泽东传》第六卷，中央文献出版社2011年版，第2326页。

[2]《周恩来选集》下卷，人民出版社1984年版，第439页。

[3]《周恩来选集》下卷，人民出版社1984年版，第479页。

战略构想的重要思想渊源。

（二）"中国式的现代化"的奋斗目标和"三步走"发展战略、"新三步走"发展战略

党的十一届三中全会实现全党工作重点转移，提出工作重心转到"实现四个现代化"这一战略目标上来。面对新的国际国内形势，邓小平立足中国具体国情，研究世界现代化发展的情况和有利条件，对如何"实现四个现代化"作了深入思考。1979 年 10 月 4 日，他明确提出"中国式的现代化"的奋斗目标："我们开了大口，本世纪末实现四个现代化。后来改了个口，叫中国式的现代化"[1]。他还进一步阐述了这个"中国式的现代化"，就是要建立一个"小康"社会。[2]1980 年 1 月 16 日，他在《目前的形势和任务》这篇讲话中，对如何实现"中国式的现代化"，强调要分两步走："我们要在本世纪实现四个现代化，从今年元旦起，只有二十年，就是八十年代和九十年代。如果四个现代化不在八十年代做出决定性的成绩，那它就等于遭到了挫折。所以，对于我们的建设事业说来，八十年代是很重要的，是决定性的。这个十年把基础搞好了，加上下一个十年，在今后二十年内实现中国式的四个现代化，就可靠，就真正有

---

[1]《邓小平文选》第二卷，人民出版社 1994 年版，第 194 页。

[2]《邓小平年谱（1975—1997）》，中央文献出版社 2004 年版，第 582 页。

希望。"[1]根据邓小平的战略设想，党的十二大提出，"从一九八一年到本世纪（20世纪）末的二十年，我国经济建设总的奋斗目标是，不断提高经济效益的前提下，力争使全国工农业的年总产值翻两番……实现了这个目标……城乡人民的收入将成倍增长，人民的物质文化生活可以达到小康水平。"[2]对于如何实现这个目标，十二大报告明确指出："在战略部署上要分两步走：前十年主要是打好基础，积蓄力量，创造条件，后十年要进入一个新的经济振兴时期。"[3]

在十二大提出的"两步走"的基础上，邓小平还从中国实际出发，提出"更重要的"第三步战略构想。他在 1987 年 4 月 30 日明确指出："我们原定的目标是，第一步在八十年代翻一番。以一九八〇年为基数，当时国民生产总值人均只有二百五十美元，翻一番，达到五百美元。第二步是到本世纪末，再翻一番，人均达到一千美元。实现这个目标意味着我们进入小康社会，把贫困的中国变成小康的中国。那时国民生产总值超过一万亿美元，虽然人均数还很低，但是国家的力量有很大增加。我们制定的目标更重要的还是第三步，在下世纪用三十年到五十年再翻两番，大体上达到人均四千

---

[1]《邓小平文选》第二卷，人民出版社 1994 年版，第 241 页。

[2] 中共中央文献研究室编：《十二大以来重要文献选编》（上），人民出版社 1986 年版，第 14 页。

[3] 中共中央文献研究室编：《十二大以来重要文献选编》（上），人民出版社 1986 年版，第 16 页。

美元。做到这一步，中国就达到中等发达的水平。这是我们的雄心壮志。目标不高，但做起来可不容易。"[1]根据邓小平这些重要论述，党的十三大制定了分三步走基本实现现代化的发展战略。这就是："第一步，实现国民生产总值比一九八〇年翻一番，解决人民的温饱问题。这个任务已经基本实现。第二步，到本世纪末，使国民生产总值再增长一倍，人民生活达到小康水平。第三步，到下个世纪中叶，人均国民生产总值达到中等发达国家水平，人民生活比较富裕，基本实现现代化。然后，在这个基础上继续前进。"[2]

为更好实现"三步走"战略，党中央和国务院着手制订"九五"计划，同时研制 2010 年的远景目标。1996 年 3 月，根据党的十四届五中全会提出的建议，经第八届全国人民代表大会第四次会议批准的《中华人民共和国国民经济和社会发展"九五"计划和二〇一〇年远景目标纲要》指出："'九五'国民经济和社会发展的主要奋斗目标是：全面完成现代化建设的第二步战略部署，到二〇〇〇年，人口控制在十三亿以内，实现人均国民生产总值比一九八〇年翻两番；基本消除贫困现象，人民生活达到小康水平；加快现代企业制度建设，初步建立社会主义市场经济体制。为下世纪初开始实施第三步战略部署奠定更好的物质技术基础和经济体制

---

[1]《邓小平文选》第三卷，人民出版社 1993 年版，第 226 页。

[2] 中共中央文献研究室编：《十三大以来重要文献选编》（上），人民出版社 1991 年版，第 16 页。

基础。"[1] "二〇一〇年国民经济和社会发展的主要奋斗目标是：实现国民生产总值比二〇〇〇年翻一番，人口控制在十四亿以内，人民的小康生活更加宽裕，形成比较完善的社会主义市场经济体制。"[2] 这一纲领性文件，明确了这一阶段的国内生产总值、人口、人民生活和经济体制等具体内容，使邓小平提出的"三步走"发展战略的第三步战略更加具体化，更便于实施。

到 1997 年，由于党和人民的努力奋斗，"三步走"发展战略的第二步主要指标提前实现。如何更加科学有效地实施第三步发展战略，是摆在党和人民面前的重大课题。针对于此，党的十五大提出新的"三步走"发展战略，并首次提出"两个一百年"奋斗目标。十五大报告指出："展望下世纪，我们的目标是，第一个十年实现国民生产总值比二〇〇〇年翻一番，使人民的小康生活更加宽裕，形成比较完善的社会主义市场经济体制；再经过十年的努力，到建党一百年时，使国民经济更加发展，各项制度更加完善；到世纪中叶建国一百年时，基本实现现代化，建成富强民主文明的社会主义国家。"[3] 在这里，我们之所以称它为新的"三步走"发展战略，并

---

[1] 中共中央文献研究室编：《十四大以来重要文献选编》（中），人民出版社 1997 年版，第 1837 页。

[2] 中共中央文献研究室编：《十四大以来重要文献选编》（中），人民出版社 1997 年版，第 1840 页。

[3] 中共中央文献研究室编：《十五大以来重要文献选编》（上），人民出版社 2000 年版，第 4 页。

非是在邓小平提出的"三步走"发展战略之外另搞一套发展战略，而是对邓小平提出的第三步发展战略提出一个分阶段实施的纲要。因此，这个新"三步走"发展战略，与邓小平提出的"三步走"战略，甚至与毛泽东开创的分阶段实现中国社会主义现代化的思想，都是一脉相承的。

党的十五届五中全会通过的《中共中央关于制定国民经济和社会发展第十个五年计划的建议》指出："从新世纪开始，我国将进入全面建设小康社会，加快推进社会主义现代化的新的发展阶段。"但是，这个文件没有对全面建设小康社会的目标和完成时间作出规定。对此，党的十六大报告进一步明确指出："根据十五大提出的到二〇一〇年、建党一百年和新中国成立一百年的发展目标，我们要在本世纪头二十年，集中力量，全面建设惠及十几亿人口的更高水平的小康社会，使经济更加发展、民主更加健全、科教更加进步、文化更加繁荣、社会更加和谐、人民生活更加殷实。"[1] 从确定"新三步走"的发展战略到确定全面建设小康社会的奋斗目标，不仅是对中共十三大确定的70年"三步走"发展战略的进一步细化，同时也给原来确定的发展战略增添了可持续发展等新内容。党的十七大又根据我国社会各领域改革和发展的新形势，对全面建设小康社会提

---

[1] 中共中央文献研究室编：《十六大以来重要文献选编》（上），中央文献出版社 2005 年版，第14页。

出了"新的更高要求"[1]，推动了这一战略任务的进一步展开。

（三）"建成社会主义现代化强国"的战略目标和新时代"两步走"发展战略

2012年，党的十八大召开。大会认真总结了过去五年以及十六大以来十年发展的成就和经验，对全面建设小康社会的战略目标作了进一步的调整，提出"要在十六大、十七大确立的全面建设小康社会目标的基础上努力实现新的要求"；要求全党全面把握机遇，沉着应对挑战，"确保到二〇二〇年实现全面建成小康社会宏伟目标"。[2]与此同时，十八大还进一步明确了"两个一百年"奋斗目标，即在中国共产党成立一百年时全面建成小康社会，在中华人民共和国成立一百年时建成"社会主义现代化国家"。

党的十八大以来，以习近平同志为核心的党中央站在历史和时代的高度，科学把握当今世界和当代中国发展大势，从坚持和发展中国特色社会主义全局出发，作出一系列重大决策部署，特别是明确提出协调推进全面建成小康社会、全面深化改革、全面依法治国、全面从严治党的"四个全面"战略布局。在"四个全面"中，

[1] 中共中央文献研究室编：《十七大以来重要文献选编》（上），中央文献出版社2009年版，第15页。

[2] 中共中央文献研究室编：《十八大以来重要文献选编》（上），中央文献出版社2014年版，第13页。

"既有战略目标,也有战略举措",其中的每一个"全面",都具有深刻而丰富的科学内涵,四个"全面"又构成一个系统的整体。比如说,全面建成小康社会,是实现"两个一百年"奋斗目标的第一个百年奋斗目标的阶段,是实现社会主义现代化和中华民族伟大复兴中国梦的阶段性战略目标。全面深化改革、全面依法治国、全面从严治党是实现全面建成小康社会战略目标的三大举措,分别为顺利实现全面建成小康社会的战略目标提供动力源泉、法治保障和政治保证。"四个全面"战略布局,把全面建成小康社会、实现"两个一百年"奋斗目标和实现"中国梦"有机结合起来,进一步丰富了社会主义现代化的理论内涵和实践创造。

党的十九大在总结过去五年的工作和历史性变革的基础上,根据现代化的规律、进程和阶段性特点及要求,从新时代中国特色社会主义的新要求出发,明确从 2020 年到本世纪中叶分两步走把我国建成富强民主文明和谐美丽的社会主义现代化强国的战略目标。前一步重在打牢现代化的坚实基础,后一步要在前一步的基础上实现强国提升。这一战略安排把基本实现社会主义现代化的目标提前了15 年。新时代"两步走"发展战略,体现了对"三步走"战略目标的深化,也体现了对"两个一百年"奋斗目标的推进,丰富和提升了现代化建设的目标及要求。

从历史发展脉络来看,实现现代化是中国共产党矢志不渝的追求,中国现代化战略目标经历了从"工业化"到"四个现代化"、从"社会主义现代化国家"到"社会主义现代化强国",从"高度文明、高度民主"到"富强民主文明"、从"富强民主文明和谐"到"富强民主文明和谐美丽"不断丰富发展的演进过程。这一个个目标，是由低到高逐步实现的，是承前启后、层层递进、不断升级的，直到全面建成社会主义现代化强国。这一演进历程，是新中国从"站起来""富起来"向"强起来"迈进的历程，是物质文明、政治文明、精神文明、社会文明、生态文明全面提升和协同并进的历程。

在党领导人民实现现代化建设战略目标的征程上，分阶段实现目标的重大举措获得了成功实践。改革开放以来，中国共产党领导人民分阶段进行社会主义现代化建设的时间表、路线图就完整展现出来，实际上共分五个阶段：第一阶段，改革开放之初到1990年主要解决人民温饱问题；第二阶段，1991年到2000年使人民生活达到小康水平；第三阶段，2001年到2020年全面建成小康社会；第四阶段，2021年到2035年基本实现现代化；第五阶段，2036年到2050年建成富强民主文明和谐美丽的社会主义现代化强国。可以看出，中国共产党人不仅善于顺应人民愿望，制定国家发展的长期战略，而且善于把长期规划分解成一个个连续的、继起的中期发展规划，再把中期规划具体化为短期目标任务，这就构成了完整、清晰、可操作的社会主义现代化建设蓝图和实施方案。其中，长期战略指明建设目标，中期规划给出实施路径，短期目标明确年度任务，这种长短结合、逐层分解、逐步落实的战略规划，是中国特色社会主义建设和发展的重要内容之一。同时，为了实现长期规划目标，不断推进改革开放，持续深化改革措施，通过具体的政策措施把规划的目标落到实处。这种把战略目标长远规划与分阶段实施目标有机结合的方式，把改革开放、政策制定实施有机地结合的方式，是中国共产党人治国理政的成功经验之一。

二、新时代"两步走"发展战略
适应新时代中国发展的新要求

党的十九大报告提出新时代"两步走"发展战略，是我们党立足于我国发展新的历史方位，对实现中华民族伟大复兴的历史使命和推进社会主义现代化建设新的"顶层设计"。这一重大战略，立足新的历史方位，解决新的社会主要矛盾，引领中国进入高质量发展阶段。

第一，立足新的历史方位。党的十九大报告指出"中国特色社会主义新时代"这一新的历史方位。新的历史方位，必然要求制定适应新形势发展的新战略新部署。新时代"两步走"发展战略是立足于新的历史方位，在总结中国共产党探索社会主义现代化建设战略目标和分阶段实现目标历史经验的基础上，对新时代中国特色社会主义发展作出的重大战略部署，其中也必然反映了新时代这一重大历史方位变化的丰富内涵。从新时代的指导思想层面看，"两步走"发展战略极大提升和丰富了中国特色社会主义理论与实践，体

现了习近平新时代中国特色社会主义思想的继承性、创新性、时代性。主要体现为三点：一是把基本实现社会主义现代化的目标提前了 15 年。我们党过去提出的"三步走"发展战略是到本世纪中叶基本实现现代化，这次提出到 2035 年就要基本实现社会主义现代化。二是使第二个百年奋斗目标的实现步骤更为清晰。在过去对第二个百年奋斗目标的规划中，没有明确具体的实现步骤，党的十九大明确指出分两步走。三是对我们党第二个百年奋斗目标的实现提出更高要求。过去对第二个百年奋斗目标的内涵描述，是到 21 世纪中叶"基本实现现代化，把我国建成富强民主文明和谐的社会主义国家"。十九大提出的"两步走"战略，对奋斗目标的内涵设计上作了调整，调整后的第二个百年奋斗目标，就不再是原来的基本实现现代化的社会主义国家，而是在基本实现现代化的基础上再奋斗 15 年建成的社会主义现代化强国。从新时代的发展理念层面看，"两步走"发展战略全面落实以人民为中心的发展思想，强调"人民平等参与、平等发展权利得到充分保障"，"人民生活更为宽裕"，"全体人民共同富裕基本实现"，"人民将享有更加幸福安康的生活"等；全面贯彻创新、协调、绿色、开放、共享五大发展理念，强调到本世纪中叶，"我国物质文明、政治文明、精神文明、社会文明、生态文明将全面提升，实现国家治理体系和治理能力现代化，成为综合国力和国际影响力领先的国家"。"两步走"发展战略的这些基本内涵，都是适应新时代发展的重要体现。另外，党的十九大在作出"两个阶段"目标的战略安排时，只作原则性展望，不提经济发展具体指标要求，为贯彻新发展理念也提供了空间，使全面建设社会主义现代化国家新征程成为新发展理念落地生根、开花结果的过程。

第二，解决新的社会主要矛盾。党的十九大报告对现阶段社会主要矛盾作出全新判断：中国特色社会主义进入新时代，我国社会主要矛盾已经转化为人民日益增长的美好生活需要和不平衡不充分的发展之间的矛盾。从"物质文化需要"到"美好生活需要"，从"落后的社会生产"到"不平衡不充分的发展"，这一关系全局的历史性变化，是对 5 年来中国发展历史性成就和变革的深刻总结，更是对未来中国发展方向、发展目标的精准定位。新时代"两步走"战略安排充分反映了社会主义初级阶段的主要矛盾的新变化。同时，社会主义初级阶段的主要矛盾的新变化，又决定了新时代"两步走"发展战略的新使命新要求。这两者关系是相互联系、辩证统一的。当前，社会主要矛盾呈现新特点，从需求端看，人民生活从短缺经济下的温饱不足，发展到消费品极大丰富，人民日益增长的"美好生活"需要在内涵和外延上都得以深化和拓展，不仅包括物质财富增长，还包括对诸如民主、法治、公平正义等"非物质"财富，以及绿水青山等生态财富的诉求等。这些新的特点，必然要求我国的战略规划、目标设想直面矛盾，聚焦不平衡不充分发展问题，从解决社会主要矛盾的高度来提升发展的质量和效益，统筹推进经济建设、政治建设、文化建设、社会建设、生态文明建设"五位一体"总体布局，协调推进"四个全面"战略布局，坚定不移贯彻创新、协调、绿色、开放、共享的发展理念，以平衡发展与充分发展满足人民日益增长的美好生活需要，顺应人民群众对美好生活的新期待，着力破解发展的不平衡不充分问题，把我国真正建成富强民主文明和谐美丽的社会主义现代化强国。

第三，引领中国进入高质量发展阶段。我国在实现全面建成小康社会目标之后开启的社会主义现代化新征程，整体将进入更高质量、更高水平的发展阶段。与以往相比，新时代"两步走"战略安排没有再提 GDP 翻番之类的目标，就是要在具体实践当中突出追求高质量发展的理念和目标。这主要考虑的是我国社会主要矛盾已经发生转化，我国经济发展已转向高质量发展阶段，不再是高速度增长的阶段。现阶段最重要的，就是要追求高质量的发展，解决不平衡不充分的问题。"两步走"发展战略，不仅"第一步"注重综合发展目标，而且"第二步"更加注重综合发展目标的质量、效益，使全体中国人民过上美好生活。这种美好生活，既是人的全面发展的生活，也是社会全面进步的生活。另外，新战略中所蕴含的高质量发展，不是指某一方面的高质量发展，而是各个方面的、全方位的高质量发展。十九大报告在原来的"三步走"发展战略上增加"美丽"一词，将"美丽"纳入社会主义现代化建设的重要内涵，意味着我们追求的现代化，还是基于高度生态文明、绿色发展的现代化，是外表与内涵相统一的、人民认可的、国际社会公认的现代化。新战略中的"富强民主文明和谐美丽"，与中国特色社会主义事业"五位一体"总体布局一一对应，从而构成了"富强"对应经济建设、"民主"对应政治建设、"文明"对应文化建设、"和谐"对应社会建设、"美丽"对应生态文明建设的完整格局。因此，新时代我国要建设的是全面的现代化，通过走高质量发展之路，大力提升发展质量和效益，更好满足人民在经济、政治、文化、社会、生态等方面日益增长的需要，更好推动人的全面发展、社会全面进步。

三、实施新时代"两步走"发展战略的重大意义

（一）这一重大战略体现了中国共产党探索现代化建设战略目标的一脉相承和与时俱进

科学制定战略目标，分阶段作出战略安排，是中国特色社会主义不断前进的成功经验和重要保证。中国共产党从执政之日起，团结带领人民，始终把建设一个现代化国家作为奋斗目标，不断在理论和实践方面探索前行。从新中国成立以后提出的"四个现代化"战略到改革开放初期提出的"三步走"战略，再到世纪之交提出的新"三步走"战略，一直到新时代提出的"两步走"战略安排，中国现代化战略目标在继承中开拓，在奋进中创新，充分体现了一脉相承、与时俱进的演进逻辑。不仅制定战略目标，在如何分阶段实现目标方面中国共产党也进行了不懈探索。党的十九大提出的新时代"两步走"发展战略，就是着眼党和国家事业的长远发展，顺应党和国家事业发生历史性变革的新形势新要求，与时代同行，与实

践同步，对新时代如何实现现代化战略目标进行谋篇布局的结果。十九大报告对我国在实现第一个百年目标后到第二个百年目标实现之前 30 年的社会发展作出新的战略规划，制定"两步走"发展战略，是在继承基础上对过去"三步走"战略目标的提升和完善。时代发生了变化，社会矛盾发生了变化，发展任务也必须发生变化。把原定在新中国成立 100 年时实现的基本现代化和富强民主文明和谐的社会主义国家的目标任务，分成两阶段来完成，提前到 2035 年基本实现现代化。然后又在原来的四个目标里面增加了"美丽中国建设"的任务，将五个强国目标与当前我国"五位一体"的总体布局完全对应起来。将现代化国家建设目标提升为现代化强国，一字之差，将未来的目标设定得更为全面。这个战略安排的提出既展现了以习近平同志为核心的党中央坚持马克思主义与时俱进、开拓创新的理论品质，又展示了党中央进行战略谋划的远见卓识和高超智慧。

（二）"两步走"发展战略是全面把握社会主义本质内涵的战略安排

当前，中国特色社会主义进入新时代，这是源于我们对中国发展取得重大进步的客观判断，也是源于我们对社会主义本质深刻理解的判断。70 多年中国社会主义建设经验告诉我们，举什么旗、走什么路是关系党和国家事业兴衰成败的根本性问题。新中国成立以来，中国共产党和中国人民在不断探索回答社会主义本质问题。邓小平在总结中国社会主义建设的经验教训基础上，指出"社会主义的本质，是解放生产力，发展生产力，消灭剥削，消除两极分化，最终达到共同富裕"。这一科学概括摆脱了过去对社会主义简单抽象的认识，将解放生产力、发展生产力作为社会主义的根本任务，将生产力摆在整个经济社会发展过程中的基础地位，突出社会主义消灭剥削、消除两极分化、共同富裕的价值目标，既是社会主义的价值追求，也是社会主义和资本主义的本质区别。社会主义本质理论反映了人民的利益和时代的要求，在此理论指导下，中国社会实现了由贫穷到温饱、再由温饱到总体小康的历史性跨越。

党的十九大报告全面深刻把握了社会主义本质内涵，强调指出："解放和发展社会生产力，是社会主义的本质要求。我们要激发全社会创造力和发展活力，努力实现更高质量、更有效率、更加公平、更可持续的发展！"[1] 新时代"两步走"发展战略，不论是加快推进"基本公共服务均等化"、缩小"城乡区域发展差距和居民生活水平差距"，还是"人民生活更为宽裕"，不论是实现全体人民共同富裕的伟大目标，还是不断促进人的全面发展的宏伟蓝图，其主要任务还是解放和发展社会生产力，其根本主题还是围绕人民群众这个主体利益，其最终目标就是基本实现全体人民共同富裕。这些都充分体现新的战略部署对社会主义本质内涵的全面把握。

十九大报告在对新时代"两步走"发展战略深刻阐述时，强调

---

[1]《党的十九大报告辅导读本》，人民出版社 2017 年版，第 34—35 页。

让中国成为"社会主义现代化强国"，"成为综合国力和国际影响力领先的国家"，"中华民族将以更加昂扬的姿态屹立于世界民族之林"[1]，这充分体现了我们党新时代坚持和发展中国特色社会主义的自信和豪迈，也充分诠释了中国发展对世界社会主义的重大贡献。中国特色社会主义的事业从来都不仅仅是中国自己的事情，我们始终将世界的发展纳入社会主义事业的范畴之中，这也是社会主义本质应有之义。从毛泽东同志提出我们不仅要自己料理自己，还应该对别的国家和民族进行帮助的观点[2]，到邓小平同志强调中国达到中等发达国家的水平是真正对人类作出了贡献的看法，都充分显示了社会主义国家真正的本质。站在新时代的历史节点上，习近平同志也强调中国"始终做世界和平的建设者、全球发展的贡献者、国际秩序的维护者"，"中国人民愿同各国人民一道，推动人类命运共同体建设，共同创造人类的美好未来！"[3]作为世界上最大的社会主义国家，发展的中国是维护世界和平、为人类发展作出贡献的强劲力量，发展的中国为那些期望走向现代化的国家、为解决人类面临的共同问题贡献了中国的智慧和方案。到本世纪中叶，中国实现社会主义现代化强国的目标，不仅是中国人民伟大理想的实现，也对世界社会主义发展具有重大的深远的影响和意义，科学社会主义不仅

---

[1]《党的十九大报告辅导读本》，人民出版社 2017 年版，第 29 页。

[2]《毛泽东文集》第八卷，人民出版社 1999 年版，第 71 页。

[3]《党的十九大报告辅导读本》，人民出版社 2017 年版，第 25、59 页。

在中国焕发出强大生机活力，也使得社会主义优越性在世界舞台上得以充分体现。

（三）新时代"两步走"发展战略是实现中华民族伟大复兴中国梦的时间表、路线图

中华民族在五千多年的历史发展中创造了光辉灿烂的中华文明。19 世纪 40 年代，西方列强的侵入使得中国逐渐沦为半殖民地半封建社会，中华民族遭受了前所未有的苦难。实现中华民族伟大复兴，是近代以来中华民族最伟大的梦想。中国共产党为了实现中华民族伟大复兴的历史使命，无论是弱小还是强大，无论是顺境还是逆境，都初心不改、矢志不渝，团结带领人民历经千难万险，创造了一个又一个彪炳史册的人间奇迹。为实现这一伟大梦想，我们党在革命、建设、改革的各个历史时期，顺应人民意愿，提出明确的具有感召力的发展战略目标，制定科学有效的路线图、时间表实现目标。以毛泽东同志为代表的党的第一代中央领导集体提出了四个现代化的战略目标，并提出"两步走"的战略设想，为以后谋篇布局提供了重要思想源泉。邓小平同志从我国国情出发，提出分三步走基本实现现代化的发展战略，并对实现"三步走"战略的前两步目标作明确规划。江泽民同志在党的十五大提出"新三步走"战略，把邓小平同志设计的"三步走"战略的第三步战略部署具体化。党的十六大总结经验，提出在 21 世纪头 20 年，全面建设惠及十几亿人口的更高水平的小康社会的战略目标。党的十八大之后，在

全面建成小康社会、我们党第一个百年奋斗目标即将实现之际，习近平总书记对我们党第二个百年奋斗目标进行战略谋划，提出了全面建成社会主义现代化强国的"两步走"发展战略。从四个现代化到"三步走"，再到"新三步走"，再到"两步走"，构成了一幅完整的中国共产党为建设社会主义现代化国家、实现中华民族伟大复兴中国梦接续奋斗的时间表和路线图。

党的十九大提出的新时代"两步走"发展战略，描绘了全面建成社会主义现代化强国的新愿景，丰富、发展了这一伟大梦想的深刻内涵、实践路径和现实要求。在深刻内涵层面，"两步走"战略中提出的"建成社会主义现代化强国"，更加凸显了中国梦是一个"强国梦"，承载着近代以来中国人民实现中华民族伟大复兴的夙愿和梦想，展示了对国家富强、民族复兴、人民幸福的中国梦的美好憧憬。在实践路径层面，新部署规划了实现中华民族伟大复兴的"路线图"，为新时代民族复兴之路标注了 2020 年决胜全面建成小康社会、2035 年基本实现现代化、2050 年全面建成社会主义现代化强国这三个里程碑，形成了在本世纪中叶使中华民族以更加昂扬的姿态屹立于世界民族之林的构想，激发了中华儿女实现民族复兴的信心、士气和豪情。在现实要求层面，中国共产党人自觉担当实现中国梦的历史使命。当代中国正经历着我国历史上最为广泛而深刻的社会变革，也正在进行着人类历史上最为宏大而独特的创新实践。中国共产党立志于中华民族千秋大业，带领人民进行伟大斗争，建设伟大工程，推进伟大事业，实现伟大梦想，在新时代中国特色社会主义的伟大实践中，凝聚起同心共筑中华民族伟大复兴的磅礴力量。

主要参考文献

1.《毛泽东文集》第六、七、八卷，人民出版社 1999 年版。

2.《邓小平文选》第三卷，人民出版社 1993 年版;《邓小平文选》第二卷，人民出版社 1994 年版。

3.《江泽民文选》，人民出版社 2006 年版。

4.《胡锦涛文选》，人民出版社 2016 年版。

5.《习近平谈治国理政》第一卷，外文出版社 2018 年版。

6.《习近平新时代中国特色社会主义思想三十讲》，学习出版社 2018 年版。

7. 习近平:《在庆祝改革开放 40 周年大会上的讲话》，《人民日报》2018 年 12 月 19 日。

8.《中国共产党的九十年》，中共党史出版社 2016 年版。

9.《中华人民共和国史》，高等教育出版社 2013 年版。

10. 柳建辉等：《百炼成钢——中国共产党应对重大困难与风险的历史经验》，人民出版社 2017 年版。

11. 曹普：《中国改革开放史全景录》（中央卷），人民出版社 2018 年版。

12. 谢春涛：《改革开放为什么成功？》，人民出版社 2018 年版。

13. 郑谦等：《中国特色社会主义道路》，南方出版社 2014 年版。

14. 沈传亮：《大转型——中国治理变革研究》，河北人民出版社 2013 年版。

15. 沈传亮：《全面深化改革——十八大以来中国改革新篇章》，人民出版社 2017 年版。